青蓝工程
专业能力必修系列

中学 体育教师（适应初高中）

专业能力必修

zhongxue tiyu jiaoshi zhuanye nengli bixiu

教育部基础教育课程教材发展中心　组编

编委会主任：曹志祥　周安平
本　册　主　编：毛振明
副　主　编：李　强　邵雪云　陈永发

西南师范大学出版社

全国百佳图书出版单位　国家一级出版社

图书在版编目（CIP）数据

中学体育教师专业能力必修/毛振明主编. —重庆：
西南师范大学出版社，2012.6
（青蓝工程系列丛书）
ISBN 978-7-5621-5826-4

Ⅰ.①中… Ⅱ.①毛… Ⅲ.①体育课—教学研究—中
学—师资培训—教材 Ⅳ.①G633.962

中国版本图书馆 CIP 数据核字（2012）第 122939 号

青蓝工程系列丛书

编委会主任：曹志祥 周安平
策 划：森科文化

中学体育教师专业能力必修
毛振明 主编

责任编辑：钟小族 马春霞
封面设计：红十月设计室
出版发行：西南师范大学出版社
地址：重庆市北碚区天生路 1 号
邮编：400715 市场营销部电话：023-68868624
http：//www.xscbs.com
经 销：新华书店
印 刷：重庆川外印务有限公司
开 本：787mm×1092mm 1/16
印 张：13.25
字 数：282 千字
版 次：2012 年 6 月 第 1 版
印 次：2012 年 6 月 第 1 次印刷
书 号：ISBN 978-7-5621-5826-4
定 价：27.00 元

《青蓝工程》
编委会名单

丛书编委会

主　任	曹志祥　周安平
副主任	付宜红　米加德

编　委
（按姓氏拼音排序）

程光泉　顾建军　金亚文　李力加　李　艺
李远毅　林培英　刘春卉　刘克文　刘玉斌
鲁子问　毛振明　史德志　王　民　汪　忠
杨玉东　喻伯军　张茂聪　郑桂华　朱汉国

本书编委会

主　编	毛振明
副主编	李　强　邵雪云　陈永发

参加编写
（按姓氏拼音排序）

陈永发　杜晓红　龚　园　郭　琳　韩翠珠
黄永飞　姜宇航　李冰琼　李　强　李文武
李骁天　李忠诚　蔺新茂　刘明亮　卢　青
潘建芬　任园春　孙向强　王长权　王金玲
徐爱娥　杨清琼　于素梅　查　萍　张庆新
郑　峰

编者的话

在基础教育课程改革 10 周年之际，伴随着义务教育课程标准的再次修订与正式颁布，我们隆重推出这套"青蓝工程——学科教师专业能力必修系列"丛书。丛书立足于教师应该具备的最基本的教学专业知识与普适技能，为有效实施新修订的义务教育课程标准，深化基础教育课程改革，贯彻落实《国家中长期教育改革和发展规划纲要（2010－2020 年）》，助力素质教育高质量地推进提供了保证。

"教育大计，教师为本。"课程改革的有效实施和素质教育的贯彻落实需要一支高素质、专业化的教师队伍做支撑。教师的专业化发展在我国历来受到高度重视，但今天我国教师的专业化水平与社会的现实需求和时代的进步，特别是与教育改革发展的需要还存在着较大的差距。

以往，我们常常说教师要提高自身的专业水平或教学技能，但一个合格的教师究竟需要哪些最基本的专业知识与专业技能？教师的专业发展又该朝着哪个方向和目标去努力？这些问题，在教师专业化发展，尤其是在学科教师专业能力的提高上，一直以来并不是十分清晰。因此，我们聘请了当前活跃在基础教育学科领域的顶级专家，他们中的绝大多数是直接参与义务教育课程标准修订、审议或教材编写的资深学者，以担任相应学科的中小学教师应该（需要）了解（具备）的最基本的常识性知识和技能为出发点，总结了具有普适意义的学科教育教学知识和技能，力求推进教师教育教学能力的均衡发展，实现大多数教师教育教学能力的达标。从这个意义上，可以说这套丛书是教师专业化水平建设与发展的一个奠基工程，也是 10 年基础教育课程改革成果的结晶。我们希望青年教师不但能从书中充分汲取全国资深专家与优秀教师的经验、成果，更能"青出于蓝而胜于蓝"，在前辈的引领下，大胆创新，勇于超越，也因此，我们将丛书命名为"青蓝工程"。

丛书从"知识储备"和"技能修炼"两个维度展开论述（个别学科根据自身特点在目录形式上略有不同）。"知识储备"部分一般包括：①对学科课程价值的理解与认识；②修订后课标（义务教育）的主要精神；③针对该学段、该学科的教学所需的基本知识和内容等。"技能修炼"部分主要针对教学设计、目标把握、教学实施与教学评价等专题展开论述。每个专题下根据学科特点和当前教学实际设有几个小话题，以案例导入或结合案例的形式阐述教师教学所必需的技能以及形成这些技能所需要的方法和途径等。

本丛书具有权威性、系统性和普适性，希望对广大教师，特别是青年教师的专业成长能有实实在在的帮助。

丛书编委会
2012 年 1 月

序　言

中学体育教师在众多的职业中是一个很特殊的职业，这一职业群体是一个很特殊的群体。这种特殊性从表面上就能看得出来：从大的方面来讲，中学体育教师的职业要比其他学科教师出现得晚，至今也就是一百多年的历史；其他学科的教师基本上管的是"一科"，而中学体育教师管的却是"一育"。从小的方面来说，体育的课堂是操场，体育教师上课不用教科书，也从来不判作业；别的学科的教师之间没有大的区别，而体育教师很容易被认出来，脸比较黑，穿着运动服，行为方式雷厉风行，也很粗犷。

体育教师的职业特点之后隐藏着体育教师的事业特征和工作特点。从大的方面来讲，体育是一个现代的学科，随着社会的发展，体育越来越重要，内涵也越来越多；体育渗透在学校的各项教育工作中，体育是校园文化的主体之一；体育的功能和作用还没有充分发挥出来，人们现在看到的学校体育还远不完美。从小的方面来说，体育教师在学校有很多工作，需要体育教师团队相互配合完成；体育是个异质的学科，其教学环境条件和教学管理内容都很特殊；体育教师从成长的过程到职业准入都和其他学科的教师不一样，其技能知识结构与其他学科的教师不一样；体育教师的工作有辛苦的一面，也有相对轻松的一面。

在体育教师的职业特殊性和工作特点之后，是教师的职业要求和专业技能要求。从大的方面来讲，体育不但影响着学生的现在，还影响着学生的未来，学生一辈子的自我健康管理和终生体育锻炼要求体育教师要教给他们许多知识和技能；要让学校体育成为校园文化建设的内容和亮点，体育教师就要想、要做许多其他学科教师不用做也不用想的事情；体育在育人方面要发挥独特的功能和作用，体育教师就必须做好自身的修炼，成为

"文明精神，野蛮体魄"的人，就必须努力做到"内外兼修"和"德艺双馨"。从小的方面来说，体育教师必须有着很好的工作沟通能力和善解人意的宽广胸怀；体育教师必须是"能上厅堂，肯下厨房"的多面手，具有粗中有细、健外慧中的职业特质；体育教师为了不使自己只吃"青春饭"，就必须比他人更加注重终生学习，使自己一直适应本职业的要求；体育教师既然选择了这个特殊的职业，就必须有良好的身体基础，有吃苦耐劳的精神。

本书作者根据对体育教师职业和专业化的理解，提出了一些初中和高中体育教师的专业技能以及修炼方法，书中也有一些案例，希望这本书能对中学体育教师的成长有帮助，如果那样，我们将会无比欣慰。

祝愿所有的中学体育教师在专业成长的道路上走得更远。

毛振明

目　录
Contents

中
学体育教师专业能力必修
Zhong Xue Ti Yu Jiao Shi Zhuan Ye Neng Li Bi Xiu

第三篇　体育教学方法修炼　63

第四篇　体育教学组织能力修炼　*107*

第五篇　体育工作能力修炼　*137*

第 一 篇

体育专业技能修炼

本篇主要涵盖了中学体育教师的专业技能修炼方面的内容，具体包括教师的德行、"一专"技能、"两强"技能、"全面适应"技能、体育知识原理、健康教育、教学研究等方面，并结合案例，理论联系实际，娓娓道来。

专题一　教师德行

教师之所以受学生尊敬，一是有崇高的师德，二是有先于和优于学生的才学。爱因斯坦说过："学生对教师尊敬的唯一源泉在于教师的德和才。"如果教师品德低下，学识浅薄，就不会受到学生的尊敬。体育课堂教学的特点是直接双向或多向的交流，师生、生生之间的交流次数之多、频率之高，是其他学科的课堂教学所不及的。一名好的体育教师，大多具有敬业精神、良好的工作作风、较高的文化水准以及令人佩服的运动训练水平和运动技能。这些素质不仅是学生学习的内容，而且更是学生学习的榜样。因此，体育教师的德行是育人前提。

一、体育教师德行的内涵

1. 教师德行的概念

有研究者曾经指出，德行是指一个人的道德品质，属于伦理学的范畴。教师德行，往往是指一种能够担当起教师角色的专业品质和精神品质，是在履行教育教学责任和义务的过程中所体现出来的道德力量，是教师在对为师之道体验基础上所形成的内在的、运用自如的教育行为准则，是教育伦理学的范畴。德行是内在的，需要在教育实践中形成。教师德行整合了教师的价值观、情感、意志、态度和自我等方面的心理要素，是与教育情境相关的教育行为准则，是与教师对待学生的态度与方式、对待教育工作的态度与方式、对待同事的态度与方式直接相关的。

2. 体育教师德行的核心

善良是一种品德，也是一种修养，是教师对待学生的最基本的规范，也是教师德行的核心，一个不善良的教师不可能有好的德行。体育教师的善良中蕴涵着宽容与大度，蕴涵着理解与尊重，包含着仁爱与友善。体育教师要有善良的心灵，要充满善良的情怀，要与生为善，因为学生是未成熟的人，是有待发展的人，是需要精神抚慰的人。学生往往情感脆弱、思想单纯、经验缺乏，需要得到体育教师的精心呵护、照顾、引导和保护，需要得到体育教师的理解、宽容、指导和帮助。善待学生、关爱学生，是教师教育学生的起点和基础。体育教师用善良去对待学生的缺点和错误，这是对学生最基本的保护。面对学生的问题和错误，体育教师任意指责、批评，甚至体罚、侮辱，都只能引起学生的反感、对立和抵触情绪。体育教师德行中的善，表现在体育教师善待学生、理解学生、尊重学生和激励学生方面。

二、体育教师需具备什么样的德行

体育教师一般都比较热情、豪放、开朗，充满活力，在学校通过体育课、课间操、课外体育活动、课余训练和俱乐部活动等与学生的接触较多，具有较强的亲和力，也深受学生喜欢，但在现实生活中，有时难免听到有人私下里对某体育教师的议论，如"你看他（她）那德行"，"他（她）呀，德行太差"。在实际体育教学中，有些体育教师挖苦学生"你怎么这么笨"，有些体育教师甚至变相体罚学生，这与某些体育教师教育能力低、师德修养差（不尊重学生人格）、法制观念差等有一定关系。由于体育学科的特殊性和特点，体育教师的德行对学生的影响和教育显得更加生动、深刻。

1. 教师之爱——热爱学生，做学生的朋友

爱是一种教育精神，一种教育德行。苏联教育家马卡连柯说："爱是教育的基础，没有爱就没有教育。"没有爱的教育肯定是残缺的教育，而不讲究爱的艺术的教育也是不完美的教育。教育中没有了关爱、挚爱、热爱，便没有了教育激情，没有了教育的原动力。爱是人性中最基础的东西，是一个人最基本的素质，是素质教育中一个不可缺少的部分。爱心，是每个教师必备的教育素养之一，也是良好师德的重要体现。一个有良好教师德行的体育教师，应该是一个充满爱心的人，一个怀有大爱之心的人。体育教师的爱表现为体育教师关爱学生、爱护学生、关心学生。

案例

人都是有感情的，只要你诚心诚意地去关心学生、爱护学生，他们也会更加相信你、亲近你，和你交朋友。我在教学中特别注意与学生交流情感，经常和他们谈思想、学习、生活、未来，引导他们认识到拥有健康的身体对自己、家庭、社会所产生的积极意义，帮助他们树立自觉锻炼的意识。曾经有一名学生由于身体的原因，练习耐久跑很是吃力，甚至一般的练习量也坚持不下来。虽然他很努力，但耐久跑成绩始终排在班级末尾。当看到同学们一天天地进步，自己却在原地踏步停滞不前时，他产生了畏难情绪，有段时间我发现他情绪低落、不爱说话，练习的积极性明显下降。于是，我主动找他谈心，帮他分析原因，制订适合他的锻炼方法，鼓励他克服困难、坚定信心。此后，在课内外我特别注意发现他的闪光点，并及时地对他进行表扬，使他很快恢复了自信，耐久跑成绩也不断得到提高。从前他跑1500米都感到很吃力，而今他跑5000米也不觉得困难，并三次参加北京长跑节的长跑活动。

（案例来自北京市特级教师林德林）

2. 教师之德——教书育人，做好学生的引路人

教师的"德"体现在个人修养、职业操守方面，更体现在对学生的爱护、帮助、转化和激励方面。一个体育教师的道德追求决定了他对待职业的态度。体育教师的理想信念、道德情操、人格魅力直接影响着学生的思想素质、道德品质和道德行为习惯的养成。教书育人是每一位教师的职责，教是手段、育是根本。教书育人是指在向学生传授体育知识、技术和技能，增强学生体质的同时，充分利用体育自身的特殊教育性，对学生进行思想品德教育，促进学生的全面发展，把学生培养成为德、智、体全面发展的高素质人才。体育教学中的教书育人具有直接参与性、动态性、身心合一性

等特点，因此，体育教师的一言一行、一举一动都会对学生产生影响，体育教师在体育教学过程中要做到以德服人。

案例

在我带的队员中，有一名叫张宇的女孩，现在是一级运动员。她13岁时参加北京第八届全运会（1990年），就以12″1的成绩打破了北京100米跑B组纪录（保持至今）。当时她听到一片赞扬声，飘飘然起来。毕竟是初一的孩子，她甚至觉得打破世界纪录都指日可待了。针对这种情况，一个星期后我与她进行了一次深刻的谈话。我首先对她进行了表扬，特别肯定了成绩是对她付出的回报，12″1是一个很不错的成绩，但我同时指出，今后的路还很长，作为一名中学生，首要的是学习，只有成为一个合格的中学毕业生，再加上自己的特长，才会有作为。我们国家是一个有几千年历史的文明古国，在这个国度里出现了很多优秀人才，这些人才有一点是共同的，就是他们在青少年时代，在学习上都付出了艰苦的努力。训练是艰苦的劳动，学习同样是艰苦的劳动，应当成为一个品学兼优的运动员，不能成为一个四肢发达、头脑简单的人。这次适时的教育对她产生了很大的影响，从此，她不仅训练更加刻苦，学习也倍加努力。在1995年华北地区优秀运动员测验赛上，她以12″1（电计时）获得了100米跑第二名的成绩，同时在高考中以430分的成绩进入了清华大学继续深造。

（案例来自北京市特级教师薛贵）

3. 教师之行——行为示范，做到为人师表

教师是教育学生的人，他的行为应该成为学生的表率。孔子说："其身正，不令而行；其身不正，虽令不从。"教师的思想、行为、对待事物的态度等，都是学生学习的内容，从而能对学生产生深刻的影响。在很多人眼里，体育教师身上存在着太多的陋习，如抽烟、喝酒、骂人、说话粗鲁、不守会场纪律等。体育教师的一言一行都会对学生产生很大的影响，如上课整队时，让学生背向太阳，以免学生睁不开眼睛；当学生在游戏中跌倒时，教师上前扶一把……这些看似不起眼的动作，都是体育教师行为的体现，都会对学生产生很大的影响。对体育教师来说，要做到严格要求自己、以身作则，用自己的行为表现来影响和教育学生，成为学生的表率。

案例

身为教师，为人师表，我深深认识到教师行为的影响力和任务的艰巨性。多年来，我始终坚持明确的政治目标，忠诚党的教育事业，热爱和关心每一位学生，争取让每个学生都能享受到最好的教育，都能在公平的环境下有不同程度的发展。我对学校所交给的各项工作都一丝不苟，任劳任怨，从不计较个人得失，一切以大局为重、以学校工作为重，努力做到个人利益服从集体利益。作为一名女教师，给高中男生上体育课，困难是可想而知的，但我想方设法克服困难，以认真的工作态度、良好的课堂教学，出色地完成了各项教学任务，受到了学生的好评，而所教班级在体育会考中都取得了优秀成绩。一位学生在毕业的临别赠言中写道："刚到这个学校时觉得您是位相当

严厉的老师，不爱运动的我不免有抵触心理。不过上了一段时间您的课后发现，您教学是那么认真，动作是那么规范，您理解每一位学生，您教学的认真与严谨深深地感染了我，使我逐渐认识到体育锻炼的重要性。"

（案例来自北京市特级教师索玉华）

4. 教师之性——以身作则，培养学生的良好个性

教育家乌申斯基说："教师的人格（个性）对于年轻的心灵来说，是任何东西都不能代替的、有益于发展的阳光；教育者的人格（个性）是教育的一切。"体育教师在教学过程中所展现出来的个性特征，如对待学生的态度以及语言、口气、眼神、手势、面部表情等，是有同情心、正直、诚实、有礼貌，还是生硬、虚伪、粗暴等，都会对学生的心理活动产生这样或那样的影响，其作用直接反映在实际教学效果中。许多优秀体育教师的教学风格蕴涵着许多个性化的东西，他们善于因材施教，在教学过程中注重发挥个性优势，培养学生的良好个性。

案例

以身作则是一名体育教师必须践行的原则，因此，教师要积极参与学生的练习。如对于耐久跑，学生会感到非常枯燥，我就跟学生一起跑，每节课跑3000米，有时候连续跑三四节课。教师的参与极大地调动了学生的练习积极性，无形中也加深了师生的感情，使师生关系变得更融洽。我的学生这样评价我："因为您，我的意志得到了磨炼，'坚持，坚持，再坚持'是我从您身上学到的道理。""您平时看起来很严厉，但接触之后才发现，您那么和蔼可亲。您最了解我们的心，我们永远爱您。您让我学会了坚持，给我带来了自信与笑容。""您的威严让我敬畏，但您也有幽默的一面。尽管有时您的'狠心'让我们全身酸痛，但就是您的'狠心'，让我们学会了坚强，学会了忍耐，学会了对待困难、迎接挑战！"

（案例来自北京特级教师索玉华）

三、如何做一个德行兼备的体育教师

所谓"德行定终生"，一个人的德与行将决定着他一生的发展，一名好教师应该是德行兼备的。体育教师良好德行的养成，需要借助体育教师对行为的反思，对品性的修炼，对角色的觉醒。一个德行兼备的体育教师要重师品，倾师爱，强师能，正师风。

1. 重师品，立师德

"师品"是指教师的思想觉悟和品格素养，教师高尚的师品具有榜样的力量。在学校，学生视老师为最亲近、最信任、最崇敬的人，因此教师的道德、人品表现会对学生产生极大的影响，甚至会影响其一生。德国教育家第斯多惠曾指出："为了给予学生道德上的影响，教师本人必须是有高尚道德的人。"以身立教、为人师表是体育教师最基本的师德规范。因此，体育教师首先应是一个具有良好思想品德的人，必须严格要求自己，注重自己的仪表，以良好的教态、文雅的评论、强烈的事业心、认真的工作

态度去影响、感染学生，并使之成为一种感性的、潜移默化的巨大力量，从知、情、意等方面影响学生的成长，从而达到教育的目的。北京市体育特级教师丁玉山曾说："体育教师的工作是神圣的，也是艰苦的，需要感情、时间、精力以及心血的付出。做体育教师首先是做人，一个人的师品、人品最重要，做人要做真人，做一个对国家、事业有用的人。做体育教师要有敬业精神和奉献精神，把自己对学生的爱、对事业的爱化为自觉的行动；做体育教师就要有良好的品行，成为学生健康成长的引路人。"

2. 倾师爱，铸师魂

"师爱"是指教师对教育事业、对学生的热爱，是师德的核心内容，是教师神圣职责最具体、最崇高的体现。体育教师只有热爱教育事业、热爱学生，才能面向全体学生，循循善诱，诲人不倦。在体育课堂上，教师的一个表情、一个眼神、一个微笑、一句话、一个问候、一次拍打都传递着积极的信息，体现着对学生的关心和爱护。体育教师应该注意不断培养自己的爱心，从爱心教育出发，在道德修养方面不断地向自己提出更高的要求。北京市体育特级教师索玉华曾说："作为一名体育教师，对学生既要严格训练、严格要求，又要关怀、爱护，调动他们学习的积极性，不能采用简单粗暴的方式对待学生，严禁体罚和变相体罚。体育教师要富有爱心，爱学生，就必须善于走进学生的情感世界，把学生当做朋友，去感受他们的喜怒哀乐。爱学生，要以尊重为前提，要做到严中有爱、严中有章、严中有信、严中有度。"

3. 强师能，育真人

"师能"是指教师教育教学和科学研究的能力。教师之所以能受到学生的尊敬，就是因为教师能教会学生如何做人，能教给学生真才实学。教师学问出色，自然会赢得学生的尊敬。教师的阵地在课堂，体育教师的学识、教育本领和教育成果对学生具有绝对的影响力。体育教师不仅要具备深厚的专业知识、广博的相关领域知识，还要掌握现代教育理论、教育技巧和教育技术，具备过硬的业务能力。体育教师要不断学习新的教学理念，探索合适的教法，提高教学能力，要精通所教学科，有自己的教育思想和灵魂，有自己独特的教学风格，具备教书育人的真功夫、硬本领。湖南省体育特级教师刘平贵曾说："我在30余年的教学和训练生涯中，首先，做到立足本职，有的放矢，全面提高自己的教学水平和教育能力；其次，做到扎扎实实，打好基础，不仅在身体素质上艰苦训练，还在教学中勤奋学习，总结出从书本学、参加培训班、虚心求教、寻找一切机会学习、在比赛现场学、参加函授班、在实践中学7种自学方法；再次，做到及时总结自己在教学和训练中的得失，注重反思，这样才能不断地创新和提高，使自己的专业水平达到一个新的高度；最后，要从生活上关心学生，要关注学生的全面发展，同时还要关心学生的前途，特别是体育特长生的前途……"

4. 正师风，塑真行

"师风"是指教师的学风、教风和作风。教师的使命不仅仅是向学生传授知识、开发学生的智力，更重要的是塑造学生的心灵，陶冶学生的道德情操，培养学生对社会的责任感和公德心，提高学生的科学素质和人文素质。体育教师必须具备学而不厌、严谨治学、刻苦钻研的优良学风，具备一丝不苟、精益求精、文明端正、求实创新的良好教风和工作作风，做到言传与身教相结合，使学生既学到知识与技能，又学会求知、做事、做人。体育教师在教学过程中，语言要亲切热情，不能冷冰冰，不能太生硬。让学生做动作，可使用"请你出列为同学做一下示范"等礼貌语言。如果学生感到有些紧张，体育教师则可用柔和的语调说"不要慌，胆子大一点，做不好没关系"等，以减轻其紧张程度，特别是对那些身体和心理素质较差的学生更要多鼓励、诱导。

专题二 "一专"技能

随着终身体育理念的提出，中学生的身体健康问题越来越受到人们的重视。中学体育教师对提高中学生身体健康水平有着义不容辞的责任和义务。那么，中学体育教师应该具备怎样的能力才能更好地完成这个任务呢？"一专"技能对提高中学体育教师的教学能力又具有怎样的意义？怎样才能帮助中学体育教师提高"一专"技能呢？这些都是我们当前面临和需要解决的问题。

一、"一专"技能的含义

长期以来，我们对中学教师"一专"技能的理解是在体育术科项目中要有一技之长，要很好地掌握该项目的技术和战术，并在实践教学中对该项目有很好的讲解和示范能力，但是随着社会发展，当今中学体育教师具有"一专"技能的含义并不仅指体育教师只要熟练地掌握了一项运动项目就拥有了"一专"技能，而是指体育教师熟练地掌握了一项运动项目仅仅是拥有"一专"技能的基础，具备一项体育术科教学能力还需要具备与其相关的体育理论，教学、科研、课余体育训练与竞赛等能力，最终形成自身的"一专"技能。这是新时期中学体育教师应具备的"一专"技能。

（一）能够掌握学生喜爱的某一运动项目的技、战术

体育是以身体练习为主要活动方式，体育教学更多的是直观教学，体育教师的动作示范能力直接影响着教学效果和学生的学习兴趣。漂亮的技术动作示范是体育教师业务水平的基础，也是其树立威信的重要手段。在教学过程中，教师不仅要进行讲解，还要有很好的动作示范能力，这样学生才会有直观感受。因此，体育教师只有熟练地掌握了该项目的技、战术动作，才能为学生做出漂亮的示范，让学生直观地领会该技术动作的要领，促使学生更快、更好地掌握技术和动作，为将来的运动实践打下扎实的基础。

（二）熟练掌握该项目的相关理论知识，促进学生对该运动项目的了解

中学体育教师不仅要掌握运动项目的技、战术，还要掌握与该项目相关的理论知识，熟悉该项目的发展现状和技术动作原理，了解进行该项运动练习时应注意的事项，阐明通过练习生理机能有哪些方面的提高等相关的理论知识。教师通过讲解可让学生了解更多的体育知识，开阔视野，培养参加体育运动的兴趣，并通过参加该项目的练习来达到健身及健心的目的，形成终身体育的理念。

（三）能够完成课外体育俱乐部及训练队的指导工作

目前，学校为了丰富校园体育文化、培养体育人才，成立了多个课外体育俱乐部，

成立了校运动队，这就要求我们的体育教师承担相应的指导任务，同时也对中学体育教师的专项能力提出了更高的要求。俱乐部和训练队的教学和普通的体育课教学有很大的差别，对教师的专业技术和专业理论的能力要求很高。因此，我们的体育教师要有很好的"一专"技能来适应学校在这方面的要求。

二、传统的"一专"技能和新形势下"一专"技能的区别

传统的"一专"技能是指体育教师要熟练地掌握一项体育项目，对该项目中的技术动作要有很好的示范能力，能够运用该项目很好地进行体育教学和指导课外训练队。

新形势下的"一专"技能不仅仅要求体育教师熟练地掌握一项体育项目，对该项目中的技术动作有很好的示范能力，能够运用该项目进行体育教学和指导课外体育俱乐部和训练队，还要求体育教师通过自身的讲解和示范使学生对体育运动产生兴趣，让学生掌握一门锻炼身体的运动项目，在促进学生身心健康的同时，培养学生建立终身体育的理念。同时，中学体育教师通过"一专"技能的掌握能够对学生进行心理健康教育与保健能力的培养，培养学生具有指导别人运用该项目锻炼身体的能力、通过该项目进行体育科研的能力等。中学体育教师只有掌握了新形势下的"一专"技能才能更好地适应当今学校体育对教师的要求，才能更好地完成学校体育教学工作，完成使学生树立终身体育的教育理念的目标。

三、当今中学体育教师掌握"一专"技能的重要意义

（一）让学生熟练掌握一门锻炼身体的运动项目

中学体育教师的"一专"技能要求教师不仅很好地掌握某个运动项目的技、战术，有很好的示范能力，还要对这个项目的理论知识有很深的了解，通过自身的言传身教帮助学生学习并掌握该运动项目的技、战术，了解该项目的起源以及发展现状，了解练习该项目对身心健康有哪些帮助，从而不断地进行该运动项目的练习，逐步熟练地掌握该项目的练习方法，并通过该项目的练习达到促进身心健康的目的。

（二）通过自身的表现影响学生对体育运动的兴趣

体育运动之所以具有独特的魅力，是因为运动员通过漂亮、娴熟的技术动作和千变万化的运动战术使得比赛极具观赏性。优美的技术动作更是吸引人们参与体育运动，使人们通过运动强健体魄、愉悦身心。据调查，大部分中学生之所以喜欢体育运动，不仅仅是因为体育运动能够强健体魄，更重要的是出于对某一项运动中的某一个体育明星的喜爱，因欣赏他们优美的技术动作和顽强的拼搏精神而不断地进行模仿来提高自己的技术动作水平。因此，优美的技术动作是影响学生参加体育运动的一个重要原因。体育以身体练习为主要活动方式，体育教学更多的是直观教学，体育教师娴熟的技术动作示范能力直接影响着教学效果和学生的学习兴趣。体育教师通过熟练掌握某一个运动项目技术动作来实现在教学或训练中的技术动作示范，从而给学生以美的享受，引起学生学习该运动项目的兴趣，并能够促使学生积极地进行该运动项目的练习，

逐步提高自身的运动技术水平，最终喜欢上体育运动。

（三）使学生提高身体健康水平，强化终身体育的理念

中学体育教师通过"一专"技能的教学和训练来促使学生喜欢体育运动，让更多的学生参与体育运动，使学生通过体育运动提高身体素质、增进身心健康。学生在逐渐学习的过程中不断地提高运动水平，逐步提高某一个运动项目的运动能力，不断地培养对某一运动项目的喜爱之情，即使在业余时间也能够自觉地进行该运动项目的练习，从而实现终身体育的目的。

四、中学体育教师怎样才算真正掌握了"一专"技能

（一）能很好地运用该运动项目完成体育教学工作

1. 能正确地指导学生学习该项技术

教师在中学体育教学中要很好地完成体育教学任务，就必须具备一定的教学能力，而教学能力中包含着对运动技术的良好掌握、在教学过程中能够发现学生的学习问题并及时纠正，这样才能让学生掌握某一体育运动项目的技术动作。学生对运动技、战术的学习主要是通过教师的讲解和示范，并在教师正确的指导下学习，因此，体育教师对运动技能的掌握情况影响学生运动技能的提高。

2. 能引导学生掌握正确的健身方法和获得观赏比赛的能力

中学体育教师不仅仅要掌握某一运动项目的技、战术，同时还要对该项目相关的理论知识有很好的了解，如技术动作原理，练习时的注意事项，易犯的错误和纠正方法以及该项运动的发展现状等。在教师讲解后，学生可以在业余时间进行练习，在保证不出现伤害事故的同时增进身体健康，达到健康身体、愉悦身心的目的。

（二）能够胜任在课外体育俱乐部或校运动队进行该运动项目的指导工作

1. 能够很好地完成课外体育俱乐部的指导工作

当前，"阳光体育"要求中学生每天锻炼一小时，课外体育活动是学生进行锻炼的重要方式，课外体育俱乐部应运而生。为了让学生能够达到更好的身体锻炼效果，各个学校根据自身的情况开设了不同项目的体育俱乐部，参加俱乐部进行健身的学生的指导工作就由体育部的教师来承担。因此，中学体育老师要有很好的"一专"技能，通过自身所掌握的"一专"技能教给学生体育课以外的运动技能和相关的理论知识，以达到课外体育俱乐部的教学要求，完成体育俱乐部的指导工作。

2. 能够完成学校体育代表队的训练工作

当前，体教结合，竞技体育回归校园的教育理念越来越受到人们的重视。各学校根据自身实际情况组织有特色的体育运动队，不仅能为国家培养体育的后备人才，还能够丰富学校的校园文化生活，培养学生对体育运动的感情，增强学生的凝聚力，培养其对母校的热爱之情。因此，各具特色的体育代表队的发展越来越受到学校的重视。而学校体育代表队的训练工作基本上由学校的体育教师承担，学校训练队的指导难度要远远高于体育课的教学，因此，中学体育教师要具备很好的"一专"技能。这不仅

仅要求体育教师要有很好的技、战术的教学能力，还要具备指挥队员参加体育比赛的能力、训练队员的管理能力、运动项目的科研能力等。因此，为了更好地胜任学校体育训练队的工作，中学体育教师应该具备"一专"技能以适应学校的要求。

（三）通过完美的示范、讲解激发学生的学习兴趣

学生喜欢一项体育运动项目才会积极主动地参加该项目的运动，才能够通过运动愉悦身心。那么怎样才能让学生喜欢体育运动呢？实践告诉我们，体育教师优美的动作示范是吸引学生喜欢运动的关键因素。要具备较高的动作示范能力，体育教师就要很好地掌握该运动项目的技术动作，对该运动项目的相关知识有很好的了解，这样才能在教学过程中为学生呈现精彩的示范，才能通过精辟的讲解让学生对该运动项目有更深刻的认识，才能激发学生学习该运动项目的兴趣，使学生通过参与逐步提高自己的运动能力，增加自己的专业知识，并逐步喜欢参与该运动项目的练习，从而达到锻炼身体的目的。

五、提高中学体育教师"一专"技能的方法

随着体育事业的迅猛发展，各种新理论、新技术、新学科不断涌现，由此带来的新变化必然会反映到中学体育中来。现有的体育教师队伍中，虽然大部分教师具有多年的体育工作实践经验，但是面对快速发展的新形势，要不断地进行知识更新。因此，从教师对学校体育适应的角度出发，体育教师应该不断地学习新的课程内容和教育理念，以适应新的教学任务的要求。

（一）参加相关的专业技术及理论培训

参加专题讲座、专业技术及理论的培训和观摩课可以提高体育教师的全面技能。教师通过系统学习，可以掌握新的体育教学方法及新兴体育项目的教学手段和方法，成为既具有专修项目特长，又具有多种实际工作能力和一定科学研究能力的体育教师。因此，中小学体育教师通过参加相关的专业技术及理论培训来不断提高自己的全面技能，以适应新时期学校体育对教师的要求。

（二）及时了解当前全国体育工作的新动态，不断自学以适应新形势的要求

随着社会的发展，学校教育理念也在不断更新，学校体育工作进入了一个全新的发展阶段，对体育教师的教学能力提出了更高的要求。因此，不能完全靠有组织的培训来提高体育教师的能力。这就要求我们的体育教师要时时关注国家教育的新动态，关注学校体育新的发展方向，根据需要在课余时间自学来不断地提升教学能力，以适应新形势下学校体育工作对教师的新要求。

（三）通过网络和电子课件自学提高自身能力

体育教师利用业余时间通过电子课件及网络教育了解新的教育理念，学习运动项目，丰富体育知识，提高自身的运动技术能力，以适应新时期学校体育对教师的要求。

六、案例

体育教师的"一专"技能提升一个学校的知名度

在拥有校足球代表队之前，这所中学是一所默默无闻的学校。一次偶然的机会，学校领导了解到本校体育教研组有一名足球专项技术和理论水平很突出的教师，这位教师不仅足球课上得好，还在学校课外体育活动中指导学生进行足球训练和组织足球比赛。这位教师的教学技能和专业知识能力受到学生的高度评价，学生都非常喜欢他的体育课。校领导在观摩了这位足球教师的体育课和课外体育指导后，决定成立校足球队，进行定期的训练来丰富校园文化生活。由于这位教师高超的专业技术能力和良好的组织能力吸引了很多学生参加校足球队的训练，学生的足球技术水平快速提高。经过一段时间的练习，足球队的学生不仅身体素质有了明显的提高，心理素质和团队协作能力也有了明显的提升。学校的足球队参加了全市的中学生足球比赛并一举夺得第三名的成绩，这使得学校越来越受到本市其他中学的关注。如今，在这位体育教师的影响下，这所中学的足球队已经成为本市的中学生足球冠军球队，学校的校园体育文化也得到了迅速的发展，人们对这所中学也越来越了解，学校的知名度也在不断提升。

专题三　"两强"技能

随着学校体育越来越受到重视，新的教育理念不断更新，对体育教师的要求也不断提高。中学时期是学生身体发育最为重要的时期，体育教师在这个阶段起到了至关重要的作用。我们的中学体育教师应该具备怎样的能力才能更好地完成教学目标呢？掌握"两强"技能对体育教师的重要意义是什么？怎样才能提高教师的"两强"技能？怎样才算真正地掌握了"两强"技能？这一系列问题是我们要阐述和明晰的。

一、"两强"技能的含义

"两强"技能是指体育教师在拥有"一专"技能的基础上还能够较好地掌握两个运动项目的技能和相关的理论知识，能够利用这两个运动项目出色地完成教学工作，并且能够在课外体育活动中对参与这两个运动项目练习的学生进行指导。教师通过讲解可以使学生了解到这两个运动项目的发展现状、参加练习对提高身心健康发展有哪些好处、练习过程中的注意事项，通过教师的运动表现来激发学生参与体育运动的兴趣，培养学生终身体育的理念。

(一) 熟练掌握两项当前学生喜爱的体育项目的技能

熟练地掌握运动技术从而具备示范能力是体育教师顺利完成教学任务的基础。体育教学不同于其他学科的教学，其特点是要求教师要有很好的技术示范能力，学生通过观看教师的示范动作并进行模仿，经过重复练习后逐步掌握技术动作。"两强"技能的基础是对运动技术的掌握。教师熟练掌握运动项目的技术动作，通过优美的示范吸引学生喜欢该运动项目，可以使学生自觉地参加体育运动以达到强健体魄的目标。

(二) 对该运动技能相关理论知识的熟知

体育教师对两个运动项目的相关理论知识的掌握情况直接影响学生对运动项目的喜爱和对运动技能掌握的情况。

1. 了解该运动项目的起源与发展

对运动项目的起源与发展现状的讲解有助于帮助学生更好地了解该运动项目。

2. 掌握该运动项目的裁判规则

让学生了解所参与运动项目的规则，这样才能在运动中更好地遵守规则和利用规则，顺利地参与体育运动。

3. 熟知该运动项目的技术动作原理和相关的生理学知识

学生在进行技术动作的学习时既要知道怎样做动作，同时又要知道为什么要这样做动作，这个动作的技术原理是什么。例如，我们在教学生"单手肩上投篮"的技术动作时，要告诉学生前臂与上臂之间的角度是多少，为什么要保持这样的角度，其生理学原理是什么；投篮手与篮球接触的部位是哪里，为什么要这样持球；在投篮的过程中是怎样的发力顺序，最后为什么要压手腕等。只有这样，学生才能更深刻地理解所学项目的技术原理，才能更好、更快地掌握该技术。

4. 了解进行该运动项目练习时应注意的事项和运动损伤的应急处理方法

学生在课余时间参加体育运动，在没有老师指导的情况下容易出现运动伤害事故，因此，在教学过程中，教师要给学生讲解进行该项目练习时的一些注意事项，出现运动伤害时应该采用哪些方法，这样可以保证学生参与体育运动时能够进行自我保护并及时处理运动伤害。

5. 阐明该运动项目对身心健康发展的作用

教师通过讲解让学生了解参与该运动项目的练习可以提高哪些方面的素质，这样学生才会针对自身的情况进行练习。

6. 培养学生欣赏这两个项目高水平的比赛的能力

教师通过相关理论知识的讲解培养学生欣赏高水平比赛的能力，使学生在愉悦身心的同时增加参与这两个运动项目的热情，对学生自身技术水平的提高大有帮助。

二、传统意义上的"两强"技能和新时期的"两强"技能的区别

传统的"两强"技能要求体育教师熟练地掌握两个运动项目的运动技术，能够运用这两个项目进行体育教学，使学生学会这两个项目的运动技术。

新形势下的"两强"技能要求体育教师不仅要熟练地掌握两个运动项目的运动技术和战术，同时还要了解和这两个运动项目相关的理论知识，要有很好的技术动作示范能力和理论知识的讲解能力，通过自身的表现增强学生对这两个运动项目的喜爱之情，能够对这两个运动项目进行科学研究，能够运用这两个项目进行课外体育俱乐部及训练队的指导工作等。

三、当今中学体育教师掌握"两强"技能的重要意义

(一) 促进学生身心健康发展，强化学生终身体育的理念

1. 顺利地完成教学任务，促进学生身心健康发展

中学体育教师掌握"两强"技能不仅能扩展自身的专业知识面和加深专业技术能力，同时能够很好地适应学校不同体育工作对体育教师的要求。各学校开展的体育教学活动不尽相同，体育教师既要完成体育课的教学任务，同时又要进行课外体育俱乐部和学校体育训练队的指导工作，这就要求我们的中学体育教师要很好地掌握两项体育运动项目的知识，才能够承担不同运动项目的体育教学和课外体育活动的工作。

2. 培养学生终身体育的健康理念

中学体育教师通过自身掌握的"两强"技能引导学生掌握这两个体育项目的运动技能，使学生逐步喜欢上体育运动，培养学生在课余时间进行体育运动的良好习惯，

促使学生形成终身体育的健康理念。

（二）通过自身的表现使学生对体育运动产生兴趣

体育教师熟练的技术动作示范和精辟的讲解是影响学生喜欢体育运动的一个重要原因。体育以身体练习为主要活动方式，体育教学更多是直观教学，娴熟的技术动作示范能力是直接影响教学效果和学生学习兴趣的重要因素。体育教师通过对自己掌握的两个运动项目技术动作的示范给学生以美的享受，激发学生学习该运动项目的兴趣，并能够促使学生积极地进行该运动项目的练习，逐步提高自己的运动技术水平，最终喜欢上体育运动。

（三）引导学生基本掌握两项运动项目

在教师的帮助下，学生的运动技术水平不断提高，基本上能够达到两个运动项目的练习或比赛的要求。这样，即使是在课余时间，学生也能够运用自己在体育课中学到的知识参加体育锻炼来强健自己的体魄，促进身心健康发展。

（四）适应不同学校体育工作的要求

不同学校体育课程中开展的项目不同，学校往往会根据自身特点开展适合本校中学生的体育运动项目。因此，这就要求体育教师在"一专"的基础上还应具备"两强"的技能，以适应学校体育教学和课外体育活动的要求。

四、中学体育教师怎样才算掌握了"两强"技能

（一）能正确地指导学生学习这两项技术

1. 能够出色地完成教学任务

教师优秀的教学能力是完成学校体育教学任务的基础，而对运动技能的掌握又是提高教学能力的前提条件。体育教师只有熟练地掌握了运动技能才能在教学的过程中很好地完成示范动作，精辟地讲解技术动作的原理和相关的体育理论知识，帮助学生解决在运动技术学习过程中出现的问题，使学生尽快地掌握运动技术并能够在实践过程中运用课堂上学到的运动技能，提高参加体育运动的能力，培养对体育运动的喜爱之情，无论是在课上还是在课外都能自觉、积极地参加体育运动，以实现体育教学中提倡的健康体育的目标。

2. 能够出色地完成课外体育俱乐部和学校体育训练队的指导工作

课外体育俱乐部和学校体育训练队的指导工作是学校体育教学工作的一部分，是体育课的延伸。课外体育俱乐部和学校体育训练队的指导工作应与体育课上的教学有所区别，体育课是面对所有的学生，教学内容要兼顾能力不同的学生。而俱乐部和训练队主要是针对那些运动能力强的学生，教师要在巩固课堂内容的基础上提高难度，满足那些喜欢这个项目并在这个运动项目上具有很好运动潜能的学生。教师通过"两强"技能发挥自己的项目优势，承担学校课外体育俱乐部和代表队的训练工作，对丰富校园体育文化生活起到积极的推动作用。

（二）能引导学生喜欢这两项体育运动

兴趣是最好的老师，要让学生积极地参加体育运动就必须培养他们对体育运动的

兴趣。实践告诉我们，体育教师必须很好地掌握该项运动项目的技术动作，对该运动项目的相关知识有很好的了解，这样才能在教学过程中为学生示范，才能通过自身精辟的讲解让学生对该运动项目有更深刻的认识，才能激发学生学习该项运动项目的兴趣，积极参与该项运动的练习。

（三）指导其他体育教师学习这两项运动项目，培养体育老师"全面适应"的能力

中学体育教师对"两强"技能的掌握不仅仅是为培养学生形成终身体育的教育理念，教师间还要通过相互影响、相互学习、取人之长、补己之短，逐步形成所有的体育教师都具备"一长""两强""全适应"的教学能力，这样才能更好地适应中学体育工作对教师的要求。

五、提高中学体育教师"两强"技能的方法

在当前中学体育教师队伍中，虽然大部分教师具有多年的体育工作实践经验，但是面对快速发展的新形势对他们提出的要求，教师要不断进行知识更新。因此，从教师对学校体育工作的适应角度出发，中学体育教师应该不断学习新的课程内容和教育理念，以适应新的教学任务的要求。

（一）参加相关的专业技术及理论培训

中学体育教师参加相关的专业技术及理论的培训是提高"两强"技能的重要途径。通过参加培训班，教师既可以巩固自身原有运动项目的技术能力，同时又可以学习新兴的运动项目，提高自己的教学能力，不断的丰富自己的"两强"技能，以适应新时期中学体育工作对教师的要求。

（二）不断学习以适应新形势的要求

随着学校教育理念的不断更新，学校体育工作也进入了一个全新的快速发展阶段。体育教师要适应新要求，完全靠有组织的培训来提高专业技术能力已经无法跟上时代的发展。这就要求我们的中学体育教师要时时关注教育的新动态，关注学校体育的新的发展方向，根据需要利用课余时间自学来不断提升教学能力。例如，利用网络资源和电子课件进行自学，增强自身的技术水平和教学能力。

（三）观摩优秀教师的示范课

优秀的中学体育教师在教学方法上有着自己独到的经验和见解，体育教师通过经常观摩优秀教师上课可以借鉴他们的教学经验，发现自身教学能力的不足，实现取长补短、融会贯通，进而快速提升自身的"两强"技能。

（四）结合学校特点学习新兴项目的技能

当今，很多新兴的体育项目越来越受到中学生的喜爱，轮滑、跆拳道、健美操等项目已经在学校中开展起来。体育教师可通过自学来掌握这些项目运动的技术和相关的理论知识，丰富自己的"两强"技能，从而适应新时期学校教育的要求。

六、案例

张老师是因篮球专长来到这所学校的。刚来到这所中学时，学校体育课的教学内

容是篮球、足球、田径和武术四个项目。在教学过程中，她发现，学生们在上体育课的过程中不是一起聊天就是消极地应对老师提出的要求，完全没有将热情投入体育运动中。为了改变这种状况，她利用业余时间进行健美操和跆拳道的进修，由于大学期间有着良好的健美操和跆拳道的基础，在短短的几个月的时间里，张老师就掌握了这两个项目的基本教学技能。新学期开始，她在课外体育活动中开设了这两个项目的课后兴趣班，并鼓励学生积极参加。经过一个学期的教学，她发现，参加兴趣班的学生不论男女，都有了很大的改变，女生在上课的过程中不用老师督促都能自觉积极地进行练习，身体机能有了很大的改变。原来那些肥胖的女生经过几个月的练习不仅体型发生了变化，更重要的是平时的仪态仪表也改变了很多，每个女生看上去都是那么自信。参加跆拳道班的男生经过学习后，不仅身体的力量、灵敏、柔韧素质大幅提高，更重要的是他们勇于挑战困难、不怕吃苦的精神在体育比赛中得以淋漓尽致的体现。由于张老师的影响，该校学生参与体育运动的热情不断提高，报名参加她的课后兴趣班的同学不断增多。在这种情况下，学校体育组长建议由张老师来培训学校其他体育老师，并在体育课中开设这两个项目。如今，健美操和跆拳道项目已经成为这所中学体育课的传统教学内容，学生参加体育锻炼的热情空前高涨。

专题四 "全面适应"的运动技能

体育是社会文化的重要组成部分,是促进人全面发展的一个重要方面,它对人有着多方面的教育作用,特别是对促进人的身体健康起着无法替代的作用。中学时代是学生身体快速发展的重要时期,中学阶段的体育对促进学生身心健康至关重要。中学体育教师肩负着提高学生身体机能、培养学生终身体育理念的重要任务。我们的中学体育教师应该具备怎样的能力才能适应学校体育工作的要求?中学体育教师全面的技能对完成教育目标有什么意义?怎样才能更好地掌握全面的技能?这一系列问题有待于我们研究。

一、"全面适应"的含义

中学阶段是重要的生长发育时期,学生的各项身体机能都处于快速发展时期,但不同身体素质的学生在该年龄段发展的速度不同。能否有效提升学生的身体素质、培养学生良好的社会适应能力、培养学生终身体育的理念,与中学体育教师所具备的能力密切相关。因此,中学体育教师应该具备"全面适应"的能力。这里所指的"全面适应"能力可包括体育教学能力、运动训练与健身指导能力、心理健康教育与保健能力、组织管理能力、科研能力和人际交往能力以及不断创新的能力等。

(一)教学能力是中学体育教师应具备的最为重要的能力

体育教师作为开展体育工作的专门人员,必须具备良好的专业基础知识和专业技能。教师要熟练地驾驭教材,根据体育课堂环境、场地器材以及教学内容特点合理地组织教学,从而保证教学任务的顺利完成。教学能力可分为熟练地掌握运动技术的能力,构思、设计体育教学活动的能力,组织体育教学活动的能力和教师自我教学效果评析的能力几个方面。

1. 熟练掌握运动项目技、战术的能力

体育以身体练习为主要活动方式,体育教学更多的是直观教学,体育教师的动作示范能力直接影响着教学效果和学生的学习兴趣。漂亮的技术动作示范是体育教师业务水平的基础,也是其树立威信的重要手段。在教学过程中教师不仅要进行讲解,还要有很好的动作示范能力。这样,学生才会有直观感受,这对学生学习运动技术并快速地掌握和运用该技术非常重要。因此,体育教师只有熟练地掌握了该项目的技、战术动作才能为学生做出漂亮的示范,让学生直观地领会该技术动作的要领,促使学生更快、更好地掌握技术和动作,为将来的运动实践打下扎实的基础。

2. 构思、设计体育教学活动的能力

为了使体育教学活动具有科学性和计划性,提高课堂教学的整体效益,体育教师应充分考虑教学过程中的各教学要素，使课堂教学效果达到最优化，要精心设计教案、精选教学方法等。体育教师构思、设计体育教学活动的能力包括制订教学目标的能力、编写教案的能力、选用教学方法的能力等。

3. 组织体育教学活动的能力

学生在参加体育活动的过程中促进身体及心理的健康，通过参加体育活动培养自身对体育运动的热爱，从而树立终身体育的理念。因此，组织体育教学活动的能力是一个中学体育教师的基本能力，也是最重要的一种能力。中学体育教师组织体育教学活动的能力可分为：良好的课堂组织能力，清晰、准确的语言表达能力，正误对比的能力及电化教学能力。

4. 教学效果的自我评析能力

体育教师应具备自我评析教学效果的能力。教师在教学后应能够全面地评析教学目标的完成情况，体育教学活动过程中教学方法、教学手段的选用是否合适；评析教学是否适应学生的实际水平及学生的心理活动特点；评析教学是否发挥了学生的主观能动性，培养了学生锻炼的兴趣，发展了学生的个性；最后评析学生的学习效果。

（二）具备良好的课外健身指导能力

作为一名体育教师，既要完成课堂教学，又要承担课外体育活动的开展工作，推动校园文化建设，为学生营造科学锻炼的氛围，为学生终身体育奠定基础。因此，指导课外俱乐部的能力是新时期一个中学体育教师应具备的能力。

（三）培养学生的社会适应能力

体育教师不但要向学生传授体育专业知识，增进学生身体健康，使学生掌握科学的锻炼方法，同时在体育教学的过程中还应注重培养学生的团队协作能力、良好的心理素质、策略思维能力和勇于战胜困难的能力，综合提高学生的社会适应能力。

（四）良好的组织管理能力是中学体育教师能力的重要体现

中学体育教师对学生既要严格要求又要亲切关心，把握好严与宽的尺度，做到宽严适度、严而不死、宽而不乱。教师在教学过程中要善于发现问题并及时纠正，灵活运用教学原则，以多样的教学方法组织课堂教学。体育教师在具备组织学生上好体育课的能力的同时还要有组织各种大型运动会、球赛、队列广播操及大型团体操表演等能力。

（五）良好的科研能力是中学体育教师应该具备的重要能力

中学体育教师应具备收集、整理和归纳资料的能力，学会科学研究的全过程，通过科学研究和经验总结，为体育课堂教学、运动训练和健身指导提供更先进、更合理的科学训练方法和手段。其中，撰写论文的能力所占的比重更大一些，它能很好地体现一名教师发现问题、总结经验的能力。

（六）不断创新的能力是中学体育教师适应新时期体育教学要求的根本

创新不仅要求教师不断提高自身的素质及业务能力，还要求教师确定新的教学目标和教学评价体系，不断探索新的教学方法以适应新时期的教学需要。同时，还要让学生在体育活动的过程中培养自身的创新能力，以适应社会对新时期人才的要求。

二、传统意义上的全面适应能力和新形势下的全面适应能力的区别

（一）传统全面适应能力的含义

传统的学校体育是片面注重传授给学生基本技术、技能、基础理论的单一技术教育，单纯地追求提高学生的身体素质，教学似乎只是为了考核、评优和竞赛等教学任务的顺利完成，背离了素质教育中对人的思想、能力、品德和人格等多方面素质的要求。因此，传统的全面适应能力主要是指体育教师能够很好地掌握多种运动项目的技术及相关的理论知识，能够在不同运动项目的教学中很好地完成技术动作的示范工作，让学生在教学过程中学会该技术，并在运动实践过程中运用学到的技术。

（二）新形势下全面适应能力的含义

学校体育理念不断更新，对体育教师的能力提出了更高的要求。全面适应能力是新时期中学体育教师应该具备的能力。这里的全面适应能力包括：（1）很好地掌握传统运动项目的技能，对新兴的运动项目的技能也应该有很好的了解与掌握。（2）具备学校运动队训练与课外体育俱乐部健身指导的能力。（3）对学生进行心理健康教育的能力。教师在体育教学过程中培养学生"抗压"的能力，培养学生良好的心理素质和积极乐观的心态，从而使学生达到既健身又健心的目标。（4）组织管理能力。（5）科学研究能力和不断创新的能力。新时期的中学体育教师不仅要学会分析、钻研和思考，而且要能有创造性地开展教育教学活动，尽快接受现代科学新知识及最新教育理论，总结教学实践中的经验，并将其运用于自身的教学活动中，提高教学质量和教学能力。

三、中学体育教师掌握"全面适应"技能的重要意义

（一）适应新形势下中学体育教学的要求

随着学校体育理念的进一步更新与完善，"终身教育""素质教育"和"快乐教育"与体育教学不断融合，中学体育已不仅仅是为了提高学生的身体素质、促进学生身体的健康发展、培养学生终身体育理念的形成、提高学生的社会适应能力等，让学生在体育教学中身心健康发展已经成为新时期中学体育的新目标。在这种形势下，中学体育对教师的能力结构也提出了更高的要求，教师的知识结构和能力结构也会相应地发生变化。这就要求体育教师既要拥有全面的运动技术能力，又要掌握相关的理论知识；既要拥有良好的教学组织能力，又要拥有良好的沟通能力；既要了解中学生生理及心理健康方面的知识，又要拥有良好的科研能力；既要理解当前学校体育的终身教育和素质教育的理念，又要拥有不断创新的能力。因此，只有掌握了适应当今学校体育理念的全面技能的教师才能适应新形势下中学体育教学的要求。

（二）适应不同特点的学校的体育教学要求

目前，我国中学教学环境、教学条件和所教授的体育教学内容存在着不同程度的差别。因此，为了更好地完成体育教学任务，中学体育教师应该具备全面的教学技能

以适应不同学校对体育教师的要求。中学体育教师应该结合学校自身的教学条件和教学要求来达到"终身体育"和"素质教育"的教学目的。拥有了全面的技能可使中学体育教师更好地结合学校的特点来发挥自身的优势，根据不同学校学生的特点制订不同的教学计划，丰富中学体育教学内容，更好地实现"终身体育"和"素质教育"的教学目标。因此，拥有全面技能对中学体育教师适应不同特点的学校的要求、最终高质量地完成教学计划具有重要的意义。

(三) 使学生养成终身体育的理念，促进学生身心健康发展

中学时期是学生身心快速、健康发展的最佳时期，也是学生兴趣形成的重要时期。因此，很有必要在中学阶段培养学生对体育运动的兴趣，让学生通过积极地参加体育运动来促进身心健康发展。体育教师通过运用良好的教学方法和手段、讲解丰富的专业理论知识，不断培养学生对体育运动的兴趣，让学生通过运动不断强健体魄、完善人格。同时，教师在体育教学和课外体育活动过程中让学生体会到参与运动的快乐，逐步形成终身体育的理念，从而促进身心的健康发展。要实现这些目标，体育教师需要通过动作示范、精辟讲解来引导学生、影响学生，不断强化体育运动对学生发展的重要性的教育，最终实现中学体育教学的目标。

四、提高中学体育教师"全面适应"运动技能的方法

在当前中学体育教师队伍中，虽然大部分教师具有多年的体育工作实践经验，但是面对快速发展的新形势对他们提出的要求，中学体育教师还需不断进行知识更新。因此，从教师对学校体育工作要求的适应的角度出发，中学体育教师应该不断地学习新的课程内容和教育理念，以适应新的教学任务的要求。

中学体育教师全面技能的提高不仅要依靠相关专业技术及理论培训，更重要的是要通过观摩其他优秀体育教师的教学，掌握自己不熟悉项目的技术及教学方法。首先，教师可以通过课上及课下教师间相互探讨提高教学能力，丰富教学内容。观摩的范围不仅包括本校的教师，而且包括对临近学校的优秀体育教师的教学观摩，而后者更能够丰富教师的体育知识，提升教师的教学能力。其次，教师可以通过电子课件及网络教育了解新的教育理念及运动项目，利用课余时间进行自学，在教学实践中进行大胆尝试并逐步修正，以达到学校体育教学的基本要求。再次，学校可定期组织本校教师进行集体业务学习，使他们不断了解或掌握一些适合在学校体育教学中开展的新兴体育项目。教师通过相互取长补短，可以更新教学理念，丰富教学方法与手段，从而适应学校体育教学的新要求。

五、案例

为了改变学校体育运动现状，提高体育教学的质量，丰富校园体育文化生活，校领导决定引进一名高水平的体育人才以改变本校体育发展现状。作为特级教师的刘老师来到这所中学后，先组织体育组的教师进行了业务学习。首先，刘老师让教师了解

中学体育教师专业能力必修
Zhong Xue Ti Yu Jiao Shi Zhuan Ye Neng Li Bi Xiu

当今学校体育工作的理念及培养目标，让教师知道学校体育工作对学生身心素质发展的重要意义。其次，刘老师利用业余时间对教师进行运动技能和相关理论知识的培训，让老师们学习新兴的体育运动项目的技能。最后，他和体育组的老师们一起设计学校运动会的方案，设置课外体育俱乐部，讨论课间操的内容以及组建课外体育训练队。

经过刘老师的努力，目前该学校的体育开展情况有了飞速发展，学生上体育课热情高涨，学校运动会比赛项目花样繁多，参赛学生的人数大为增加。课间操形式多样、气氛活跃，课外体育俱乐部已经成为学生课余时间进行体育锻炼的主要场所。学校足球队和篮球队在市级比赛中获得了名次，学生的健康水平有了明显的提高。学校体育教学和体育文化活动的开展已经成为学校工作的一项重要内容，所有体育教师的教学能力和教学热情都有了大幅度的提高。由此可见，一名体育教师具备了"全面适应"的能力不仅可以发挥自身的优势，同时还可以带动整个团队不断发展，从而提高体育教学在学校教育中的地位。

专题五 知识原理

体育是寓教育于各种身体活动之中的一种教育，体育课是帮助学生获得体育知识，发展各种运动技能，培养良好体育态度和行为，促进身心健全、和谐发展的一门课程。那么，什么是体育知识？体育课堂应该教授什么样的体育知识？在我们这个对体育依然存在偏见和误解的社会中，体育教师应该如何加强体育知识的学习，以提升并充分展现自我呢？

一、什么是体育知识

（一）体育知识的含义

体育知识是人类在体育实践过程中获得的运动经验和认识的总和。体育知识是一种包括自然科学、社会科学和人文科学在内的综合性知识体系。在体育教学过程中，体育知识表现为理论知识和实践知识两种形式。例如，在以田径素材为教学内容的体育教学中，教师除了要传授跑、跳、投等技术知识外，还要介绍相关的历史文化背景，赛事欣赏，生理、心理健康促进，安全运动等知识。

（二）体育知识的分类

1. 对体育知识认识的误区

由于人们对体育知识的认识经历了一个由浅到深的发展过程，其分类也经历了一个逐渐科学化、合理化的过程。最初的体育教学仅仅是体育技术技能的教授，随着社会需求的发展，人们对体育教学的内容又有了新的认识。如 1964 年国务院批转的教育部、国家体委和卫生部《关于中、小学学生健康状况和改进学校体育、卫生工作的报告》的文件，要求学校体育要尊重学校教育规律，克服不重视体育文化知识、过分强调体育项目成绩指标的问题。1993 年的体育教学大纲，强化了理论知识，将体育知识分为体育实践知识和体育理论知识，将体育文化知识、体育理论知识单纯理解为体育卫生、保健等知识。

这种分类方法同时也给体育教师带来了认识上的误区，使他们在教学过程中仅注意卫生与保健知识的传授，忽视了与运动技术知识相关的其他知识（如相关的历史、文化背景、体育赛事欣赏、运动技术、安全运动等知识）的传授，久而久之，造成学生忽视体育文化知识的学习和积累，忽视体育文化素养的提高。

2. 对体育知识进行合理分类

由于角度、目的与标准不同，对知识的分类也有多种。其中，一种分类是依据知识的特征，将教材中所出现的知识分为事实性知识、概念性知识、方法性知识和价值

中学体育教师专业能力必修 Zhong Xue Ti Yu Jiao Shi Zhuan Ye Neng Li Bi Xiu

性知识[①]，笔者认为这种分类比较适合于对体育知识的分类。下面以游泳教材为例，来说明这种分类方法的合理性。

事实性知识就是关于"是什么"和"怎么样"的知识，游泳运动的起源、发展、项目特征等知识就属于这一类。概念性知识就是关于概念和原理的知识，游泳运动概念、各种泳姿的技术与原理等属于这一类。方法性知识就是关于程序和方法的知识，学习游泳的步骤、安全从事游泳运动的方法等知识就属于这一类。价值性知识就是关于功能和意义的知识，教师向学生介绍的关于从事游泳运动的意义、游泳运动的价值等知识就是价值性知识。

（三）体育知识的内容

教学素材纷繁复杂是体育教学内容的特点之一，体育素材是体育知识的载体，由于体育知识相对于各种体育素材的知识而言具有普遍意义，每个体育素材都包含着四个层面的体育知识，也都具备四个层面体育知识的内容。（见下图）。

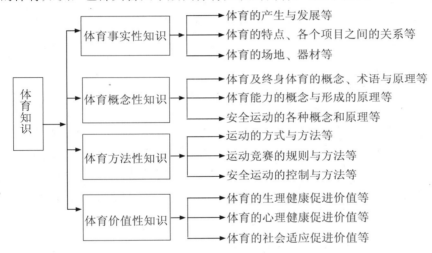

二、体育知识的传授

传授体育知识就是教师对体育知识进行筛选和加工，通过一定的媒介将体育知识信息传输给输入端——学生。这是一个信息的传输过程，其中媒介指的就是信息传输的途径和方法。教师要保障体育知识传授的流畅性和有效性，就必须保证传授途径的完好、通畅和传授方法的合理、得当。

（一）传授体育知识的基本途径

在学校体育教学中，体育知识主要通过课堂教学和课余体育活动进行传授。

1. 课堂教学

课堂教学是传授体育知识的主要途径，教师要保障体育课堂教学这一知识传授途径的通畅，必须做好四个方面的工作：一是创设安全的知识传授环境，包括场地、器

---

① 季苹.教什么知识［M］.北京：教育科学出版社.2009：86－87.

材的选择与布置等；二是创设保证知识顺利传授的人际关系和沟通条件，包括课题的准备、学生交流的组织与控制；三是要强调课堂纪律，包括教学常规的执行、教学纪律的制订和执行、纪律教育的手段；四是构建有效的教学反馈渠道，包括建立经常性的知识学习反馈机制、发挥体育骨干或小干部的作用等。对于理论性比较强的体育知识，如体育保健知识、体育卫生知识等，可开设专题或者专门开设理论课堂进行传授。

2. 课余体育活动

课余体育活动是传授体育知识的重要途径，是体育课堂知识的有效补充和延伸，同时也是对教师传授的知识效果和学生理解、内化体育知识的程度的检验。课余体育活动包括课余体育锻炼和课外体育竞赛等活动，两者都是促使学生进行自主学习的良好途径，因为"学生是学习的主体，对为什么学习、学习什么、如何学习等问题都有自觉的意识和反应"①，课余体育活动就是给学生提供一个"自觉意识与反应"得以实现和强化的机会。在这一活动过程中，学生通过有意识或无意识的自我监控、自我指导、自我强化三个过程，逐步构建体育知识，提高自己的体育能力并逐渐为终身体育打下良好的基础——这一过程仍然需要教师的指导与帮助，以利于学生解决学习中遇到的问题。

（二）教师如何传授体育知识

1. 准确把握知识点和教学关键环节

同一个体育教学素材，同样的事实、概念、方法和知识，由不同教师进行教授，学生的掌握程度和理解深度可能就不一样。因为，每一类知识都有相关的知识点和关键环节，教师对这些知识点把握得好，关键环节处理得当，学生对体育知识的掌握情况就好。有专家认为，对"什么体育知识最有价值以及用什么方法教给学生"这一问题缺乏思考的体育教师很难成为优秀的体育教师。

2. 合理运用语言法与示范法等教学方法

语言法与示范法是体育教学过程中最为有效的教学方法，体育教学素材所涵盖的所有应教授的知识都要经过教师的语言加工，形成言语信息后再传递给学生，使学生形成并逐渐提高对体育知识的认知水平。而这些知识的载体——身体练习的方式和方法、体育技术的练习、体育战术的推演等方法性知识都要通过教师优美、规范、合理的示范展现给学生，使学生获得技、战术的完整知识。

3. 熟练掌控设问、讨论、引导、总结等过程

在体育教学中，讨论法是促进学生积极参加体育活动、培养合作精神与思考能力的一种常见方法，它有利于提高学生的学习积极性，激发学生的学习兴趣。教师要有效运用讨论法，就必须针对所要教授的知识进行认真准备：一要精心设计问题，最好是设计符合知识传授递进关系的"问题串"；二要细致安排讨论，从讨论的方式到讨论的方法，都力求顺畅、高效；三要适时引导，无论是对知识要点的提示，还是对讨论

---

① 丁晓昌，徐晓.体育现代化理论构建与实践探索［M］.南京：南京师范大学出版社，2008：156.

气氛的调节，教师都要做到准确、适度；四要总结得当，对学生讨论形成的结论，教师在总结时要准确把握。

4. 充分利用肢体语言

肢体语言是进行知识信息传递的另一种方式，教师除了用示范法来描述方法知识之外，在表达肯定与否定、鼓励与反对、表扬与批评等情感以及某些身体动作姿态时，还经常使用肢体语言，例如，对动作完成情况比较好的同学点头、竖起大拇指或微笑表扬；对比较努力或对学习稍有懈怠的学生进行鼓掌鼓励、握拳鼓励、轻拍鼓励等。在使用肢体语言时，要充分考虑使用的目的、对象、范围以及方式等。

5. 善于列举形象化实例

教师在从事教学活动时，为了使学生充分理解体育知识、提高对体育知识的学习效率，往往准备许多形象的实例，使体育知识变得更加生动，从而吸引学生自主学习、主动学习。教师在列举实例时既要与体育知识素材及教学情境紧密结合，还要与情境发展的时段紧密结合。例如，在教授篮球胸前传球技术时，可以列举美职篮、中职篮等比赛的球星传球的准确性、隐蔽性、灵活性实例，以激发学生的学习兴趣，但不宜谈传球技术的多样性，否则会分散学生对所教内容的注意力，影响学习效果。

三、教师体育知识传授技能修炼

（一）教师要重视体育知识的筛选与整合

1. 注重体育知识的积累

随着信息社会的发展，学生获取体育知识的渠道越来越多，学生获取知识的水平也在不断提高，面对学生学习中出现的各种问题，教师要不断提高自身的专业知识水平。体育教师只有加强体育知识的学习，注重体育知识的积累，才能更好地适应学校体育教学和社会的发展要求。

2. 准确理解和把握体育素材的知识点

体育教师在体育知识的准备阶段，要非常熟悉所教授的内容，了解知识内容的重要节点，并有针对性地选择和设计教学方法，帮助学生形成准确、清晰的概念，提高传授知识的效率。知识点就是知识的基础部分和关键环节，每一个体育教学素材都包含有较多的知识点，如体操支撑跳跃技术就包含助跑技术、上板技术、第一腾空技术、推手技术、第二腾空技术和落地技术6个知识点。但是，由于教授对象不同、教学条件不同，教师所教授的知识点也会发生变化。例如，同样教授支撑跳跃，如果踏板不一样（目前有三种：木板、"U"形板和弹簧板），上板技术和起跳技术（知识点）要求就不一样；同样的"山羊分腿腾越"，不同的学段或级段，教授的知识点（七项技术）也会有侧重。因此，体育素材知识点的多样性与可选择性就要求教师准确理解和把握体育素材的知识点。

3. 认真筛选和整合体育知识

大量的研究表明，体育教师课前充分的准备工作是体育教学成功的关键因素之一。

充分的准备工作的第一步就是选择和整合体育知识。要认真做好这项工作就必须遵循符合学生认知发展水平、有利于引起并能够持续激发学生的学习兴趣、有利于体育文化传承等原则，使筛选和整合出来的体育知识系统性强、概念明确、条理清楚、重点突出、难易适度。

（二）教师要注意培养掌控课堂的能力

1. 准确与合理运用教学语言的能力

在体育教学中，语言运用除了要解释、说明体育知识的因果、逻辑关系之外，还要有启发性和感染力，以便更好地激发学生学习的兴趣和热情。因此，教师要有良好的语言素养和较高的语言表达能力，教学语言要清晰、简练、准确、生动，并富有感染力。

同时，体育知识中还有一些隐于人的知觉、动觉、经验之中，没有或很难用准确的语言和动作示范进行描述的知识，如"球感""气沉丹田""节奏感""协调性""小肌肉群运动""中等力量击球"等。在教授这类知识时，教师要多用形象的语言、比喻、肢体语言等来描述，如"鱼跃""金鸡独立""转如轮、轻如叶"，再如说明体操美感意识的"脚尖绷、膝盖硬、胸要挺"等。

2. 对体育游戏与比赛的控制能力

游戏法与比赛法是用以激发学生学习兴趣、完成教学任务的两种教学方式。游戏法通常有一定的情节和竞争成分，有竞争、合作、表现等多种类型，不限于某个项目；而比赛法一般是实战，具有强烈的竞争性，往往与某个项目有关。因此，教师一定要培养对游戏和比赛的控制能力：应教育学生严格遵守和执行规则，鼓励学生在规则允许的范围内发挥自己的主动性和创造性去争取优胜；在游戏或比赛时，裁判要认真、公正、严格、准确；强调安全游戏或比赛，布置好场地与器材；结束时，做好讲评，指出缺点和优点。

3. 合理调整教与学比例的能力

体育教师要"精讲多练"，不能"满堂说"和"满堂讲"，也不能"只练不讲"。因此，教师要注意把握好"教"与"学"的比例：讲解或回答要用简短的语言来进行，要伴随对练习的思考，不能花太长时间讨论；集中的讲解与示范要少，大部分讲解与示范要分散在学生的练习之中。教学要结合挂图、黑板等，使学生能够根据各自的需要进行观察和学习。

四、案例

一次鱼跃前滚翻课

听说要学习"鱼跃前滚翻"动作，一部分学生一脸的不情愿，也有一部分学生摩拳擦掌，跃跃欲试。教师启发大家思考为什么在足球比赛和排球比赛时，经常看到场上队员做前滚翻动作。

在做完准备活动后，教师将开始的提问进行讨论性总结，说明"鱼跃前滚翻"的生活实用价值，在教师的启发和鼓励下，学生进行"前滚翻"动作的复习。然后，教师又引导学生回忆，运动员比赛做前滚翻是站着做的吗？显然不是，是在身体向前失去重心而且惯性比较大的情况下做的。教师带领学生从蹲的姿势开始，模仿身体重心向前、两手远撑、低头滚翻动作（可在斜垫上进行）。由此引出"鱼跃前滚翻"动作，并带领学生进行集体练习（1～2次），同时提示动作要领及自我保护的方法（两腿屈膝，前脚掌蹬地，两手远撑，根据学生情况在垫上画线，身体跃起时，两手臂与地面短时对抗，缓解身体向前的惯性，然后屈臂前滚，后脑勺、背部、臀部一次接触地面，团身抱腿站起），练习完以后引导学生分组练习体验动作（5～6次），在此过程中，教师巡回辅导，提示安全。练习后活动头颈部30秒钟。

最后是双人前滚翻练习。动作掌握较好的学生在老师信任的目光及鼓励声中自由结合（4～5对），尝试"勇敢者的游戏"——挑战双人前滚翻。教师讲解要领及配合的技巧（下面的学生两腿举起分开并弯曲，上面的学生两脚蹬地要用力，双手紧握脚踝不放松，两人配合要默契），四五组学生尝试完了以后，其他学生也跃跃欲试，教师再次总结动作要领及注意事项（低头最关键），学生自由结合，每组尝试一次。学生意犹未尽，教师提醒学生要做好双人"鱼跃前滚翻"，单人的动作要过硬，下次课再进行练习。

体操动作由于有关节大幅度的屈伸和练习时的眩晕感，常常让学生感觉到"害怕"和"痛苦"，似乎很少有学生对它有兴趣。然而，无论从生理学价值上还是从心理学价值上，无论从对学生现实的锻炼意义上还是从对学生终身体育锻炼的基础性意义上看，体操都是一项非常好的运动。在本案例中，通过这样一个"鱼跃前滚翻"素材，老师从不同的角度向学生传授了体操的基本术语（如蹲、蹲撑、举、屈等），如"鱼跃前滚翻"的生活实用价值、生理学价值，安全进行"鱼跃前滚翻"的知识原理等；同时，还通过"鱼跃前滚翻"知识的拓展——"双人鱼跃前滚翻"，使学生亲身体验双人协调配合的乐趣，从而培养学生的协作精神，以生动和感性的语言向学生传递了一些有关信任、成功、成就感等心理健康和社会适应方面的知识。当然，学生获得这一知识，并形成一种稳定的品质，还需要通过长期的培养和锻炼。

从上述案例中我们可以看出，体育知识的教授不仅能够提高学生的体育文化素养和体育能力，而且对促进学生探究心理的发展、激发学生的学习兴趣，从而实现体育课程目标具有重要意义。因此，教学中教师要做一个有心人，要有意识地挖掘与所教授的体育教材相关的体育知识和技术原理，创造性地加以分类、整合，并有计划、分层次地以最有效的方式传授给学生。

专题六　健康教育

　　"少年强则国强"。的确，青少年是祖国的栋梁，是民族的希望，青少年的成长特别是身心健康状况直接影响着国家未来的竞争力。1999 年，《教育部发布关于加强中小学心理健康教育的若干意见》颁布，2002 年，教育部制定《中小学心理健康教育指导纲要》，2007 年，《中共中央国务院关于加强青少年体育增强青少年体质的意见》颁布，2008 年，教育部制定《中小学健康教育指导纲要》，十年间政府推出一系列促进青少年健康的纲领性文件，足见其对广大中小学生的健康教育的重视。目前，我国学校开展健康教育，体育是常见的途径之一。作为中学体育教师，有必要了解当前中学生的健康状况、健康教育的开展情况以及体育教师在健康教育中的责任和义务，学习和把握体育教学中蕴涵的健康教育的因素，从而有针对性地增强业务能力，提升业务素质，满足新形势对教师岗位提出的新要求。

一、中学生的身心健康现状

（一）中学生的身体健康状况

　　我国从 1979 年以来共进行了五次全国范围的青少年身体健康状况调查，目前，中学一年一度的体质测试基本是由体育教师来完成的，相信很多体育教师对当前中学生的身体状况都深感忧虑。教育部 2005 年发布的学生身体健康状况监测结果公告显示，学生在体质方面存在的主要问题有：（1）部分运动素质，如速度、爆发力、耐力等水平均呈持续下降趋势，其中耐力素质是我国学生身体素质中最薄弱的环节；（2）反映身体机能的肺活量水平呈下降趋势；（3）超重及肥胖检出率继续呈上升趋势；（4）学生视力不良检出率仍然居高不下。更令人担忧的是，一些如高血压、高血脂、冠心病、糖尿病等与肥胖相关的病症，近年来在青少年身上也时有发生，患病年龄提前了 10～20 年。虽然青少年体质下降涉及家庭、学校和社会等多方面的原因，但目前要遏制儿童青少年体质下降的趋势，最可行的解决之道还是将充分、科学、有效的身体活动时间还给孩子。2006 年年底正式启动的"全国亿万学生阳光体育运动"至今已运行了数年，各位体育教师在自己的岗位上要积极关注、评价这项活动对青少年身体健康的影响。

（二）中学生的心理健康状况

　　我们都经历过青春年少，都知道青少年时期是身心发展的重要时期，伴随着生理、心理的发育，社会阅历和思维方式也在发展。与长辈们所不同的是，当今的中学生正身处社会环境和思想观念急剧变化的时代，他们的心理活动比过去任何时期都更为复杂，因而在学习、生活、人际交往和自我意识等方面可能会遇到各种问题。从精神医学的角度来看，青少年时期也是多种心理疾病发生的高危年龄段。20 世纪 80 年代以来，我国不同地区的调查结果均显示，中学生的心理健康问题的发生率在 10%～30% 不等，并随着年龄的增加而升高，其主要表现为情绪不稳、自控能力差、意志薄弱、焦虑、抑郁、抗挫折能力不足以及撒谎、逃学、离家出走，甚至自伤和伤人等行为问题。因此，加强中学生的心理健康教育的问题从没有像今天这样重要和迫切。

（三）中学生的社会适应状况

社会适应能力，是指个体能有效地应付和顺应社会生活环境，使个体内部与社会环境之间保持平衡与协调的一种能力。狭义的社会适应能力就是我们常说的人际交往技能，广义的还包括对自然环境、社会规范的适应和抗挫折能力等。中学生正处于生理、心理从不成熟过渡到成熟的重要转折期，适应社会是青少年社会化的重要目标，社会适应能力是影响青少年健康成长的一个重要因素。家庭教育、学校教育和社会因素对青少年的社会适应能力水平有直接的影响，但由于目前我国的家庭和学校教育往往把主要精力放在青少年的智力发展上，相对忽略了对学生社会适应能力的培养。同时，随着我国社会经济的迅猛发展，社会环境的变化，青少年在与人交往、缓解压力、调节情绪和应对挫折等方面均出现不同程度的适应困难，尤其是青春期的反叛以及高中阶段面临的高考及就业压力使初三、高一和高三的学生在社会适应能力方面需要更多的关注和帮助。

（四）中学生的健康素养现状

健康素养是指个体具有获取、理解和处理基本的健康信息和服务，并运用这些信息和服务作出正确判断和决定，维持和促进健康的能力以及掌握应知晓的健康知识和应做到的健康行为规范的能力，也就是人们常说的健康知识和健康技能。据卫生部 2009 年的调查显示，我国居民 100 人中不具备基本健康素养的人高达 93 人。我们知道，健康素养应尽早养成，那么我国中学生的健康素养如何呢？现代的中学生获取信息的能力较强，获取信息的渠道也多样，但由于中学阶段的健康教育大多让位于学科的学习，很多学生是从书本、同伴、网络及媒体上获取与健康相关的知识的，这导致他们掌握的健康知识很难达到正确、清晰和全面的标准。有调查显示，中学生健康知识的平均知晓率在 50% 左右。同时，由于青年学生正处在健康的安全期，往往容易忽视自己的健康问题，认为健康问题离他们很远，所以健康意识不强，不能主动采取行动增进健康，运动不足、吸烟、饮酒、网络成瘾、不安全性行为是当前青少年的主要的危害健康行为。要提高中学生的健康素养，健康教育与健康促进是目前最常采用的重要手段。

二、中学生健康教育的目标与内容

（一）中学生健康教育的目标

健康教育是以促进健康为核心的教育，开展中学健康教育，其总体目标是培养学生的健康意识与公共卫生意识，使其掌握必要的健康知识和技能，促进学生自觉地采纳和保持有益于健康的行为和生活方式，减少或消除影响健康的危险因素，为学生一生的健康奠定坚实的基础。

（二）中学生健康教育的内容

教育部在 2008 年印发的《中小学健康教育指导纲要》中提出，中学生健康教育的内容主要包括生理健康教育、心理健康教育和社会适应健康教育三个方面。其中生理健康教育首先是有关中学生生理发育特征的内容，其次是有关青春期卫生保健、疾病（尤其是生殖系统的常见疾病）防治的内容；心理健康教育主要包括青春期心理健康、心理卫生、个性修养等；社会适应健康教育首先是有关德育的内容，其次是有关文化科学知识学习和能力培养方面的内容。在不同年级中，目标和内容体现各有侧重（见表1、表2）：

表 1　初中生健康教育的目标和内容

分类	目标	内容
生理健康	建立文明、健康的生活方式	了解生活方式与健康的关系； 了解充足睡眠对儿童少年生长发育的重要意义。
	养成科学的饮食习惯	了解平衡膳食、合理营养的意义； 了解预防食物中毒的基本知识。
	增强卫生防病能力	了解常见传染病的预防知识； 了解青春期发育的基本知识，掌握青春期卫生保健知识和青春期常见生理问题的预防和处理方法。
	增强抵御毒品和艾滋病的能力	了解艾滋病的基本知识和预防方法。
心理健康	增进心理健康	了解青春期心理变化特点； 了解不良情绪对健康的影响，学会调控情绪； 建立自我认同，客观地认识自己； 了解异性交往的原则。
社会适应	提高安全应急与避险的能力	掌握简单的用药安全常识； 学会自救互救的基本技能，如中毒、溺水、骨折； 了解什么是性侵害，掌握其预防方法。
	合理利用网络	了解使用网络的利弊。

表 2　高中生健康教育的目标和内容

分类	目标	内容
生理健康	建立健康的生活方式	了解选购食品的基本知识； 了解《中国居民膳食指南》的内容。
	增强疾病预防能力	了解艾滋病的预防知识和方法；了解艾滋病的流行趋势及其对社会生活的危害；了解艾滋病病毒感染者与艾滋病病人的区别；了解有关无偿献血的知识。
	加强青春期保健	学会热爱生活、珍爱生命； 了解青春期常见的发育异常； 了解婚前性行为的危害。
心理健康	增进心理健康	了解合理宣泄与倾诉的适宜途径； 了解人际交往的原则和方法； 了解缓解压力的基本方法； 认识竞争的积极意义； 正确应对失败和挫折； 了解考试等特殊时期常见的心理问题与应对措施。
社会适应	提高避险能力	了解网络交友的危险性。

三、中学体育与中学健康教育

（一）体育教学在中学健康教育中的作用和地位

毛泽东同志早在《体育之研究》中就曾说过："善其身无过于体育，体育于吾人实占第一位置。"新中国成立伊始，"发展体育运动，增强人民体质"的号召更体现了我国学校体育与健康有着密切的联系。当今，面对学生体质状况日益下降的现状，国家于 2007 年 4 月启动"全国亿万学生阳光体育运动"，倡导广大青少年学生走向操场、走进大自然、走到阳光下，积极参加体育锻炼，切实提高自身的健康水平，"健康第一""达标争优、强健体魄""每天锻炼一小时，健康工作五十年，幸福生活一辈子"等口号深入人心，人们也逐渐认识到，体育天然地和生理健康教育相互融合。

除了促进身体健康，体育教学传授知识、技术、技能，也能使学生在情感上获得成功的愉悦体验。通过观察学生在活动过程中的行为、表情等外在表现，教师很容易发现学生存在的问题。通过体育锻炼，学生常见的紧张、焦虑、压抑等不良情绪能得以宣泄。另外，体育运动还能培养学生的主体意识和积极向上的精神。

与学科教学相比，体育教学为教师与学生、学生与学生的交流提供了机会，营造了无拘无束的氛围，创设了学生可以尽情宣泄情感的情境，不仅有利于调适人的心理，更能影响人的行为。经常参加体育活动的学生，合作和竞争意识、交往能力、对集体和对社会的关心程度都会得到提高，而且学生在体育活动中所获得的合作与交往等能力能迁移到日常的学习和生活中去，从而使体育教学具备了增强学生社会适应能力的功能。

综合上述分析，可以说，体育是一门以身体练习的实践活动为主的学科教学，是通过身体活动达成教育目的的一个独特过程，使学生掌握运动技能、发展体能、增进身体健康是体育教学的根本和主体功能，提高学生心理健康水平和增强学生的社会适应能力是功能的两翼。因此，体育教学应是开展健康教育的主要途径和手段，健康教育应是中学体育教学的重要拓展内容和教学内容改革的一个亮点。

（二）体育教师开展健康教育的专业化修炼

要想达到体育教学与健康教育的完美结合，体育教师要在两方面下工夫：一是提高自身的健康素养和专业水平；二是努力钻研课堂与课外教学。

1. 提高自身的健康素养

教师的一言一行都对学生产生潜移默化的影响，尤其是从事健康教育的教师，要通过自己的教学活动促使学生自觉地采纳和保持有益健康的行为和生活方式，教师更要起到榜样的作用。作为体育教师，我们要主动获取健康知识，减少或消除影响自身健康的危险因素，增长自己的健康技能，在努力提高自身健康素养的同时，为开展学生的健康教育工作打下基础。

2. 做好案头准备工作

体育教师应勇于承担时代赋予的使命，主动学习和掌握与中学生健康教育相关的知识与技能以及健康教育课程设计的方法。教师除了可以参考现行的中学健康教育教材、国家级和各地教育主管部门组织的继续教育培训材料外，还可以通过丰富的网络资源获取信息，提高自己开展健康教育工作的能力。浏览相关网站会给大家带来有益的帮助，如中国体育教师网，教育部全国中小学教师继续教育网，中国健康促进与教育协会，中国健康教育网。

3. 钻研课堂内外教学

教学要关注教学内容的选择和教学组织安排。在教学内容上，由于国家制定的《中小学健康教育指导纲要》只是给出纲领性建议，具体内容教师可以根据各校的实际情况，在每学期的教学大纲中选择融入相应的内容。当然，如果能对学生的健康知识和技能掌握情况事先进行调查，依据结果选择内容，将使教学内容更有针对性和可行性。中学的健康教育应重视开发课外活动，拓展训练、校园主题实践等活动因时间和形式限制较少，因而成为开展健康教育的良好途径和载体。

健康教育的教学组织是体育教师最大有可为、也最有挑战性的部分，针对中学生的身心发育特点，专家们建议，教师在进行心理健康和社会适应教育时，对初中生宜采用以活动和体验为主的方式，对高中生宜采用体验与调适兼顾的方式，如发挥学生的潜力，促进师生互学互动，使学生在教师指导下实现自我教育。此外，近年来我国健康教育工作者从西方引进的同伴教育采用小组讨论、游戏、角色扮演等参与性和互动性很强的方式，在性生理健康、艾滋病预防、反对毒品、戒除烟酒等方面对提高学生的健康素养具有显著的效果。

当然，在信息时代，如能借助网络技术建立体育与健康的网络课程，则可弥补传统教学的时空限制，极大地丰富学生获取信息的渠道，实现师生、生生的实时互动，也有助于提高健康教育的教学效果。

4. 学会开发课用资源

现代健康教育中很重要的观念就是动员社会的参与，因此，在实施健康教育的过程中，我们还要学会挖掘一切可利用的资源——包括其他学科和部门的资源、家庭资源及社区资源等。首先，体育教师应争取学校领导和政策的支持，把健康教育作为必修课程纳入体育课时内，真正落实每周上半节、每两周上一节健康教育课的规定，为健康教育的实施提供时间和制度保障。通过家长学校、社区活动等途径引导和帮助家长树立正确的教育观，使家长了解和掌握健康教育的基本方法，并以良好的行为、正确的方式去教育和影响子女，营造良好的家庭健康教育氛围，实现课堂教育与家庭教育、社区教育相结合，为青少年的健康成长创建良好的环境。此外，重视并利用校园环境和校园文化的隐性教育功能，努力创建一个学校—家庭—社区为一体、课上—课下—网上—网下相连接的综合、立体的健康教育体系。

四、案例

"异性交往的是与非"

教学目的：培养学生的自我保护意识，使学生提高与异性交往的能力。

教学内容：中学生在异性交往中存在的危害健康的行为的识别和消除。

教学形式：角色扮演、小组讨论、游戏。

教学对象：高中二年级学生。

教学时间：45分钟。

教学准备：在上一节课结束时，将本次课的内容预先向学生预告，让学生推举4位同伴教育者（最好男女各半），然后，教师以单个或集体的方式与同伴教育者交谈，了解他们对本次课程相关内容的掌握情况和态度，给予相应的培训，并在培训过程中发现学生的特长和兴趣所在，有针对性地向学生分配各自承担的主要任务，如班级调查、现场组织、主讲和助理等。在其后一周的前半段，由负责调查的人在教师的指导下调查全班学生对本次课的内容需求，有针对性地做好材料准备；负责主讲和助理的学生则和负责现场组织的学生一起，在教师的指导下设计角色扮演、经验分享、提问、讨论及时间控制等环节的安排；负责宣传的学生为本次课准备必要的道具。上课前两天，四位学生和老师预演一次，并做必要的修改。

教学步骤：

1. 导入（5分钟）。2名学生在台前扮演家长和老师，讨论对男女生在校内外交往的看法，由主讲的学生提出本次课的内容。

2. 主体部分（30分钟）。全班学生分为4组，分别在4位同伴教育者的带领下，谈论各自对高中时期异性交往的思考和困惑，讨论中学生在异性交往中存在的危害健康的行为及其识别和消除的方法。15分钟后，由同伴教育者总结各组的观点和问题并发言，由主讲者对其中正确的观点予以肯定和强调，对困惑的问题，由其他组的学生先行分享解决方案，负责现场组织的学生适当调节气氛，以发动更多的学生参与，必要时，教师作补充。

3. 总结（5分钟）。每组选2名学生就本次课的感悟自由发言，现场组织的学生控制时间。

4. 结束（5分钟）。教师总结本次课的主旨，并预告下次课的内容。

专题七　教学研究

科学的体育教学需要不断研究和实践，那么，教学研究与科学研究是否相同？若有不同，表现在哪些方面？体育教学研究应从哪些方面展开？一线教师应如何进行体育教学研究？这或许是大多数教师长期以来都比较关心的问题。本专题重点从人、物、事三个维度探讨体育教学研究的结构要素和研究方法。

一、教学研究与科学研究的关系

尽管教学研究与科学研究两者都是研究活动，但是二者并非完全等同，它们之间既有一定的联系，又有明显的区别。

（一）教学研究及其结构要素

教学研究是研究者（尤其是教师）对教学的目标、内容、过程、教具、方法、组织、管理、评价等方面进行研究的工作。教学研究的主体包括对人、物、事三个方面的研究。其中对人的研究又可以细分为对教师、学生单个对象的研究以及对教师与学生、学生与学生之间的关系问题的研究；对教学中的物的研究，则包括对教材的研究、对教具的研究（体育教学研究的教具主要指场地器材）；对事的研究不像人与物那么具体，对事的研究带有一定的抽象性，但也是可以量化的，具有一定的可操作性。其中，对事的研究包含的要素较多，有教学目标、教学方法、教学组织、教学管理、教学评价等。其主要结构要素如下图 1 所示。

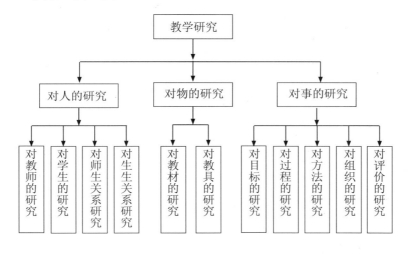

图 1　教学研究的结构要素及其关系

从上图我们可以看出，教学研究的各要素之间是有一定的交叉关系的，并非完全独立，如在"对人的研究"结构中，对学生的研究除了要研究学生的兴趣爱好等个性特征外，还包含对学生学习方法、学习目标等的研究，因此与"对物的研究"结构中的对方法的研究和对目标的研究等就有一定的交叉。同样的道理，对教师的研究也是如此，也会涉及"对物的研究"结构中的目标问题和方法问题。由此可见，本结构要素图只是出于研究的便利而建构，实际上教学研究的人、物、事是不能截然分开的，各要素相互融合、共同作用才能构成教学。因此，在教学研究中不能孤立地看待各要素，而是要用发展和联系的眼光看待要素及要素之间的逻辑关系。

当然，教学研究的构成要素除了按主体分类以外，还有其他的一些分类视角，如从研究者、研究时间、研究内容、研究方法等，都可以将其各要素及其关系进行逻辑定位。但无论采用哪种分类方式，其教学中的人、物、事都是教学研究所不可忽略的重要因素。

（二）科学研究及其结构要素

科学研究是利用科研手段和装备，为了认识客观事物的内在本质和运动规律而进行的调查研究、实验、试制等一系列活动，为创造发明新产品和新技术提供理论依据。科学研究的基本任务就是探索、认识未知世界。

科学研究的分类方式也有很多，从大的方面我们可以将其分为自然科学研究和社会科学研究，如果从研究工作的目的、任务和方法等方面来划分的话，通常可以划分为基础研究、应用研究和开发研究。其中，基础研究是对新理论、新原理的探讨，目的在于发现新的科学领域，为新的技术发明和创造提供理论前提；应用研究是把基础研究发现的新的理论应用于特定的目标的研究，它是基础研究的继续，目的在于为基础研究的成果开辟具体的应用途径，使之转化为实际应用；开发研究又称为发展研究，是把基础研究、应用研究应用于生产实践的研究，是科学研究转化为生产力的中心环节。基础研究、应用研究、开发研究是整个科学研究系统中三个互相联系的环节，它们在科学研究体系中协调一致地发展。要进行科学研究且取得一定的科研成果，就必须具备一定的条件，如需要一支结构合理的科研队伍、一定的科研经费、完善的科研技术装备以及科研实验场所等。科学研究的方法步骤主要有：（1）观察到一种特殊现象；（2）提出假设去解释这个现象；（3）利用假设作进一步的预测；（4）设计实验检验以上预测。

科学研究的侧重点在人，而科学的侧重点则在物和事，科学研究的主体是人。因此，科学研究应发挥人的主观能动性，引导人思考、寻求原因、找出规律。

（三）教学研究与科学研究的联系

教学研究与科学研究二者并非完全重合，也不是各自完全独立，二者呈现概念的外延与内涵或上下位概念的关系。从概念的上下位关系来看，科学研究相对于教学研究而言，属于上位概念，也就是说教学研究包含在科学研究之中，教学研究一定属于科学研究，但科学研究不一定只是教学研究。不科学的教学研究是站不住脚的。

（四）教学研究与科学研究的区别

教学研究与科学研究除了具有一定的联系，二者的区别也是十分明显的，不但在研究对象的范围方面有别，而且在研究方法、研究目的、时间跨度和成果转化等方面也具有一定的差异性。

从研究对象的范围来看，科学研究所涵盖的对象范围更加广泛，几乎世界上的任何事物都可以作为科学研究的对象，而教学研究的对象范围一般就设定在对教学要素的研究上。

从研究目的来看，科学研究的目的根据研究的范畴不同而有所区分。就自然科学而言，进行研究的目的无非就是使人类能够更多地了解自然的奥秘，使人能够更好地与自然和谐相处。就社会科学而言，主要就是为了正确、客观、科学地描述、解释和预测社会，其中描述就是对社会现象或事物状况、过程和特征等进行客观的说明，做出"是什么"的回答，解释是对研究对象的过程、原因等做出的分析，即回答"为什么"的问题，预测是对研究对象未来发展状况的预期，而教学研究的主要目的无外乎探寻教学规律，提高教学质量，使教学最终能够更好地为学生的全面发展服务。

从时间跨度上来看，科学研究的时间一般情况下略长于教学研究。就科学研究的内部结构要素而言，自然科学的研究时间往往略长于社会科学的研究。

从成果转化方面来说，就目前现实的情况来看，科学研究的成果转化无论从数量上还是从价值上，都要远远超出教学研究。

二、体育教学研究的主要内容及方法

（一）体育教学研究的主要内容

由于体育教学研究首先属于教学研究的范畴，是教学研究的学科化，因此，对教学研究的诸多结构要素，我们主要展开谈体育教学对象、体育教学内容、体育教学方法、体育教学目标、体育教学评价等研究内容。

1. 体育教学对象研究

就体育教学而言，从广义上来说，教学的对象有教师和学生，因为教师教的是学生，而学生跟着教师学习，因此，体育教学对象的研究就包括对体育教师的研究和对学生的研究。但是如果从狭义的教学概念出发，那么教学的对象就是学生，因此，当我们谈到对体育教学对象的研究时，首先需要限定教学的广狭概念。如果是对教师的研究，那么我们需要研究的内容就很多，如体育教师的教学行为研究、体育教师的教学能力研究、体育教师的基本素养研究等。如果是对学生的研究，那么我们可以研究学生的学习行为，可以研究学生的兴趣爱好和个性特征，还可以研究学生之间以及学生与教师之间的关系问题等。

对体育教学对象进行研究不但有利于教师更好地调控体育课堂，还能够使教师在教学内容、教学方法的选择上更具有针对性，在教学目标的确定上也会更具有可操作性。教学活动是教师和学生借助场地器材、运用一定的方法，共同完成教学内容，最终达成教学目标的过程，离开了对教师和学生的全面的把握，要达到较好的教学效果往往会有一定的难度。

在对体育教学对象的研究中，有待加强的是关于体育教师教育教学能力、学生的学习行为方式方法等问题。

2. 体育教学内容研究

体育教学的内容是教学的核心要素，离开内容的教学是不存在的，离开教学的内容也发挥不了其自身的真正教育价值。因此，对体育教学内容的研究就显得非常重要。在对其进行研究的时候，一方面要考虑到体育教学内容自身的特点和价值；另一方面还要考虑如何根据教学目标、学生特点、教学条件等选择教学内容。其实，很多研究者提出的"教什么"的问题研究就是对教学内容的探讨。当前对体育教学内容的研究尽管很多，但是很多关键的问题也是一直未得到解决的问题，如关于内容与内容之间的逻辑关系以及不同学段甚至是不同年级体育教学内容的分配与衔接问题等，亟须加强研究的力度。

3. 体育教学方法研究

体育教学方法既包括教师教的方法，也包括学生学的方法。当前，在对这些方法研究的过程中存在着一些重教法研究轻学法研究、重视教法自身研究、缺乏对教法与学法的关系问题的研究等错误导向。由此，体育教学方法理论始终是一边倒，即基本上呈斜塔状。消除这种现象的有效方法就是加强对学法的研究，真正探明学法是什么、和教法有什么关系以及如何引导学生掌握有效的学法，使他们为终身学习、终身锻炼奠定基础。要想改变这一状况，研究者转变观念是至关重要的，应摒弃过去一些片面地认为教学方法就等于教法以及学法等同于教法的错误理解。只有对体育教学方法展开全面而深入的研究，才能更有效地促进教学水平的提高。事实上，过去大家总是在讨论"怎么教"，而很少讨论"怎么学"，随着体育教学改革的进一步深入，"怎么学"已经越来越受到人们的关注。体育课堂上，无论教师的教法如何精彩，它最终要通过学生发挥作用，因此，没有学生对教师教法的内化和有效学法的对接，教师的教往往无法发挥其应有的效果。

4. 体育教学目标的研究

体育教学目标不但在教学内容的选择上起到引领的作用，而且是整个教学活动的努力方向。体育教学的目标能否通过实施教学过程最终得以达成，很关键的一点就是要看目标的制订是否具有可操作性和针对性，而且有些时候甚至还需要对教学目标进行分层，因为让参差不齐的学生在同一堂课达成统一的目标是有一定难度的，而且几乎是不现实的。但是，当前很少有教师注意到这一点（从教师的教案中我们就可以一目了然）。由此，对体育教学目标的研究也应该切中要害，而不应是泛泛的研究。除此之外，当前的体育教学目标还存在着空洞、缺乏可操作性的表述的问题，有的甚至难以实现。由此，对目标的研究还要进一步考虑应如何量化，使其能够具有可评价性。其实，体育教学目标的研究，也就相当于对"教成什么样"问题的探讨。体育教师最关键的是要明确"应该教成什么样"和"能够教成什么样"的关系。无论是在教学前的准备阶段还是在教学过程中，都需要对这两个问题有清晰的认识。

5. 体育教学评价研究

体育教学评价是对体育教学效果的评判，越来越引起一线教师和研究者的广泛关注。加强对体育教学评价的研究不但能够为评价实践提供有效的方法，而且还能够不断地完善体育教学理论。长期以来，人们对体育教学评价的认识已经发生了质的转变，既包括观念上的转变，又包括形式和内容上的转变，这说明人们在评价体育教学效果的时候，评价的价值尺度发生了根本的改变。如过去是单纯通过学生的运动技术成绩来评价学生，而现在又增加了对学生学习过程中的态度、阶段性成绩、最后考试成绩的评价，同时，对学生的评价也一改过去教师单一评价的方式，增加了学生互评和学生自评等方式，有的还尝试使用家长参与评价的方式。但是，就目前体育教学评价的研究与实践而言，尚未形成成熟的评价体系，仍需进一步研究。诸如不同学生的评价尺度是否一致，如果不一致，那应该如何制订分层评价标准等。

（二）体育教学研究的常用方法

1. 当前体育教学研究方法存在的问题

当前对体育教学的研究多采用的是文献研究法、观察法、经验总结法、专家访谈法、问卷调查法、教学实验法等，不同的研究者、不同的研究内容各有所侧重。文献研究法一直是人们普遍采用的方法，其次是观察法和问卷调查法，较为少见的是实验法。其实，对于体育教学而言，观察与调查固然重要，如果能够通过一定的实验收集到可靠的实验数据将是最具说服力的教学研究，但是目前对这种方法的运用并不多。另外，就一线教师和理论研究者而言，一线教师的研究多为经验总结法和观察法，而理论研究者的研究侧重于文献研究法、问卷调查法等。

对于体育教学研究而言，不但不同研究群体之间需要有效合作，研究方法内部也需要进行有效整合。如对教学效果的研究应该尽可能地采用实验研究法，而对于教育教学能力的研究就要借助于观察、问卷调查、访谈等方法的通力合作。由此可见，人们目前在体育教学中所采用的方法有待拓展和整合。

2. 几种常见体育教学研究方法的运用

（1）文献研究法。在很多研究中都会用到文献研究法，但是就体育教学研究而言，在运用此方法进行研究的时候，要注意一个最关键的问题，那就是尽量穷尽文献，如要研究体育教学方法，在搜集文献资料的时候不但要输入关键词"体育教学方法"搜集此类研究，还要搜集"体育教法""体育学法"，甚至是"教学方法""教法"和"学法"的研究，这样我们才能真正做到在前人的研究基础上进一步展开研究，否则很容易出现重复研究。

（2）专家访谈法。这种方法也常被人们运用，尤其是硕士生、博士生等在撰写硕、博士论文的时候，他们常常会采取专家访谈的方法研究体育教学。但是，最根本的问题是访谈哪些专家、访谈什么问题、访谈后采用什么方法处理访谈结果等，而不是随意找几个认识的专家问问就了事。选取专家时一定要尽量考虑行家，考虑其专业性和专业化程度。访谈者需要事先对访谈的问题列个访谈提纲，无论是对一个问题的深度访谈，还是对多个问题的广度访谈，访谈提纲的设计是很重要的。在访谈过程中，还要能够采取多种方式记录，最好能够有录音，单纯的笔录难以记录到全面的信息。

（3）问卷调查法。这种方法的难点在于问卷的设计，重点在于对问卷调查过程的质量控制。如果这两个环节能有所保证，问卷调查法的应用应该是成功的，否则的话，就会出现徒劳无益的现象。运用问卷调查法进行研究，其中设计问卷所花费的时间和精力不亚于问卷调查的过程和问卷的输入统计，因为问卷的设计既需要反映所研究问题的全部内容，更重要的是要考虑如何设置题项和备选答案才能真正达到研究的真实目的。如何设计问卷呢？研究者首先需要了解想要的是什么，研究的是什么，这些问题的研究可以划分为几个维度，每个维度应该有几个重要的问题支撑，如若不清楚这些问题，也就背离了运用这种方法的初衷。

三、中学体育教学研究题目案例及其分析

（一）中学体育教学研究题目案例

任何一项体育教学研究，无论从哪个角度探讨分析问题，都会确定一个题目，但是，就当前已有的研究题目来看，反映出一定的层次性，我们可以用好、中、差来区分。为了能够进一步说明问题，下面首先按照研究的内容或主题列举出一些好的题目和一些有待进一步提高的题目，如表1所示。

表1 中学体育教学研究的两类题目举例

研究内容	好的题目	有待进一步提高的题目
体育教学目标	浅议体育教学目标的"明确性"	初中体育教师对成功体育教学目标特征认知状况研究
	由一元理论引发的对体育教学目标的思考	对体育教学目标发展的反思与建议
	体育教学目标的调适策略	基础体育教学目标——培养学生一生的体育运动
	论体育教学目标与体育教学内容的关系	如何实现体育教学的目标
体育教学内容	对地震灾区中学体育教学内容的选择的几点思考	论中学体育教学内容的选择
体育教学方法	有效学法指导源于学法	基于中学体育教学方法下的体育精神

（二）中学体育教学研究题目分析

对体育教学研究题目的判断之所以有好有差，主要是因为题目在简明性、准确性、

创新性、学术性等方面都存在着一定的差异。具体分析以体育教学目标研究为例，如表2所示。

表2　中学体育教学目标研究题目对比分析

分析视角	好的题目及特点		有待进一步提高的题目及特点	
	题目举例	特点	题目举例	特点
简明性	浅议体育教学目标的"明确性"	简明	初中体育教师对成功体育教学目标特征认知状况研究	烦琐
创新性	由一元理论引发的对体育教学目标的思考	突出	对体育教学目标发展的反思与建议	一般
准确性	论体育教学目标与体育教学内容的关系	准确	基础体育教学目标——培养学生一生的体育运动	含糊
学术性	体育教学目标的调适策略	创新性较强	如何实现体育教学的目标	创新性较弱

从表2所列举的两类题目和每一个题目所具有的特点我们可以看出，好的题目和有待进一步提高的题目，其本质的差异不外乎题目本身所表现出的特点，好的题目一般都具有简单明了、准确的特点，而且具有一定的学术性和创新性，而有待进一步提高的题目在这些方面有所欠缺。由此，在对中学体育教学进行研究的时候，除了要考虑研究的内容、方法等问题外，还要能够选择和确定准确、简明、新颖的题目。

第 二 篇
体育教学设计能力修炼

本篇主要涉及中学体育教师的教学设计能力方面的内容，具体包括教学目标、单元设计、课堂教学设计等，从方法论角度进行阐释，并辅以案例说明，增强了理论的实用性。

专题一　教学目标

体育教学目标是指在一定时期内通过体育教学活动后要达到的预期结果和标准。我们在实际工作中，有时把学校体育目标与体育教学目标混为一谈。学校体育目标应该是体育教学目标的上位目标，体育教学目标服从于学校体育目标，是教学的基本单元。

一、体育教学目标

随着体育教学理论研究成果的日益丰富，教学评价更加趋于科学化，专家学者及一线教师对优秀的教学的界定有一个共同的评价指标，即教学目标。那么，什么是体育教学目标呢？体育教学目标是指师生通过教学活动所要达到的标准和结果，是课程目标的具体化，是单元目标和课时目标的集合。

教学目标的作用主要表现为：（1）教学目标具有导教作用。教学目标一旦制订，教学设计者就可以根据教学目标选用适当的教学方法。例如，在运动技能的泛化阶段与运动技能的提高阶段，教师的教授方法是有区别的，在泛化阶段，教师多采用讲解、示范法，而在运动技能的提高阶段则多采用对比及纠正错误法。运动技能的泛化阶段与运动技能的提高阶段的教学目标不同，采用的教学方法也会有所不同。（2）教学目标具有导学作用。学生的学习活动一般是围绕着一定的目标来展开的，教学开始阶段，教师应清楚地告诉学生学习的目标，以引起学生的注意，使学生对自己的学习目标心中有数，将注意力集中到目标上。目标导向的教学测量和评价也可给学生提供如何学习的信息。教师应根据学生的年龄特点，灵活地采用不同的方式方法向学生呈现教学目标。例如，在学生学习某项内容后，教师应告诉学生学会哪个技能，哪些知识技能能运用在生活中。同时，告诉学生学完后一定要检查，这样可以促使学生养成按时完成学习任务的习惯，提高学习的自觉性、主动性。（3）教学目标具有导评作用。教学评价的标准有多种，不同的评价标准将导致不同的教学效果。虽然现代教学评价标准具有多元化的特点，但大多数专家学者和一线教师认同把教学结果作为评价教学好坏的重要依据之一，即教学目标是教学评价最重要的内容。因此，在平时的教学评价中，也必须把教学评价的重心放在教学结果上。经常有一些公开课或示范课，课堂教学搞得"生龙活虎"，但学生一节课下来什么也没有学会，这种课被称为"活动课"。一线教师在进行一节课教学或者结束一个单元的教学后，需要制订评价教学效果的指标，指标内容的选择应与教学目标相一致。如果该指标内容没有效度，那么其评价对于该节课或者单元的学习结果是不可信的。

二、教学目标设计中存在的问题

在体育教师的教案中，经常可见类似如下设计的课时教学目标。

例1

教学内容：复习高抬腿跑、"老鹰抓小鸡"、身体素质循环练习。

课时教学目标：（1）学生学习原地高抬腿跑，发展下肢力量，增强跑的速度和能力；（2）发展学生的灵敏度、速度、力量、柔韧、耐力等素质；（3）培养学生勇敢、顽强、吃苦耐劳的精神。

例2

教学内容：少年拳、素质练习。

课时教学目标：（1）解决少年拳1~3式手眼相随的问题；（2）粗略掌握少年拳4~6式的套路动作；（3）发展学生的身体素质和品质。

以上两个例子主要存在这样的问题：一是教学目标过于笼统，难以区分是单元目标还是课时目标。一般情况下，下位目标是上位目标的具体化，下位目标之和应该等于上位目标。也就是说，单元教学目标细化后，应是组成该单元的每一节课的教学目标，且单元和课时目标是可以目测的结果。二是教学的主体不清。从表述来看，教师是教学的主体，学生处于被动地位。然而在现代教学理念下，学生应为课堂教学的主体，教师是课堂教学的主导者。三是教学目标过于形式化。从例中可见，如果随便换一个运动项目，这个教学目标都成立，没有任何区别。然而，不同运动项目的教学目标是不同的，同一教学单元在不同的教学阶段其教学目标也是不同的。四是教学目标呈现的是教学任务。以上两个例子重视的是在教学过程中具体做的事（即教学任务），而不是做事后的结果，难以作为测量、评价的参照。

三、设计体育教学目标

设计合理的体育教学目标能调动教师与学生良好的教与学状态。那么合理的体育教学目标包括哪些内容呢？本书认为合理的体育教学目标主要包括合理的层次结构和内容维度。

1. 体育教学目标的层次构成

体育教学目标由多个层次构成，主要包括：课程体育教学目标、学段体育教学目标、学年体育教学目标、学期体育教学目标、单元体育教学目标以及课时体育教学目标。下位目标之和应等同于上位目标，若上位目标大于下位目标之和，说明下位目标有遗漏；若上位目标小于下位目标之和，说明下位目标过于夸大其作用。因此，课时教学目标之和应该等于上位的单元教学目标。一线体育教师特别需要掌握单元和课时体育教学目标，因为体育教学目标的设计是上好体育课的基础工作之一，与每位教师的日常教学息息相关。

2. 体育教学目标的内容构成

体育教学目标的内容构成是指组成一个完整的教学目标的内容体系。加涅的学习理论把教学目标分为认知、态度和动作技能。布鲁姆的教学目标分为认知、情感和动作技能。体育课程标准中的体育教学目标提出了五大领域，即运动参与、运动技能、身体健康、心理健康和社会适应。运动参与目标的主要内容包括形成参与的态度，参与体育学习和锻炼，体验运动乐趣与成功，形成体育意识和习惯。运动技能目标的主要内容包括学习运动知识与原理，掌握运动技术和战术，提高安全意识和能力。身体健康目标的主要内容包括掌握保健知识和方法，塑造良好体形与体态，发展体能和运动素质，提高身体的适应力。心理健康和社会适应目标的主要内容包括形成坚强的意志，会调控情绪并拥有自信，培养集体精神，具有体育品德和行为。在具体的教学实践中，单元或者课时教学目标根据五个领域目标的内涵的细化来设计。每次课的侧重点不同，其教学目标也会有所区别，课时教学目标不一定需要五个目标面面俱到。

3. 体育教学目标的要素及范式

体育教学目标有它的构成要素。例如，体育教学目标中出现"学习单手投篮"这样的表述，这是一个不合格和不完整的体育教学目标，因为它不具体，无法检验教学的结果，看后我们只能判断学生"是否学习了单手投篮"和教师"是否教了单手投篮"，换言之，只要教师教了、学生学了单手投篮，这个目标就达成了，但学了几次、学生学会了没有、这些内容都不在目标之中。又如从"使学生掌握篮球的运球技术"的教学目标的表述中，我们可以看出，行为的主体是教师，而不是学生。这样，不自觉地把学生推向了被动状态，使其不能成为课堂教学的主人。如果行为主体发生改变，那么教与学的地位也将发生变化。教学的主体主要指达成目标的主体，在体育教学目标的呈现中，经常出现不分主体的情况。因此，这样的目标抽象，主体不清、不完整，难以指导体育教学实践。体育教学目标的要素包括行为的主体、完成的课题、完成课题的条件和达到的结果。

四、制订体育教学目标的方法

在专业化水平的要求不断提高的情况下，一个合格的体育教师必须不断加强自己的专业修炼。那么体育教师的教学目标设计能力该如何修炼呢？

1. 准确理解体育课程标准

为了适应社会对人才培养的要求，2001年，教育部修订了体育与健康课程标准。体育课程标准的内容包括课程的性质、基本理念、课程目标及实施细则，与体育教学大纲有着本质的区别。体育教师必须以体育课程标准为指导开展体育教学工作，理解体育课程标准的实质，制定体育教学目标。那么作为一线体育教师，如何理解、消化体育课程标准？体育教师可以运用网络，登录体育教师在线、中国学校体育在线、21世纪体育教师网、体育教师网络互动交流平台等网站，学习体育课程标准，深入分析专家对课程标准的解读，关注一线教师在教学中如何贯彻体育课程标准。也可以通过自己认真研读体育课程标准，领会体育课程标准的理念、课程目标及实施细则。同时，可以参加教育部在各省地市为一线教师举办的"关于体育课程标准内容解读"的培训班，主讲教师一般都由学校体育专家组成，对体育课程标准的精神实质解读得比较准确。再有，体育课程标准在实验区实施以来，中国教育学会学校体育分会每两年举行一次全国中小学体育教学观摩展示活动，一线教师可以通过观看（观摩）优秀体育教学课件、优秀教学课件中专家对该课的点评，提高对体育课程标准的理解能力。一线教师只有理解了体育课程标准，才能把体育课程标准的精神实质贯穿在体育教学中，才能设计出符合课程标准精神的教学目标。因此，领会体育课程标准的精神实质是一线教师提高教学目标设计能力的基础。

2. 钻研教材

教材是经过精心加工后的素材，符合人才培养的要求，是实现体育教学目标的载体。在中小学体育教学中，有些体育教师把竞技教材直接搬上课堂，没有做教材研究工作，导致学生难以掌握运动技能，学习兴趣下降，教师教学效率较低。作为一线教师，首先应了解教材的特点、核心要素，即该教材对学生身体健康发展的作用，对学生心理健康与社会适应能力发展的作用，该教材能传承哪些运动文化等。其次，分析教材的结构。教材结构包括基本技术、基本战术、基本技术中每个技术动作的关键环节、每个技术动作的核心要素、该教材的关键环节、教学重点与难点。再次，选择适合该教材的教学方法与策略，分析该教材内容有关开放性运动技能还是闭锁性运动技能。开放性运动技能的完成主要依赖于周围环境提供的信息，而正确地感知周围环境成为运动调节的重要因素，如篮球运动、网球运动。闭锁性运动技能的完成主要依靠内部的、由本体感受器输入的反馈信息来调节，如体操、急行跳远等。有研究表明，开放性运动技能采用领会式教学法效果较好，而闭锁性运动技能采用程序教学法效果较好。

3. 研究学生

教学目标是指向学生学习结果的指标，学生是体育学习的主人，因此，开展体育教学必须首先研究学生。作为一线体育教师，一要研究学生的身体素质状况。体育教师必须清楚不同年龄阶段的学生应发展的身体素质，抓住学生身体素质发展的敏感期，这对学生身体素质的发展大有裨益。人在不同年龄阶段对体育的需求是有区别的，小学阶段及中学低年级阶段是学生身体素质发展的敏感时期，特别表现在即时速度素质、反应灵敏素质和柔韧素质的发展方面，到了中学高年级，学生身体素质的发展则表现在力量素质和耐力素质上。二要研究学生的运动技能接受能力。小学生模仿能力强，但接受难度技能的能力有限，注意的时间较短；中学生喜欢挑战具有一定难度的运动技能项目，注意的时间较长。因此，要围绕该时期的学生特点来安排体育教学的内容。三是要研究学生的性别差异对体育的需求。研究表明，男女学生对体育的兴趣和爱好差异明显，男女学生所能承受的生理负荷差异明显。男生通常喜欢竞争性强、挑战性大的运动项目，女生喜欢趣味性、娱乐性强的项目。同时，男女学生的身心发育时间不同。一般情况下，男生的生长发育高峰期比女生晚 2 年。现在，城市女孩的发育高峰期提前到了 12 岁左右，农村女孩的发育高峰期一般在 14 岁左右。因此，在体育教学中，要设计科学合理的教学目标，就必须研究学生，合理安排教学内容。

4. 分析教学目标的要素

在教学文件中，教学任务的表述仍然很常见。当前，教育理念发生变革，学生是教育的主体，教学中应既关注教，又关注学。因此，教师在体育教学中不能仅仅考虑教了多少，而应考虑在教师与学生的共同努力下，学习的结果有哪些，即关注教学的结果。为了能观测到教学结果，在设计教学目标时，必须明确教学目标的要素，让观测者能检验教学结果。行为的主体、完成的课题、完成课题的条件和完成课题的结果是构成教学目标的四个要素。

5. 课后反思

近 10 年来，国外对课后反思的研究非常多，有研究表明，课后教学反思是一个优秀教师专业化成长的必经之路。课后反思，在我们的传统教育教学中通常称为课后小结。那么在进行有关教学目标的教学反思时，应该从哪些方面展开呢？体育教学是为着一定的目标而开展的，因此，课后教学反思指向教学目标是否实现。对教学目标的反思的详细内容包括教学目标是否实现以及实现的程度如何。教学目标的制订通常有三种情况：（1）目标制订太高。教学目标制订时没有考虑学生的体育基础、身体素质、教学内容的难易度是否合适。（2）目标制订过低。制订教学目标时对学生估计太低，学生没有完全进入状态就轻而易举地完成所制订的目标。（3）目标制订合适，教学目标刚好得到实现，教学过程行云如流水。根据教学目标制订存在的三种情况，需要反思教学内容的安排是否合理，是否贯彻了教学内容安排的一般原则，教学方法运用是否得当，是否适合教学内容的特点和学生年龄的特点，教学场地设计是否合理，是否充分利用了教学时间，学生的积极性是否得到调动，教师的教学技能表现如何，教学时间安排是否合理，教学中每一个环节是否都是围绕教学目标而展开等。

6. 研究、模仿优秀教学案例

一线中小学体育教师要制订科学合理的教学目标，除了掌握教学目标的基本要素，将教学的各个环节安排得科学合理外，还应该根据具体的对象和教学内容，反复地设计教学目标来提高教学目标的设计能力。一线教师可以以多年来全国中小学体育教学观摩展示课的教案为模板，或者以具有一定影响力的出版社出版的中小学教学参考书及优秀的教学用书为模板，分步进行练习。第一步，一线教师可以选择教学内容，对照优秀教学目标案例，直接模仿。第二步，可以根据优秀教学目标案例的教学内容，自己先设计教学目标，然后对照优秀教学目标，分析研究自己设计的教学目标与优秀教学目标的差别。一线教师可以从教学目标的内容完整性、教学目标的要素、教学目标的可测量性、可检验性等方面进行分析，找出自己的设计与优秀的教学目标设计的差异，再进一步修改。

专题二　单元设计

单元是教学设计中最基本的一个层次。新课程改革需要体育教师树立课程意识，需要对体育课程内容有整体把握，需要对初中或高中三年的知识技能体系或课程目标做到心中有数。本节从单元教学设计研究的角度，分析单元的内涵及单元教学的意义，单元的类型、构成和作用，体育教师如何单元教学设计及实践案例。其目的是让体育教师明确认识到单元教学设计的意义，帮助体育教师找到合适的教学策略，提高教育教学能力。

一、何为单元

单元是体育教学过程的载体，单元教学是水平教学和课时教学之间的桥梁，它是水平教学计划的分解与细化，是课时教学计划的主要依据。传统的体育教学是以学年为一个学段、学期为一个基本单位来设计，教师的教学往往是以一节课为基本单位。新课程标准对学习学段的划分是以学生身心发展特征为依据的，表现形式是水平学段，而在水平教学计划中，许多地方是以教学单元来表述的。

单元设计最基本的意义是为了加强教学的整体性和系统性，促进体育课程知识技能体系的有序实施。多数体育教师都习惯于一节一节地备课，这样的备课表面上看比较容易、有效，但也易出现一些问题。有的体育教师往往对单元目标时有忽视，有些教师虽然在教案中写有单元目标，但写得比较模糊，教师对于上某节课究竟要干什么并不十分明确；有的体育教师为了追求一节课的完美，常常对一节课赋予太多的目标，使目标过于分散，最后可能什么也难以落实和达到；有的体育教师为了上好每节课，常常习惯于平均安排每节课的课时或简单根据教学参考书的要求安排课时，这样，课中的重点和难点都可能得不到有效解决，也容易忽视教学的前后联系。

进行单元教学的深层意义，是为了节省课时，提高效率，避免无序、简单的重复。中学体育教材重复内容过多，重复教学过多，正因为各运动项目的重复，导致部分学生喜欢体育但不喜欢上体育课。单元教学设计的目的就在于避免各运动项目的无序重复，因此，单元教学设计既要注意水平教学计划的整体构思，又要关注在学年学段上的有序安排，使教学目标得以有效落实。

二、体育教学单元的类型

单元是教学内容的集合，教师在体育教学实践中，往往是以各项运动技术来划分单元的。随着体育课程改革的不断深入，体育教学在不同思想的指导下，产生了多种教学单元，各教学单元的设计原理不同，具有不同的特点和功能，如下表。

体育教学单元的类型

编号	单元种类	构成	举例	特征与作用	运用范围
1	知识单元	以体育与健康知识组成的单元	青春期卫生保健、营养等	以掌握知识为主要目标，以讲授为主要方式	各年级
2	技术单元	以某个运动项目或其中的技术组成的单元	跳远、单杠、篮球等	以掌握技术为主要目标，以传授、练习为主要方式	各年级，各教材
3	目标单元	以某个目标或某类目标组成的单元	健身、锻炼等	以实现、达成为主要目标，以活动、练习为主要方式	各年级，各教材
4	活动单元	以某个活动或某类活动组成的单元	跑的游戏、跨越障碍等	以娱乐、提高活动能力为主要目标，以活动和尝试为主要方式	低年级，发展身体活动能力的教材、体验性教材
5	主题单元	以某个专题或话题组成的单元	主题知识、主题探究等	以练习、拓展为主要内容	各年级，与生活和实用技能相关的教材
6	题材单元	以由场景和情节串联起来的运动和练习组成的单元	夏令营、远足、运动会等	以情感体验和发展运动能力为主要目标，以模仿、练习为主要方式	中年级，与生活和实用技能相关的教材
7	运动处方单元	以某种健身原理和练习组成的单元	发展上肢肌肉、提高耐力、发展柔韧性等	以掌握健身原理和培养身体锻炼能力为主要目标，以处方的制订和实施为主要方式	中高年级，发展身体素质的教材
8	理论单元	以某一理论及相关运动组成的单元	人体运动力学、篮球中的犯规、运动疲劳的消除等	以理论知识的掌握和有关技能的发展为主要目标，以讲授和验证为主要内容	高年级，与理论密切相关的实践教材
……	……	……	……	……	……
n	综合单元	以上述两种以上的形式组成的单元		根据组合情况而变	根据组合情况而变

三、教学单元由谁来定

多数体育教师认为，教学单元不是自己考虑的事情，自己没有时间也没有精力考虑这么多，教材编写者设计好教学单元，或者是教研员设计好教学单元，教师只需要按照既定的教学单元一节一节地备课和上课就可以了。我们知道，教学单元与学生已有的知识、经验、方法和态度有关，与体育教师自身的专业水平有关，可以说体育教师是教学单元的最终决定者。

教学单元是由体育教师最终确定的，但并不意味着体育教师可以随意确定教学单元，确定教学单元是要有客观依据的。我们认为确定教学单元的核心是确定单元教学目标，确定教学单元或者单元教学目标主要有四个依据：教材、课标、学生和评价。体育教师可以决定哪些教材构成一个教学单元，决定单元中教学内容的设计和课时的安排。在教材、课标与学生之间，要以学生需要为纲，因为课程标准中对学生的要求是针对一般学生提出的，而我们在教学中面对的学生是非常具体的，从学生发展需要出发是促进学生发展的出发点。从某种意义上说，体育教师是与学生一起决定单元的，体育教师需要根据学生的兴趣、经验、知识、认知和态度等各种因素最终决定和设计教学单元。

四、中学体育教师如何进行单元教学设计

单元作为一门课程内容的划分单位，一般包括一项相对完整的学习任务，学科的特点不同，划分的标准也不同。在这些单元学习任务中，哪些应先学、哪些应后学，涉及各单元的顺序安排。通过单元教学设计，可确定课程内容的基本框架。学校教师一般按单元组织教学。所谓设计是教师对教学实施的假设，任何教学活动在某种意义上都是教师教学设计的展开。单元教学设计的基本思想最终都要通过单元教学体现。

1. 步骤一，认真研究课标与教材，初步确定三维目标

研究课程标准对教学内容的要求和定位，在研究课标的基础上，初步确定本学年、本学期和本单元的教学目标，对教材进行初步组合；研究教材中涉及的知识、技能、方法和态度等内容在整个基础教育阶段的目标要求与其在本学年、本学期的目标要求之间的关系；研究教材的内涵、特点与价值，把握教材的重点与难点；研究新教材与旧教材的不同，分析与本单元有关的内容在教科书中的安排；研究借助教材可以实现的三维目标，分析教材与课程标准的关系。

2. 步骤二，认真研究学生，确定单元教学目标

研究学生不仅是为了确定教学的起点，也是为了确定学生发展的目标、方式。体育教师不仅要研究学生已有的知识技能基础，还应研究学生已有的经验、思维方法和态度。在研究学生时，体育教师不仅要分析学生已经学过了什么，还需要真正走进学生中，通过访谈、学生动作分析、课堂学习过程观察等方式了解不同学生的知识技能、方法和态度的不同发展需要。在此基础上，确定单元教学目标，包括本单元的主要教

学任务是什么，本单元的教学重点、难点在哪里，三维目标如何体现和整合，这样的教学设计学生能否接受，不同层次的学生会怎样，单元中生生、师生互动可能生成哪些新问题等。

3. 步骤三，将单元目标分解为课时目标

在设计课时目标时，教师往往容易照抄单元目标。实际上，单元目标与课时目标之间是整体与部分、一般与具体的关系。单元目标的实现是通过每一课时的教学达到的，因此，在制订好单元目标之后必须把单元目标分解和落实到课时，变单元教学目标为课时教学目标。课时目标的制订相对于单元目标要更具体，可以通过教学内容、活动和环境来实现，可评价。

4. 步骤四，确定与单元教学目标有关的教学内容与方法

包括选择要学的主题或内容，并以恰当的顺序组织它们，确定每个主题或内容的比重，根据教材的编写思路和结构特点，充分考虑学生的认知水平和年龄特征，对所选内容或主题提出合理的课时安排。实现单元教学目标有多种方式，教学应根据活动主题的需要选择合适的方式。有时，一个活动主题可能采用几种不同的形式和方法，应选择能充分体现本次课的教学思路、在课堂教学中能被采纳的具体做法，考虑如何实现学习目标或教学目标的途径，解决"怎么学"和"怎么教"的问题，考虑教学媒体的选择和应用，根据不同的情况选择不同的教学媒体或教学资源等。

5. 进行单元教学过程设计的反思

在进行单元教学设计后，教师可以根据单元教学计划对自己的每一堂课作进一步的设计。教师对单元教学设计进行反思，包括对单元教学设计的环节的反思和对自己的反思。分析教材编排的合理性，从教学目标和学生状况出发调整单元教学，包括课时、内容顺序及学生活动量等。教师可以分析：这单元一定要上 6 节课吗？多一节或少一节是否可以？理由是什么？能否将知识传授与技能学习贯穿在整个单元教学的过程中？不同知识、技能的传授方式是什么？

案例

初中篮球单元的教学设计

1. 基于经验的现象分析

篮球运动是一项深受学生喜爱的体育项目，但是在我的教学中，同样存在这样一个怪圈：学生课上练习无精打采，课下生龙活虎。究其原因，是因为我在篮球单元的设计上沿袭了体操、田径的法则，即基本技术——应用——比赛的渐进教学过程，没有考虑篮球运动本身的特性，更没有考虑学生的发展需要，从而造成一个教学单元结束后，学生只会简单地单个动作模仿，仍然不会打比赛。等到下一个学期，我又重新重复上个学期的单元教学计划，形成一种恶性循环。

2. 基于单元的问题思考

篮球不同于其他单个体育项目（主要指田径、体操等项目），篮球技术或战术从练习到实战运用是一个双向过程，没有孰先孰后，不是一定要先学好技术或战术，才能

进行篮球比赛；也不能为了提高兴趣，一上来就进行比赛，而忽视运动技术或战术的学习。因此，我认为篮球教学不能只考虑一节课，应该从整个单元入手去设计，将各个教学内容放置在各个课时中，并随时进行调整和改进。

3. 基于教学的单元设计

学校：北京市第十四中分校　　　任课班级：初二男生　　　授课教师：李江泰

单元题目	篮球	学段	初二年级	课时	8节课
教材分析	篮球运动是以投篮为中心，以得分多少决定胜负的攻守交替、集体对抗的球类体育项目。其技、战术体系比较复杂多样，具有集体性、对抗性、趣味性、比赛性等特点。行进间投篮是篮球比赛中一项应用广泛、投篮命中率较高、易与其他技术（运球、传接球等）相结合的进攻技术，学生熟练掌握后，可以较快地参加比赛，对熟悉球性、提高进攻能力也有很大的帮助。				
学情分析	初二男生与上学年相比，在综合身体素质、领悟能力、协作意识和竞争意识方面有了较大的提高，在初一年级初步认识和了解篮球的基础上，进一步提高了对篮球整体攻守体系的认识，在对抗性练习和比赛中重新认识了单个技术的作用，提高了技术运用和自我检验的能力。学生问卷调查结果显示：在篮球技术学习方面，学生更注重技术的实战运用；在学习过程方面，学生渴望尽可能安排一些对抗性强、趣味性强的练习内容，能够有个人展示和表演的机会。				
单元目标	1. 通过游戏和比赛的活动形式，调动学生参与的积极性。 2. 初步了解篮球运动的动作特点、表现形式及活动规律，掌握变向运球、行进间投篮等关键技能，学习和运用防守技术、"掩护配合"。 3. 发展灵活、机敏、快捷的反应能力以及速度、力量、耐力等身体素质，促进身体的全面发展。				
评价办法	评价内容： 1. 自选动作。由学生自己选择任意一种行进间投篮动作进行评价，有一定难度的可适当给予加分。 2. 规定动作。运球接行进间投篮——拿篮板球传球——接长传球行进间投篮。 3. 实战运用。全场进行三对三的教学比赛。 评价方法：课堂测验；学生自评；同学互评；教师总评。 评价标准（10分制）： 非常优秀（9分以上）：正确协调、娴熟优美地完成动作；传接球、低手上篮动作流畅；能将动作熟练地运用于比赛。 优秀（9～8.5分）：正确完成整个动作，并且协调流畅；传接球、低手上篮动作无违规现象；能将动作熟练地运用于比赛。 良好（8.4～7.5分）：正确完成整个动作，并较为协调；传接球、低手低手上篮动作基本无违规现象；能将动作较好地运用于比赛。 合格（7.4～6分）：基本能完成整个动作；传接球、低手上篮的动作有时有违规现象；能运用于比赛。 待合格（6分以下）：不能完成整个动作，且经常出现违规现象；不能将动作运用于比赛。				

课时教学设计

课次	教学目标	学习内容		过程与方法
		知识	技能	
第1课	1. 认识和理解行进间投篮动作技术在篮球攻守体系中的重要性。 2. 初步尝试行进间投篮动作，能够与已学过的行进间运球、传球等技术组合起来。 3. 激发学生的求知欲，使其能积极主动地参与学习。	1. 为什么要运用行进间投篮。 2. 行进间投篮的动作要点（尝试性学习）。	1. 街舞篮球。 2. 个人模仿练习。 ①运球接行进单手肩上投篮。 ②运球接行进间单手低手投篮。 ③运球接行进间钩手投篮。 3. 集体练习行进间单手低手投篮。	体验式学习： 1. 观看行进间投篮的有关媒体资料。 2. 个人模仿练习。 3. 结成伴友型组合，共同探究行进间投篮的一般规律。 4. 结成帮教型组合，学习行进间投篮动作。
第2课	1. 明白和清楚行进间投篮的动作原理以及其在实战中的运用时机。 2.80%的学生能够完成运球接行进间低手投篮的动作技术。 3. 在快攻、攻守对抗的情境下尝试行进间投篮技术的实战运用。 4. 通过观察、尝试、比较，探究行进间投篮动作的一般规律。	1. 行进间投篮与原地投篮动作技术的区别。 2. 行进间投篮由哪两个环节组成，哪个环节是技术重点。 3. 低手投篮手腕、手指动作。	1. 街舞篮球。 2. 半场运球接行进间低手投篮比赛。 3. 抢防守篮板球后的快攻练习。	探究式学习： 1. 观看篮球比赛中的行进间投篮与原地投篮动作，进行比较和探索，找出行进间投篮的一般规律。 2. 在快攻对抗练习中体会和实践行进间投篮的动作技术。 3. 在合作学习中运用行进间投篮技术。
第3课	1. 能够评价自己的动作技术的掌握水平，提高自我评价意识。 2. 通过篮球"斗秀"拓展学生的想象力，提高学生行进间投篮的动作水平。 3. 通过设立宽松、自由的情境模式，激发学生的想象力，提高学生的创新能力和发展能力。	1. 比赛中的对抗，行进间投篮动作技术。 2. 对学生动作技术的评价。	1. 街舞篮球。 2. 行进间投篮个人表演。 3. 半场三对三比赛。	1. 将每个篮球场的学生分成三组，进行单循环比赛，比赛时间3分钟。 2. 采取自愿参加的方法，按顺序进行行进间投篮个人表演。 3. 由教师与每个小组选出的评委为参赛学生评分。
……	……	……	……	……

专题三 课堂教学设计

教学设计包括水平教学设计、年度教学设计、学期教学设计、单元教学设计、课堂教学设计。课堂教学设计是教学设计中最基础的,以教育心理学、教育学、学校体育学及体育基础学科为基础。

一、何为体育课堂教学设计

现代教学设计以现代学习论和教学论为基础,把教学看成是一个系统。课堂教学设计是教学设计的重要内容之一,是教学设计中较小的设计单位。具体地说,课堂设计是以课堂教学为基本单位,依据现代学习论与教学论原理,运用系统论的观点和方法对一节课中的各个环节进行统筹规划和安排,以使教学的每个环节实现最优化,教学效果达到最大化。

课堂教学设计的作用有:一是实现教学效果的最优化。运用系统论观点整体考虑一节课的各个环节,以实现效益的最大化。二是可提高体育教师的专业化水平。课堂教学设计是实现教师专业化发展的途径之一。有研究表明,上海市宝山区参加了"知识分类与目标导向课题"的教师,与未参加课题研究的教师相比,其教学效率明显提高,教师备课、说课和上课的能力明显提升。

二、体育课堂教学设计的内容

课堂教学设计是单元教学设计的下位设计。课堂教学设计的主要内容包括教学目标设计和教学策略设计、教学手段设计、教学过程设计等,所有设计都是围绕教学目的而进行的。

1. 教学目标设计

在教学目标设计之前,首先,必须分析学生的生理、心理特点,体育基础,学生所具有的运动技能基础。其次,分析教材的性质。把握教材的重点与难点,明确如何掌握重点、解决难点。根据学生和教材的情况,设计合适的教学目标。教学目标包括三个维度,即认知目标、技能目标和情感目标。根据所制订的体育教学目标的要求、学生情况、教学内容等思考教学目标能否实现,根据思考的结果进行调整,最后设计出完整、科学的课时教学目标。

2. 教学策略设计

教学策略是指为了实现教学目标所采用的解决问题的方法。教学策略设计是体育教学设计的重点。教学策略设计的主要内容包括课的类型及模式、教学的顺序及时间分配、教与学的方法、教学的组织形式、教学效果的测量等。在课的类型方面，主要需要考虑是理论课还是实践课，实践课是新授课还是复习课或综合课。课的类型主要取决于教学目标和学习内容，教学模式由学生的年龄及个性特点和教学内容的性质决定。如果学生年龄比较小，形象思维占主导，就可以采用情境教学模式；如果学生进入青春期，逻辑思维占主导，就可以采用探究教学模式和领会教学模式。

教学顺序应依据学生的心理和生理条件及教学目标进行安排，在教学时间的安排上，重点内容应占较多的时间；当教学内容之间的迁移比较大，那么应该把容易的内容放在教学的前段，这样易形成运动技能的迁移，使学生进入良好的学习状态。在时间的分配上，一要考虑课的不同部分，即准备部分、基本部分、结束部分的时间，主要从天气和教学内容、学生的身体素质几方面考虑；二要考虑更微观的时间分配，即学生练习、组织及教师的教的时间。一般来说，在体育教学中，学生练习的时间占很大比例。教学方法包括教师教的方法和学生学的方法，教师教的方法主要考虑教师如何把知识技能传授给学生，运用教的方法时应注意哪些事项，如示范法应考虑示范面、时机及位置。学生学的方法，指学生采用什么方法可以更快地掌握动作技能。教学的组织形式包括分组轮换、分组不轮换、全班教学等。课堂教学是为实现教学目标而开展的，好的体育教学一般是能顺利实现教学目标的课。

3. 教学手段设计

教学手段是指教学过程中采用的场地、器材和辅助教学工具。现代科学技术迅猛发展，为教学手段的运用提供了更多的条件，同时由于我国人口众多，教学资源分布不均衡，选择教学手段时应遵循"经济有效"的原则。选择好场地、器材和辅助教学工具后，必须进行科学设计，场地的设计力争方便组织教学、美观、实用，器材的设计力争安全、利用率最大化，辅助教学工具的设计力争方便、易制、经济等原则。在此基础上，把设计好的方案以图示的形式呈现。

4. 教学过程设计

教学过程设计就是把一节完整的课的各个环节用文字或者图示的形式表达出来，同时对不同部分进行简要细化的过程，如准备部分如何导入，如何过渡到基本部分，每个部分的练习、时间分配、队列队形，主要采用哪些教法和学法等，并简要介绍设计的理由，评价教学设计。当以上设计工作都完成以后，设计者必须对所有设计内容进行反思。反思的内容主要有：该方案是否科学？是否实现教学的最优化？教学目标准确合理吗？教学手段经济有效吗？根据以上反思结果，再对整个课堂教学设计进行修改。

三、体育课堂教学设计能力的修炼方法

体育课堂教学设计是重要的课前准备工作，也是搞好课堂教学的重要手段。那么，如何提高自己的体育课堂教学设计能力呢？

1. 修炼方法一：跟踪体育课程改革

课堂教学设计必须以一定的理论为指导。理论包括体育教学的基本理论、教育心

理学、学习论和教学论等。体育教学基本理论中最重要的理论之一是体育课程标准。体育课程标准指导、引领体育课程改革的方向。体育课程标准的基本理念指出：坚持"健康第一"的指导思想，促进学生健康成长；激发学生的运动兴趣，培养学生体育锻炼的意识；以学生发展为中心，帮助学生学会学习；关注地区差异和个体差异，保证每一位学生受益。随着体育课程改革的不断深入，体育工作者必须根据体育学科的性质，以教育目标为宗旨，将运动技能教学作为主要教学内容，以学生的发展为中心。为了正确把握体育教学的本质，了解体育课程改革的前沿动态，一线教师可以通过自学和参加全国体育教学观摩展示活动的方式，也可以多读一些体育教学改革的研究成果。因此，课堂教学设计必须以体育课程标准的基本理念为出发点，在设计过程中不断吸收体育课程改革的新成果，设计出符合人才培养要求的教学方案。

2. 修炼方法二：夯实体育理论基础

体育教学理论是课堂教学设计的理论根据。体育学科是一门年轻的学科，很多体育教学的基础理论在不断研究、发展、完善。21世纪，随着国家不断加大对教育的投入，学校教育中的人力、物力也不断增强，投身于体育科学研究的人也在不断增多，体育教学研究成果丰富，出版了大量的体育教学基本理论书籍，如《体育教学论》《简明体育课程教学论》等。体育学法研究也成为一个新的研究视角，取得了丰硕的研究成果，为体育教师更好地设计学法提供了帮助。学术交流平台的扩大，使一线教师和体育理论研究者有了发表各自观点的平台，繁荣了学术思想。大量的教育网站为交流提供了广阔的互动平台，如中国体育教师在线。体育教师可以通过以上三个途径夯实体育理论基础，把前沿理论、新成果运用于体育教学实践中。因此，一线体育教师在原有知识结构和理论的基础上，应进一步夯实理论基础，并把这些理论运用在平时的教学设计中。

3. 修炼方法三：观摩优秀体育教师的课堂教学

中国教育学会学校体育卫生分会定期举行一些体育教学研究活动，其中全国体育教学观摩展示活动每两年举行一次。这些参加体育教学展示活动的方案是从各省、市、区的体育教学竞赛中选拔出来的优秀作品，由中国教育学会学校体育分会组织专家评选后，其中的一些优秀作品参加全国中小学体育教学展示活动。这些作品基本上代表了不同省、市、区的体育教学现状和水平，具有一定的示范性。同时，各省、市、区也会举行不同专题的体育教学研讨会。这些示范课或展示课都会被刻录成光盘，教师可以通过各级教研室获取这些资料。这些优秀体育教学案例通常代表一个省、市、地区或某一专题近段时间的研究成果，教学内容的选择、教学方法、教学策略、教学过程等方面的设计都达到优化状态。体育教师可以运用这些有效的教学资源，不断研究每节课的优点，包括教学目标的设计、教学策略教学的设计、教学手段的设计、教学过程的设计等。在研究优秀体育课堂教学录像后，教师选择一些内容进行模仿设计。

4. 修炼方法四：研究优秀体育教师的课堂教学

教师在研究优秀体育教师的课堂教学录像课后，可以选择自己擅长的内容，以一节课为单位进行教学设计。设计好后，可以与不同群体开展说课研讨，这些群体可以是同行专家，也可以是学生，教师可根据研讨者提出的意见或者建议修改教学设计。教师可以说课或上课的形式检验修改后的设计方案，邀请同行专家研讨人员对该课的设计进行点评，再次对方案做出修正，直到大家满意为止。这个教学设计实践将有效提升一线体育教师的课堂教学设计能力。

5. 修炼方法五：课后教学反思

体育教学受外界影响较大。于是，当把理想科学的课堂教学设计方案运用于课堂教学实践时，教学效果与预测效果不一定吻合。加强课后教学反思是提升课堂设计能力的重要环节。当上完一节课后，我们必须进行课后教学反思。那么如何进行课后教学反思呢？反思的内容包括：一是该教学是否贯彻了新课程理念，是否体现了全新、正确的学生观、教学观，是否突出了学生在课堂学习中的主体地位，是否树立了科学的课堂教学效能观。二是该课的教法与学法是否有效。教学目标与任务、教学内容、教师角色与学生角色在课堂上的定位是否合适，教学策略与教学手段是否有效，教学目标的实现程度等。

一节优秀的课，一定可以实现教学目标。如果教学目标实现了，说明教学环节的安排符合学生的特点，符合教学内容的特点，符合教学规律；如果没有实现，我们必须反思对学生的个性特点分析是否合理，对教学内容的分析是否到位，对教学策略是否选择合理，教学过程是否符合学生的生理、心理特点，教学手段是否经济有效等。如果每上完一节课后，教师都能认真做好课后教学反思，那么其课堂设计能力将不断得到提升。

第 三 篇
体育教学方法修炼

　　本篇主要论述了中学体育教师在教学方法修炼方面的内容，涉及讲解设问、生动示范、保护帮助、领会教学、体育游戏等体育教学技术，并对常见问题与注意事项做了说明，让教师有备无患。

专题一 教学技术

在教学过程中，体育教师怎样将体育知识顺利地传授给学生，使学生能够高效、灵活、创造性地掌握体育知识、技能呢？体育教师又如何将自身的体育知识与体育教学实践紧密、有效地联系起来呢？这些都需要高超的教学技术。因此，体育教师的教学技术水平决定着教学活动的成败。

一、何为体育教学技术

（一）体育教学技术的含义

体育教学技术是有关体育学习过程的设计、开发，学习资源的使用、管理以及评价的手段、方式与方法的知识。

（二）体育教学技术的分类

从时间维度上来分，体育教学技术可分为传统体育教学技术和现代体育教学技术。传统教学技术手段有讲解、示范等；现代教学技术包括幻灯、电视、录像、计算机等。

从教学实践活动来分，体育教学技术可分为运用语言的技术和运用教具的技术。运用语言的技术，有两种表现形式，一种是运用口头语言，一种是运用形体语言。运用教具的技术也有两种，一种是普通教具运用技术（如体育绘图等技术），另一种是现代化教具运用技术（如运用多媒体的技术）。

从体育教学的整个过程上来分，体育教学技术可分为体育教学的前期技术、过程技术和评价技术，分别是指体育教师课前准备的技巧、体育教学过程中所用的方式与方法技巧以及对体育教学活动的评价、总结技巧。

（三）体育教学技术的基本内容

1. 教学语言技术

体育教学语言主要包括有关体育运动技术、技能的描述性语言，体育教学组织术语，肯定与否定、鼓励与批评性语言。由于体育教学大部分是在较为开放的空间中进行的，学生易受许多干扰因素的影响，所以教学语言的合理运用就尤为关键。

2. 教学示范技术

体育教学最大的特征就是使学生通过反复的身体练习掌握规范的运动技术和运动技能。因此，教学示范技术是体育区别于其他学科的特殊技术，较高的教学示范技术是教学活动成功的基础。

3. 教学组织技术

体育教学过程是教与学双边活动的过程，这要求体育教师具有高超的教学组织技术。教学组织技术包括与教学内容对应的教学过程设计，主要有时段的划分、各时段的时间分配、语言的运用、示范的频率、队形的变换与调整等。

4. 教具运用技术

随着现代科学技术的发展，体育教学的教具条件有了很大改善，教师运用体育教学教具的能力也应不断强化和提高，如各种现代化多媒体工具的使用、简单的体质检测设备的操作等。

5. 教学评价技术

俗话说："学不如爱，爱不如好。"教师高超的教学评价技术，能恰当适时地激发学生的学习热情，培养学生的学习兴趣，调动他们学习的积极性和主动性，使学生努力探寻学习过程中的问题以及问题的解决方案。

（四）体育教学技术的特性

1. 体育教学技术的个性化

体育教学技术是体育教师通过对体育教学目标的再认识、对体育教学内容的再学习和再理解，进行教材化加工后传授给学生的技巧，这些技巧被融入了作为教学主体的教师的设计思想、教学特色和个人风格等，具有灵活性、独特性等特征。如在体操课上，教师为了使学生保持良好的身体姿态，总结出诸如"要避免'虾米腰、罗圈腿、镰刀脚'"等许多具有个性特征的教学语言。

2. 体育教学技术的稳定性与发展性

就学校体育教学来说，体育教学内容是相对稳定的，体育教师在教授这些体育教学内容时所采用的手段、方式与方法也是相对固定的。因此，体育教学技术在一定时期内、一定条件下具有相对的稳定性，同时，随着科学技术的不断发展，科学的每一次进步都会带来教学技术的变革，因此，体育教学技术具有不断发展的动态性特征。体育教学技术的发展表现为体育教学思想的提升，使用相关教具的手段得以改进，体育教学方式、方法的有效性和灵活性得到提高等方面。

3. 体育教学技术的科学性

体育教师在体育教学过程中所运用的教学技术都是体育教学实践经验的总结，都是体育教学实践知识研究的成果。体育教师将这些成果运用于体育教学的实践，在教学实践中又与学生的实际情况紧密结合后，通过总结教学体会，总结教学的得与失，使教学成果得以补充和完善，从而得到发展。因此，体育教学技术不是一成不变的科学知识，而是不断被完善和发展的科学知识。

二、教学技术的运用

（一）正确选择教学技术

1. 依据教学目标选择教学技术

教学技术为实现教学目标服务，是实现教学目标所采用的方式、方法与手段。体育教学过程中，每一个阶段性教学目标都对应了基本的教学方法，教师要根据教学方法选择和设计教学技术。如在初步建立动作概念阶段，教师要运用生动、形象的语言来准确描述动作技术要领，并辅以准确的动作示范，充分考虑教学语言技术的应用。

2. 依据教学内容选择教学技术

体育教学内容繁多，每一项教学内容都既有基本理论知识又有基本运动知识，特别是运动技术知识都对应有特殊的教学技术，教师在选择教学技术时，就要充分思考各项运动技术所要求的教学技术之间的细微差异，如羽毛球的示范与陪练技术同乒乓球的示范与陪练技术就有很大的不同。

3. 依据教师和学生的特点选择教学技术

教学技术的运用直接反映着教师的知识层次、个性特征、文化品位、教学能力，甚至敬业精神等，因此，教师要使用适合自己的教学技术，以利于灵活运用并能够形成自己独特的教学风格。同时，要想获得良好的教学效果，教师还要努力使自己的教学技术与学生的学习实现"无缝对接"，即教学技术的应用要符合学生的年龄、学习能力及个性特征。

4. 优先选择可控度高的教学技术

体育教学具有与其他学科教学不同的特征，如体育教学空间的开放性，教与学均以身体练习为主，学生与教师一直保持着一种动态等，这些特征要求教师选择教学技术（特别是现代传媒技术）时，应考虑是否便于具体操作、操作是否灵活、是否能随意控制等因素。

（二）恰当运用体育教学技术的关键

1. 教学设计技术

实施教学之前，体育教师必须首先分析学生，对学生的学习特征进行了解，做到从学生的实际情况出发，恰当选择教学方法、方式与手段等。其次，体育教师必须根据课堂教学目标、教学内容、教学重点、教师行为、教学组织、学生活动、教学教具的运用以及教学的注意事项等对教学过程中的各项活动进行精心、科学的设计，并根据教学的时间顺序对其进行程序化和结构化处理。

2. 教学讲解技术

讲解是体育教师最常用的一种方法，它可以帮助学生对所学内容进行深入的理解和领会。教师的讲解首先应带有鲜明的探究性和启发性；其次，在讲解过程中，教师应注重用目光与学生进行交流，从而起到强化教学重点和引起学生注意的作用；第三，教师在讲解时还要注意适时使用体态语言，如表情、手势和身体动作的某些变化等。

3. 教学示范技术

体育教学示范技术包括动作示范的规范、示范时机的把握、示范频率的控制、错误动作的模仿、正误动作对照等。体育教师不仅要具有高超的运动技术水平，还要有根据教学内容、学生学习情况、课堂氛围等把控示范时机、示范频率、示范内容的能力。

4. 教学组织技术

体育教学活动要得以顺利进行必须有一个积极的、充满激情的氛围，有一个利于师生良性互动的教学环境，而这些需要体育教师运用高超的体育组织技术来营造。要改变"满堂灌"的状况，教师需要灵活地运用各种教学手段与信息传输方式，这就要求教学组织必须灵活多样、实用。例如，教学队形的调整对有经验的体育教师来说，几乎不用耗费太多时间，就可使队列队形变换（如列、路、纵、横、圆等）丰富多彩，而有些教师在教学课堂中经常在集合整队上浪费不少时间，这是教学组织技术不够硬的表现。

5. 教具使用技术

教具包括核心教具和辅助教具。核心教具是指体育教学内容本身要求的教具，如篮球，羽毛球拍，单、双杠等；辅助教具是为完成相关体育教学内容而采用的利于提高教学效率的教具，如用于跳高的橡皮条、发球器、体操护掌以及现代化的教学媒体工具等。随着教具的不断开发，其作用越来越受到人们的重视。然而，这些教具只有科学、合理地加以运用，才能收到理想的教学效果。教师决定着教具功效的发挥，如一节篮球课，教师从一开始的准备活动就安排一些篮球游戏、篮球专项活动等，再过渡到篮球技术学习，甚至在素质练习阶段也安排快速对墙传球练习，不仅能使学生学习篮球技术，也能培养学生良好的球感和专项素质。

6. 教学评价技术

教学评价具有诊断功能、甄别功能、调控功能、激励功能、教学改进功能等，教学评价的目的不是对学生判决，而是为了学生的进步。体育教师对教学活动进行适时的评价和总结，能促使学生掌握体育知识、技能，对于提高教学质量具有非常重要的作用。

体育教师在运用教学评价技术时需要注意以下几个方面：

（1）在教学过程中及时地进行评价。这有利于教师及时收集学生的反馈信息，并根据课堂教学情况随时调整自己的教学行为。例如，在讨论时，学生的发言没有触及重点问题，学生讨论完成任务的质量不高，学生的注意力不够集中，发现了有思维创新性的发言等，教师要根据具体问题及时进行补充、完善、提醒、诱导、鼓励等。

（2）建立积分评价系统。教师为使学生不断地提高运动技术技能水平，应有意识地建立一个积分评价系统，以便给学生提供多次努力的机会。一个技术动作、一项运动技能中的一个环节等都可以作为评价的因素，这也符合"体育2＋1工程"的要求。

（3）运用一些特殊的评价技术。除了口头表扬与批评、肯定与否定以及通过测验给以积分等评价之外，教师还可以利用各种眼神（如关爱、肯定、赞赏等）、手势（轻拍、轻打、抚摸等）以及头部动作（点头、摇头等）、面部表情等这一特殊评价技术对学生的课堂表现进行评价，也可收到很好的教学效果。

三、体育教师的教学技术修炼

（一）要树立良好的形象意识

随着社会的进步，人们的健康意识以及精神文化需求的提高，体育活动越来越受到人们的重视。然而，这也并不意味着人们能真正懂得体育、理解体育教师的工作，甚至由于传统尚文轻武思想的影响，人们对体育还会有诸多的偏见和误解，对体育教师的轻视和不公也就不足为奇，但体育教师却不能忽视自我形象的塑造。体育教师要塑造良好形象，就必须做到具备健康的人格、较为全面的学识（体育知识、技术技能）、先进的教育理念以及娴熟的教学技术。

（二）从细节磨炼教学技术

体育知识、技能要通过一定的教学技术才能得以传播。那么体育教师怎样提高教学技术呢？

1.明晰教学目标

目标要科学、简明。一堂课的教学，不管是新授课还是复习课，都必须切实解决一两个真正需要解决的问题，切忌浮光掠影、蜻蜓点水。确定一节课教学目标的依据，是单元目标或阶段性目标，如单元教学目标是"掌握篮球运球三步上篮技术"，那么，就要根据这一目标所分配的课时数以及这一技术的关键环节来设计每一节课的教学目标，以期通过每一节课的阶段性目标来实现"掌握篮球运球三步上篮技术"的目标。

2.认真把握教学关键

体育教师对每一个技术动作都应该做到要领确定准确、恰当，了然于胸。教学中要精心定点，精细练习，层次分明，每个"点"的阶段性目标都要为动作教学的最终目标服务。例如，单杠"支撑后回环"技术动作的关键点是：（1）后摆上体前压；（2）回摆腹部触杠；（3）后倒直臂；（4）上体回环至杠下时挺身；（5）回环至杠上挺胸抬头。自我保护的关键点是：任何时候，身体在任何状态下两手都要紧握杠子。学生易犯错误是：（1）杠上支撑后摆时向后挺胸甩头，出现背弓，影响后摆高度进而影响后回环惯性；（2）后倒时机过早或过晚；（3）后倒屈臂屈髋；（4）上体至杠下无挺身制动作。教师应根据关键点确定每一节课要解决的问题。

3.恰当选择教学方法

恰当选择教学方法就是体育教师必须认真思考哪种方法、手段最为科学、实用，最能调动学生学习的积极性，使学生的学习效果最佳。讲解法、示范法、讨论法、游戏法、探究学习法、比赛法等，都是体育教学常见的方法，然而，却不是每一节体育课都必须采用的方法。因此，根据教学内容和学生学习能力以及学习的实际情况，适时、适度地选择并灵活使用这些教学方法，也是教师必须掌握的一种教学技术。如体操"支撑后回环"的新授课，教师以保护与帮助为主，适当介绍自我保护与帮助的方法，给学生的动作练习以充分的安全感。随着学生对动作要领、节奏、结构的理解与领悟逐渐加深，教师再培养学生相互保护与帮助的能力。如果一开始就让学生相互保护与帮助，不但容易造成练习者受伤，还容易造成保护与帮助者受伤。

4.合理安排教学流程

教学目标和任务设定后，就要有科学的教学程序来保证目标的实现和任务的完成，课堂常规、语言导入、准备活动、复习内容、学习内容、素质练习、总结评价，每一部分从内容到时间对应，从队形变换到练习方式，从学生的学法到教师的教法，都要高度重视、认真准备，甚至要细化至教师与学生的每一次交流。如语言导入技术，虽然可能是短短的几句话、几个手势、几种表情或眼神，但要做到引起学生注意、昭示学习目标、激发学生学习兴趣、唤起学生学习动机、明确学习目的、建立动作迁移、使学生尽快进入学习状态等却需要教师反复磨炼。

5. 灵活控制教学过程

由于体育教学环境的开放性，体育教学过程往往会受到许多因素的影响和干扰，如教学的场所、自然环境、班级规模、校风、学风、体育传统、师生情感等因素，这些因素都会影响学生的注意力和学习兴趣。教师要克服这些因素对课堂的干扰，就必须能够利用现有的教学场地和器材，迅速调整教学方法与手段，合理变换教学容量、教学节奏、教学时间等，以此来调整学生的情绪，从而促进教学过程各个环节的顺利衔接。

6. 适时进行总结

教学总结是体育教师进行教学技术修炼的重要环节，总结是为了检查与判断。检查的内容有：教学目标是否实现，教学任务是否完成，教学方法、手段等使用是否有效，教学安排是否合理，教学控制是否得当。判断的内容有：教师与学生的交流是否顺畅，学生的学习热情与积极性是否得到提升等。总结也是教师对自己课堂教学得与失的评价，不断总结经验与教训，能够扬长避短，提高教学能力。

专题二 讲解设问

体育教学中常常伴随着各种问题，比如，一个事件、一种现象、一个动作或技术、一个问题怎样去讲解和分析？怎样选择讲解的内容？讲解的重点是什么？每一个问题又分为几个层次？讲解的顺序怎样安排？通过什么方式讲解效果最好？……这一系列问题都需要教师在讲课之前进行认真思考、琢磨、推敲和准备。不过，教师高超的讲解技能也不是天生就有的，这种讲解技能是可以通过不断总结、学习、积累逐渐得到提高的。

一、体育教学中的讲解与设问

（一）体育教学中的讲解

体育教学中的讲解是指教师通过简明、生动的口头语言向学生系统地传授体育知识、运动技能的方法。好的讲解不但能把道理说明白，还能将知识技能掌握、思想教育、发展智力和陶冶情操等有机地结合起来，从而达到最佳的体育教学效果。"精讲多练"是对体育教师讲解技能和水平提出的较高要求。

1. 关于"讲什么"

事实上，体育课需要讲解的内容是非常丰富的，既有不同方面、不同层次的体育相关知识，又有各种运动技术方法、要领、战术，而且由于身体运动技术的动态性特点，也使体育教学中的讲解更加复杂。此外，教师还需在课堂上对学生进行思想品德、心理健康方面的培养教育。所有这些内容都离不开教师有效的讲解、说明。具体来说，体育教学中的讲解可以使学生了解体育课的目的、任务、教学目标、基本知识概念、动作名称、动作要领、作用、方法、顺序及要求等。

2. 关于"如何讲"

体育学科是一门综合性学科，因此，体育教学讲解的内容既涉及人文知识，也涉及一些自然科学知识，如人体解剖、运动生理、运动力学等，既带有一定的社会性，同时又可培养练习者的个性特征，因此，在体育教学中要讲解的内容是非常丰富的，但是这些不同类型的内容如何能被更加有效地传授、讲解，采用的方式和讲解类型也非常重要，在体育教学中可以采用这些不同的类型进行讲解（见表1）。

表1 讲解的类型及其特征

讲解类型	基本特点	举 例
事实性讲解	直述事实，有条理，节奏较舒缓，层次分明。	如直腿后滚翻动作过程、肩上投篮动作过程等。

讲解类型	基本特点	举　例
解释性讲解	解释、说明，了解学生已有知识，使学生获得较透彻的理解。	如长跑中的"极点"现象、体育锻炼的好处等。
概念性讲解	分析、综合、概括，获得动作技术概念。	如足球中的"越位"、中国武术的概念、"跑"的概念等。
归纳性讲解	引导学生观察、操作、归纳概况，形成概念，得出结论。	如通过一定练习后归纳技术动作的要领、小组练习后进行的总结等。
演绎推理性讲解	以概念或定义为前提，以观察资料为依据，解释推理或预测推理，得出结论。	一些具有普遍指导性概念，如"迁移""协调性""爆发力"等。
对比性讲解	对比指出正误、优劣、差异等区别，其反衬性大、感觉鲜明、容易理解、印象深刻。	相似技术动作，如羽毛球扣球与排球扣球技术比较、弓步冲拳与弓步刺剑、不同人的动作掌握差异。

除此之外，还有一些具体的方法可以在讲解中运用，如采用实验、仪器测试的数据来说明一些规律、原理和概念，用生活实例和教训来说明一些道理和常识，用英雄故事和典型事例来启发和教育学生。

（二）体育教学中的设问

"学起于思，思源于疑。"这句话深刻揭示了疑、思、学三者之间的关系。E. R. 汉密尔顿（E. R. Hamilton）在他所著的《提问的艺术》一书中指出："教与学的全部过程贯穿着提问的艺术。"设问（或提问）是教师在讲解过程中为了促进学生积极思考，根据教学内容的需要适时提出一些问题的方式。体育教学中恰当地设问既可以增加教师与学生之间的互动，集中学生的注意力，调动学生的主观能动思考能力，也可以对讲解的效果进行一定的检验，了解学生对所学内容的掌握情况，从而调整或加强某些方面的教学。

1. 关于"问什么"

设问（或提问）过程主要包括教师的询问，学生对教师的询问的反应、回答以及由此而来的教师对学生反应、回答的处理等，是课堂中进行讲解时所采用的一种形式。需要指出的是，由于体育教学具有以大量身体练习为主的特点，因此体育教学中的设问不会太多，所提问题是关于学习重点、难点的问题，应体现出其对学生学习的促进作用。具体来说，体育教学中有意义的设问主要针对以下几个方面：①体育历史文化常识；②相关动作技术要领及其原理；③相关运动战术与裁判法；④运动保健养生常识及方法；⑤体育课堂中的教育现象。

2. 关于"如何问"

体育教学过程中的问答与文化课课堂中的问答在形式上有以下几点不同：①往往是用简短的语言来进行的；②问答不能有太长时间的讨论；③问答常常伴随着练习；

④问答散落在练习和讲解之中，但在开始和结束部分更显重要。

美国体育教学论的学者西登拓扑（Sidentop）将体育中的提问归纳为四种类型，见表2：

表2　提问的类型及其特征

设问类型	基本特点	举例
回顾性提问	记忆性的问题，复习的形式，一般用"是"或"不是"来回答。	例：运球时，你的眼睛离开过球吗？
归纳性提问	对以前问题的归纳，往往需要说明理由，回答可能多样。	例：练习身体柔韧性的方法有哪些？提高爆发力的方法呢？
演绎性提问	运用已有知识解决新问题，回答有一定创造性，回答会有多种多样。	例：武术在现代社会中的应用价值有哪些？
价值判断式提问	要求学生进行选择，是一种态度上、认识上的提问或判断。	例：说明篮球联防战术的运用价值和时机。

在体育教学的现实中，虽然广大体育教师很注重运用问答法来提高教学质量，但明显存在着"浅显"的问题，使得提问失去了启发思维的意义。提出有价值的"真问题"是设问的关键，这需要教师深刻理解教学内容，精心选择和设计有关问题，掌握提问的时机，组织提问的语言，引导学生的思维和回答，最终获得相应的概念或结论。体育教师应在以下几个方面进行有效处理：设计提出问题；注意提问时的技巧；注意候答的策略；注意理答的处理。

二、体育教师讲解设问的常见问题与案例

体育教学中的讲解主要涉及"讲什么"和"怎么讲"的问题，"讲什么"是由体育教学的具体内容来决定的，但需要教师能够很好地把握教学内容、抓住重点、提炼难点、主次分明。设问往往是伴随着讲解进行的，是讲解中为了强调重点、调动学生学习兴趣的一种形式。在一线体育教学中，由于体育教师将更多的时间用在组织学生练习上，往往会对讲解设问的方法和技巧有所忽视，因此存在着这样一些问题，如表3所示：

表3　体育教学中讲解、设问时的常见问题

讲解的常见问题	设问的常见问题
注重动作外形，忽略动作要领。	提问针对性不强，不具体。
注重技术动作的讲解，忽略相关文化、原理。	一次提出的问题太多。
语言重复啰唆，不够精练。	提出学生未接触、不了解的内容。
逻辑不清，重点不明。	对学生的回答缺乏反馈，处理不当。
语言呆板，不够生动、风趣。	将提问作为惩罚学生的一种手段。
讲解时机掌握得不好。	提问时机与学习内容衔接性不强。

以上讲解设问中存在的问题在一定程度上会制约体育教师的教学技能的发展，影响体育教学质量，因此，针对以上问题有目标地进行改进、提高，是体育教师不断自我完善、提高教学技能的重要渠道。

案例 1

错用讲解法

某年，在 GS 省的一节公开课上，一位教师上初一年级的短跑课。准备活动后，教师教学生学习"蹲踞式"起跑动作。

教学从讲解开始。教师讲道："同学们，现在我给大家讲解一下'蹲踞式'起跑的动作要领，大家好好听。听到'各就位'的口令后两脚依次踏于起跑器上，后腿膝跪地，两臂伸直约与肩同宽，两手四指并拢，与拇指分开成人字形，虎口朝下，手指接触地面，重心前移，肩与臂基本垂直。此时，头颈放松与躯干约成一条直线，静止不动，听预备的口令；听到预备口令后，从容地抬臂，使股骨转子高于肩轴，两点延长线与地面夹角约在 $15°\sim25°$ 之间，重心前移使肩的投影点超过手支点 5 厘米，并缓慢地做一次深吸气，然后静止听鸣枪信号，这时应注意的是两脚掌应紧贴起跑器抵足板；当听到鸣枪信号后，前腿用力迅速蹬直，后腿积极蹬离起跑器并马上向前摆出，注意防止小腿后撩，同时两臂迅速前后大幅度地摆动，当蹬离前起跑器的一瞬间时，后蹬腿充分伸直，后蹬角 $35°\sim30°$ 之间，前摆的大腿与地面夹角约 $60°\sim65°$ 之间，大小腿夹角约小于 $90°$。头与躯干略成一条直线，眼看地面，前摆的臂手与头同高，后摆的上臂与前摆的臂约成直线。"

学生刚开始很认真地听，但是在教师烦琐又晦涩的讲解过程中他们的眼中逐渐失去了光芒，体育教师看到这样的情景，心中着急，忍不住突然大喊了一声："你们听懂了吗？"学生吓了一跳，马上大声地回答道："听懂了。"

案例分析：在上述案例中，教师没能掌握讲解法的基本技巧，而且在教学方法的选择上也存在欠妥的地方。学生学习"蹲踞式"起跑这个并不复杂的动作，完全没有必要进行这么细致甚至是烦琐的讲解，这样的讲解远不如一个动作示范来得生动明白。教师可以先做一些各种姿势的快速起动练习，在学生产生兴趣并对快速起动有了一些体验并掌握了基本要领后，再导入"蹲踞式"起跑。教师在教学前可先做个正确示范，并结合动作的示范做简单讲解，然后做个常见错误动作示范，让学生分析错误动作的原因。随后让学生进行尝试性练习，教师在练习中着重纠正一下错误动作即可。

案例 2

问题过于浅显

在某市教学基本功大赛上，某教师在教学过程中运用了问答方式。

教师在做完某个动作示范后问学生："老师做得好不好呀？"学生回答："好。"

在学生做完练习后，教师问学生："我们做练习的积极性高吗？"学生回答："高。"

教师挑选一些学生做示范后，教师问："他做得好吗？好，我们就给他鼓鼓掌。"学生回答"好"并鼓掌。

案例分析：上述案例中，教师提出的第一个问题几乎没有任何教学意义，反而有相反的教学效果，如果老师真做得好，就有点自吹自擂，而且学生也不知教师的示范好在哪里。如果教师做得并不是很好，那么教师就等于让学生说违心的话。第二个提问看似是学生的自我评价，实际上评价的结论只能是一个"高"，没有任何意义而且显得非常奇怪。第三个提问也一样，由于做示范的学生是教师挑出来的，其他学生自然要回答"好"，并报以热烈的掌声，因此没有教学意义。上述三个提问都只需要很浅显的判断思考，而且答案没有第二个选择，因此是"不成为问题的提问"。

根据上面这些问题，可对以上三个提问作以下改进：

1. 想想刚才老师做的示范和你们自己的动作有哪些不一样的地方？（学生可以归纳出老师的动作与自己的不同点，不存在好坏的评价，属归纳性提问）

2. 大家评价一下第一组和第二组，哪组做练习的积极性高？为什么这样说？（学生可以自主判断，属价值判断和归纳性问题）

3. 谁来回答一下，他做的示范好吗？好在哪里？有哪些不足？（也属价值判断和归纳性问题）

三、体育教师讲解设问能力的提高与修炼方法

通过上述分析我们可以看出，教师的讲解设问技能与其逻辑思维能力、语言表达能力、知识储备的丰富性、灵活运用和抓住时机设问、与学生的互动能力等很多方面相关。归纳起来，可以从以下几个方面提高体育教师的讲解设问能力：

（一）扩展与体育教学内容相关的专业知识

扩展与体育教学内容相关的专业知识既包括理论方面的知识，也包括相关运动项目、技战术方面的知识和身体体验。

（二）提高逻辑清晰、主次分明的语言表达能力

教师应注意在平时读书看报时有意识地分析他人运用语言表述事情的方式、表述的层次，逐渐养成分层、分条的表达问题的方式。另外，还需要提高自身的写作能力，从日常教学中的点滴小事开始记录、分析，逐渐提高语言的条理性。也可以在平时工作的各个方面有意识地加强培养，如教学总结、教案、课堂讲解等。

（三）加强语言运用的科学性和艺术性

1. 亲切感人，具有诱导性

在体育教学过程中，教师的语言要亲切热情，不能冷冰冰的，更不能带刺儿。特别是对那些技术水平、身体素质较差的学生，教师更要多鼓励、诱导，使其调整好心理状态，树立和增强完成动作的信心，让学生既感到师生之间关系平等，又感到教师谦虚可敬，进而乐于接受教师的教诲。

2. 词准意切，具有科学性

体育教师在教学中运用的词语必须词准意切，不能含糊其辞，特别是对技术概念、动作要领要讲得准确，对动作完成的质量也要有个相对客观的评价。这样，一方面可

以避免学生形成错误的动作概念，影响动作的掌握，另一方面也可以体现出教师的语言美。

3. 活泼生动，具有形象性

在体育教学中，运用生动有趣的语言能引发学生强烈的求知欲，调动学生学习的积极性。形象生动的讲解语言，不仅能使学生对教师所描述的技术动作有深刻的理解和正确的把握，而且也有利于调动学生的学习积极性。

4. 富于哲理，具有激励性

教师的语言应富有哲理，能使学生在学习过程中潜移默化地受到美的熏陶。如有的学生完成技术动作不理想时，教师可用"天下无难事，只要肯登攀"的名言鼓励学生；学生的测验成绩不理想时，教师可用"失败乃成功之母"等语言激励鞭策学生。这样有利于激发学生学习的自觉性、积极性，有利于上好每节体育课，达到良好的教学效果。

（四）获得反馈，及时调整

教师要善于观察学生的表情、态度、行为动作和对问题的理解程度，及时得到学生各方面的反馈信息，并准确地加以判断，不断调整自己讲解的内容、速度和方式，保持信息传播渠道的通畅，保证讲解的效率，提高讲解设问的质量和效果。

专题三 生动示范

示范是体育教学中应用最广泛、表现动作最直观、最易使学生接受的一种有效的教学方法，它能达到让学生"百闻不如一见"的直观效果。在体育教学中，教师在课上所做的准确、优美、协调而有节奏的动作示范能给学生留下深刻而美好的印象，具有强烈的艺术感染力。在实践教学中，教师良好的示范不仅可以明确揭示技术动作的结构、环节及重点，而且还可以引起学生跃跃欲试的心理反应，并形成良好的连续效应，即欣赏—羡慕—向往—实践的一系列心理变化。

一、体育教学中的动作示范

1. 动作示范法的概念

动作示范法是教师（或教师指定的学生）以自身完成的动作作为范例指导学生进行学习的方法。它是体育教学中最常用的直观方法，在使学生了解所学动作的表象、顺序、技术要点和领会动作特征方面具有独特的作用。生动优美的动作示范能激发学生学习的兴趣，增强学生学习的自信心。

2. 动作示范在运动技术形成过程中的作用

教学过程也是学生的认识过程，是从感性认识到理性认识的飞跃过程。不言而喻，教师在教学中运用示范动作，可以强烈地影响学生的感觉器官，使学生注意力集中在示范动作上，如此循环往复，学生的头脑中逐步形成鲜明的形象和明确的概念。同时，教师讲解示范动作，积极发展学生的思维活动，通过比较、分析、综合和归纳使学生认识技术动作各个环节的联系及其规律，把具体概念上升为抽象思维。因此，根据教学过程的具体情况恰当地运用示范动作是体育教师的必须具备的能力。

（1）动作示范的生理学基础。从运动生理学的观点来看，运动技术的形成过程即是建立运动条件反射的过程。学生初学动作时，常常表现出动作生硬而不准确，并有很多多余动作。教师即使由泛化讲解进入分化讲解，学生也会因为动作掌握得不够牢固，偶有刺激便会重新出现多余动作和错误动作。这是大脑皮质暂时的神经联系尚未形成，或者是这种联系还不稳定的缘故。在这个阶段的教学中，教师运用精练明确的语言和多做正确的示范动作，对帮助学生掌握动作是非常有效的。因为这种语言和示范动作的结合，可以使听觉和视觉中枢与运动区的动觉细胞建立暂时的神经联系，帮助肌肉产生正确的感觉，区分正确动作和错误动作。

因此，在体育教学中，教师必须以动作示范作为直观教学的主要方式，紧密结合示范，对运动技术动作做精练明确的讲解，使学生获得既生动又容易理解的体育知识和技能，从而获得理想的教学效果。

（2）动作示范的心理学基础。视觉、听觉和触觉接受的都是外界信息，而以视觉最为有效，学生通过视听神经，对所要学的动作形成一般的运动表象，反映动作在一定的时间、空间和力量方面的特点，如身体的位置、动作的力量、幅度、方向、速度、旋转等。在体育教学中，学生总是先从所重视的动作形象中去学习动作，因此，头脑中如不能形成正确而清晰的运动表象，就会在练习时缺乏模仿对象，练习的目的性不强，不能准确、有效地完成技术动作。

总体来说，生动的示范首先有助于学生形成、建立对动作的直观感受表象，这是动作学习的基础，其次有利于培养学生的观察、分析能力，而且各种形式的示范丰富教学形式，激发学生的学习兴趣。

二、体育教学中动作示范的内容

1. 动作示范技能的构成要素

在体育教学中完成一项教学示范，需要从几个方面进行考虑，这几个方面构成了动作示范的几个要素，包括示范目的、示范内容、示范方式、示范时机、示范与讲解五个要素构成（图1）。明确这些要素，对于教师合理有效地设计、运用示范从而提高教与学的效率，具有指导意义。

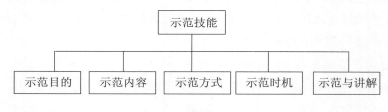

图1

（1）明确示范目的。采用什么方式进行示范取决于示范要达到的目的和作用，为此，教师必须依据学生的认知水平、教学目标、教材重点和难点来安排设计。明确教学示范目的是确定示范的出发点和主要依据，这需要教师有明确的认识和充分的课前准备。

（2）提炼示范内容。体育教学中需要示范的内容差别较大，如示范单个动作、多个组合动作、持器械动作、徒手动作、双方配合动作、动态战术以及安全保护与帮助的方法等，这里主要指具体的教学内容。一般来说，动作要素包括身体姿势、动作轨迹、动作时间、动作速度、动作速率、动作力量和动作节奏等。无论是哪种类型的技术动作都需要考虑其构成要素及其相互关系，有重点地进行示范和讲解。

（3）选择示范方式。在体育教学中，由于不同类型的运动差异较大，内容的呈现方式也各不相同，教师需考虑学生的各方面情况，因此选择何种示范方式取决于教师对整体的把握。教师需要考虑示范的组织方式、队形、示范位置、速度、分解或完整、徒手或持器械等，其目的都是为了使全体学生都可以清楚、明白地看到教师的示范动作，对动作过程有更加深刻的理解。

（4）确定示范时机。体育教学中的示范时机主要是指提出某个技术动作的不同技术环节的适当时机。由于中小学生学习运动技术时间相对较短，技能形成过程中较为精深的动作技术要领是逐渐被体会并表现出来的，因此，这就需要教师善于观察、勤于总结，结合学生的技能掌握情况及时深化技术要领，适时做出相应的示范，及时巩固动作技能，提高学习效果。此外，示范的时机还需考虑学生学习时的精神状态，将重点、难点内容安排在学生注意力比较集中、情绪高涨的时候进行示范讲解，这样会起到事半功倍的作用。而且，在教学的各个阶段，如新授动作、练习阶段、纠正错误、战术运用等不同时期，教师组织示范的时机也有一定差异，需要适时安排。

（5）示范与讲解。体育教学中的示范不是独立存在的，示范的目的是为了让学生更好地看清动作，对动作有个直观的概念，但由于动作技术是由身体肌肉来完成的，学生虽然能够看到很多技术外在的形态，却无法了解其身体肌肉之间的配合和变化过程，因此，教师往往需要边示范边讲解身体动作，甚至在此过程中需停下来进行分解式讲解，以加深学生对动作完成的感官认识和理解。

2. 动作示范内容的构成要素

在体育教学中，就具体教授的各种运动动作来讲，示范和讲解的内容也包含着几个主要要素，如身体姿势、动作轨迹、动作时间、动作速度、动作速率、动作力量以及动作节奏。将这些方面有机地讲解和示范给学生，是达成有效动作示范的重要保证。

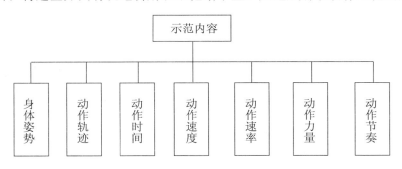

图 2

（1）身体姿势。指在动作过程中，身体或身体各部分所处的状态及身体各部位在空间中所处的位置，可分为开始姿势、动作进行过程中的姿势和结束姿势。

（2）动作轨迹。指在做动作时，身体或身体某部分所移动的路线，包括轨迹形状（直线、曲线、弧线等），轨迹方向（前后、左右、上下六个基本方向及各种旋转与环绕等）和轨迹幅度（长度、角度）。

（3）动作时间。指完成动作所需要的时间，包括完成动作的总时间（完成动作所需要的全部时间）和各个部分的操作时间（完成动作的某一环节所需要的时间）。

（4）动作速度。指在单位时间里身体或身体某部分移动的距离，包括平均速度、瞬时速度、初速度、末速度、角速度和加速度等。

（5）动作速率。指在单位时间内同一动作重复的次数。

（6）动作力量。指在完成动作时，身体或身体某部分克服阻力所用力的大小，是人体内力和外力相互作用的结果。

（7）动作节奏。指完成动作的特征，包括用力的大小、时间间隔的长短、动作幅度的大小及动作快慢等要素。

对于体育教师来说，在有限的教学时间内向学生讲明白一些技术动作并非易事，不仅要告诉学生"该动作是什么样的"，更为重要的是要说明"如何做到这样"的有效方法。因此，这不仅需要教师对技术动作要素结构有清晰的认识，而且还需不断总结学习有效教学的经验，提高体育教学效率和质量。在平时的教学中，教师也应根据示范内容类型的不同有所侧重。此外，结合示范的讲解能力也是示范有效性的重要保证。值得注意的是，动作示范必须要让学生对动作的了解更加全面、更加真实，应避免随意、简单比画的示范。

三、动作示范的主要形式与运用重点

体育教学中的动作示范方式是多种多样的，不同的运动技能、不同的教学阶段、不同的教学目的都可作为设计、安排示范方式的依据。如从示范的形式、目的及示范者等不同的角度来看，动作示范的主要形式包括教师示范、学生示范、合作示范、分解与完整示范、慢速示范、正误对比示范以及徒手与持器械示范等形式。这就需要教师充分研究教学目标，根据实际需要进行合理安排。

1. 教师示范

教师示范是体育教学中主要的示范形式，体育教师是教学中主要的示范者，尤其是在学生对很多运动技术接触和了解较少的情况下，教师在教学中需要通过生动直观的示范使学生建立初期的技术动作概念。

2. 学生示范

学生示范可作为教师示范的一种补充，在有些情况下，教师的示范和讲解无法同时进行时，教师通常会以某位学生的技术动作为例进行说明讲解。给技术动作掌握较好的学生一个展示的机会，既是对示范学生的一种鼓励，又可激发和调动其他学生的学习积极性。

3. 合作示范

体育教学中还有一些技术动作示范需要两个人的配合来展示，比如武术教学中的对练、太极推手、篮球的传切技术、排球的传球等，以展现相对完整、连贯的技术动作。此外，在需要外人保护的技术动作学习中，教师需与学生合作示范保护与帮助的方式、方法。合作示范的主导者和主要动作的示范者仍然是教师，在学习达到一定阶段时也可由学生之间的合作示范来展示。

4. 完整与分解示范

在教学的开始阶段，为了使学生建立一个完整的技术概念，让学生了解将要学习的技术动作的形式和结构，教师多采用完整示范。在不同的教学阶段针对不同的教学对象，为了突出表现某个技术环节，或者为了让学生更加清楚地了解技术动作过程，

教师往往需采用分解示范，分步慢速演示动作过程。尤其在难美性运动项目技术教学中，分解示范运用较多，但在多数情况下，分解动作与完整动作的技术要领有所不同，需处理好从分解动作到完整动作的转换。

5. 正误对比示范

有对比才会更清楚地看到不同。初学者由于对教师的示范没有深刻的认识，在练习中往往不容易觉察自己的错误动作。采用正误对比示范易于使学生强化正确的运动条件反射，抑制错误的运动条件反射，有利于学生改正错误动作，建立正确的技术动作定型。在作正误对比示范时，一定要向学生讲清示范的目的，防止由于示范动作不规范而引起学生嘲笑，使示范者的自尊心受到伤害，产生不良的教学效果。

6. 徒手与持器械示范

体育教学内容中的很多运动项目属于持器械完成的，这往往会将练习者的注意首先吸引到器械上，从而使其对技术动作自身的关注度减弱。如在篮球投篮的教学示范中，如果教师始终进行持球示范，学生自然会将注意力集中到教师投篮的准确度上去，而忽略了技术动作的完成过程。遇到这种情况时，教师需要采用徒手模仿示范的方式，使学生明确身体及身体各环节的移动线路、用力顺序、动作形式及动作方法等，然后再逐渐过渡到持器械的示范和练习。

7. 示范面与示范速度

体育教学中的示范一般包括正面示范、侧面示范、镜面示范和背面示范，此外，在示范过程中还涉及动态连续示范的方向问题，这些均应根据动作的结构、要求以及学生需观察的动作环节和要素（如速度、方向、路线）而定。正面示范指教师面朝学生做动作示范的方法，通常是为了显示动作左右和上下的移动或局部动作，正面示范一般适用于动作结构相对简单的动作，不适于学生领做。侧面示范是指教师身体的侧面朝向学生进行示范的方法，通常是为了展现动作的前后移动。镜面示范是指示范者面朝学生，示范动作方向与该动作原本方向相反，在面对学生时表现为与学生动作方向的一致性，主要适用于结构简单、对称的动作示范或领做。背面示范是指教师背朝学生做示范或领做的方法，一般适用于某些动作方向、路线变化比较复杂或身体各部位配合较难的动作，如连续的动作组合或套路等。

示范速度调整法往往是教师根据教学需要，为了达到不同的教学目的，有意识地调整示范动作的速度的一种方法。这些速度调整在动作学习的不同时期有所变化，如在首次演示新授动作时往往需要向学生展示动作的整体面貌，因此需要运用正常的速度来示范；在开始教授时，则需要采取慢速度的方式进行示范、领做，以便于学生能够清楚地看到每个动作细节，放大动作的要领和重点；而在学生学习了一段时间后则可根据提高的需要进行常速或高速的示范。而且学生的练习也可采用由慢到快的方式进行。

8. 生动示范案例

教师在把握了体育教学中示范的几种基本方式后，就可以根据教学的需要和示范内容的具体情况进行教学设计和创新，使示范教学获得良好的效果。

案例

对比示范的合理运用

某教师在给初中一年级的学生教授篮球的三步上篮动作时，先做了两个正确的动作示范，轻松准确地将球送进了篮筐，学生爆发出一阵掌声。接下来，该教师并没有作进一步的讲解，而是问谁能够出列做一次这个动作。学生们纷纷举手，教师请一名学生出来示范，该生基本上是抱着球向前冲了三步将球向上扔去，球没有进。教师鼓励道："没关系，一会儿注意认真观察。"此时，教师提醒学生："下面我再做两次这个动作，大家注意观察有什么不同。"于是，教师先做了一个"一小、二大、三前冲"错误的三步上篮动作；"再看下一个动作！"老师提示，并做了一个明显的"一大、二小、三高跳"的动作。"大家比较一下，哪个动作更有利于投篮？"学生大部分说后一种，也有个别人说前一种，这时，教师才开始进行更加详细地讲解，并分析比较了两种动作的区别，最后明确地告诉学生三步上篮的动作要领是"一大、二小、三高跳"。学生们这时恍然大悟，纷纷跃跃欲试，饶有兴趣地亲自体会动作。

上述案例中，教师很好地运用了对比示范，教学效果较好。首先，教师通过师生动作的对比，使学生清楚地看出教师动作的自如、准确，进一步激发了学生学习的动力；之后，教师自己做的正误动作的对比可以使学生比较清晰地认识到错误动作与规范动作的差异，从而可以有效地避免、纠正、弥补错误与缺陷，提高分析问题、解决问题的能力，从而达到更快、更好地掌握动作的目的。这样，学生在练习中就能做到有的放矢，加深对技术动作的理解与掌握，提高技术动作质量。

四、体育教师动作示范能力的修炼与提高

由于体育教学中的很多示范运用身体来表现，同时运用语言加以说明，这就存在一个普遍性的问题，随着年龄的增长，人的身体素质和运动能力是逐渐减退的，教师到了四五十岁如何能进行有效的动作示范，这就需要不断修炼、提高自己的真功夫了。

实际上，无论何种教学，教师在教的过程中也同时得到不断的提高，善于思考、勤于总结的教师将会随着教学时间、经验的积累，真正实现教学相长。同样，体育教师的修炼也是在这样一个过程中实现的，其关键在于，如何进行有效的思考和总结，从哪些方面入手。就动作示范这项教学技能来说，教师的提高和修炼涉及如下几方面内容：

1. 坚持做正确、标准的示范，积累身体动作感受，提高动作技术

尽管体育教师在从事体育教学时已经具备了一定的体育运动专业技术技能，但由于体育运动项目的多样性和各类项目之间的差异性，教师不可能对每一项技术都做到理解深刻、动作标准，这就需要教师在进行体育教学时，尽量能提前准备，以便在教学中积极演示正确的动作示范。这样，一方面可以使自己的运动能力长期保持，而且在不断的教学实践中对技术动作的身体表现力和理解力也会不断增强，长期坚持教学

能力会大大提高。

2. 关注个别学生，探索改进教学的会使教师的办法

教学的目的是让全体学生都能掌握教学的基本内容，常规的教学方法、手段对大部分学生来说是比较有效的，但也常常会出现一些特别的情况，如有些学生在身材条件、运动能力等方面存在不足。教师为了促使这些学生较好地掌握动作，就需要改变教学方法，进行新的尝试，同时，这些积极的探索对于教师的整体教学方法的运用也是一种补充和提升。

3. 加强理论学习，提高教学理论和实践动作教学的结合

随着社会的发展，教育教学思想也在不断丰富和变化，这些变化相应地体现在各个学科的教学中，体育教学也不例外。因此，伴随着体育教师教学能力的提高，其教育教学思想也应跟上时代的发展，以便进一步改进、完善教学，培养适应时代发展的人才。具体到体育教学中，教师还要学习与各运动项目有关的新的练习、训练理论，并与自身的教学实践结合起来，使形式更加丰富、教学更加有效。

4. 加强交流，取长补短

每一位教师都有自己的特长，每个人的专长也不尽相同，尤其是面对众多的运动技能，任何一个人都不可能样样擅长。因此，这就需要体育教师结合教学的内容需要，向其他擅长的教师请教，交流教学经验，这样可以较快地获得对技术动作的理解，进而做出比较标准的示范动作。另外，与学生的交流也很重要，即使教师的运动技术水平再高，讲解示范能力再强，但不同的学生在学习时也会有自己的理解，学生的身体运动基础也明显不同，这就要求教师根据学生出现的问题调整自己的教学重点，有针对性地做出示范，以使学生有效接受、吸收。教师在与他人的交流过程中，其教学、示范能力会快速得到提高。

专题四　保护帮助

　　学校体育是学校教育的重要组成部分，它肩负着为社会培养全面发展的人才的神圣使命，它的基本任务就是增进学生的健康、增强学生的体质。众所周知，体育是由角力活动、非正常体位活动、剧烈身体活动、器械活动、野外活动、极限探险运动等构成，因此，体育运动是一种与危险同在的文化活动。正确对待体育教学中的安全问题和实施安全教育，消除安全隐患，是体育教师的工作职责。

一、体育教学中的保护与帮助

　　保护与帮助是教师在体育教学中为保障学生安全，加速动作的学习过程，促进技术的提高，直至独立完成动作所采取的一切手段的总和。

（一）保护

　　为防止练习中意外事故的发生而采取的安全措施叫保护。它包括发生危险时的安全措施和未发生危险时的预防措施，包括自我保护和他人保护。

　　1. 他人保护

　　为防止学生由于技术不正确或意外等原因而发生危险而采取的安全措施叫他人保护。他人保护又包括教师保护和同伴保护两种。

　　保护者应根据项目的特点和动作的结构，站于合适的位置，自始至终仔细观察练习者完成动作的情况，做好保护的准备，一旦练习中发生危险，即运用接、抱、拦、挡等手法，使其停止或减缓运动速度，避免撞击器械、摔倒。

　　2. 自我保护

　　为防止由于技术不正确或意外的原因而发生的危险，练习者运用特定的技巧摆脱危险的措施叫自我保护。

　　自我保护方法一般有以下几种：

　　（1）紧握器械（以体操为例），及时停止练习或跳下器械是最简单而常用的自我保护方法。

　　（2）利用惯性顺势做屈臂、团身、滚动、滚翻、空翻或下蹲等动作，以减缓冲击地面的力量。这种方法经常用于疾跑中失去重心将要摔倒、跳起落地、跳马或从高处落下的情况。

　　（3）改变身体姿势或动作性质。如做单杠"骑撑前回环"不能上杠时，可立即改为挂膝并及时改成双手正握。

（二）帮助

　　在学生练习的过程中，教师及时给予助力、信号或放标志物和限制物等，使练习者更快地建立正确的动作概念，更好地掌握、改进和提高动作技术而采取的措施叫帮助。

帮助分直接帮助和间接帮助两种：

1. 直接帮助

帮助者直接加助力于练习者，使其更快地建立正确的动作概念，更好地掌握、改进和提高动作技术的措施叫直接帮助。

直接帮助是一种最基本、最简便、最常用的帮助方法。其一般的方法是：帮助者站于合适的位置，运用托、顶、送、挡、拨、拉、扶、推、按、搓等手法，帮助练习者完成动作。要根据具体项目、动作的具体情况灵活运用帮助方法。

2. 间接帮助

间接帮助是帮助者不直接给予练习者以助力，而是通过信号、标志物和限制物等手段，使练习者掌握正确的用力时间和节奏，体会身体所在的空间方位，尽快地学会动作和提高动作质量的一种措施。

信号包括语言、呼声和击掌等，用以指示发力的时机、动作的节奏，用于引导学生建立正确的时间概念。如帮助者发出"用力""伸""压"，或通过数"1—2—3！"等信号，帮助练习者掌握用力时机和动作节奏。

标志物和限制物包括绳、竿、球、手帕等醒目的物品，用以指出运动的方向、标志动作的幅度、限制动作的范围，以帮助学生建立正确的空间概念。如在进行俯卧式跳高时，在助跑的前上方吊标志物，以示摆、穿腿的方向。

为了达到保护与帮助的目的，可借助专门的器材设备进行，目前常见的主要有保护滑车、保护腰带、护掌、保护手套、泡沫海绵垫、海绵包、沙坑、稻草坑、海绵坑以及各种形式与高度的保护凳等。借助器材设备实现保护或帮助的最大特点是安全、可靠，有助于增强安全感，消除教师与学生的紧张、害怕心理，提高学生学习掌握动作技术要领的速度。需要注意的是，保护器材在使用前，必须经过严格、细致的检查，在操作中，保护者要全神贯注。

（三）保护与帮助的作用和意义

体育教学中的保护与帮助，不仅是学生掌握运动技能的需要，也是防止运动损伤的需要。新的课程改革提倡让学生"学会学习"，体育教学应同样重视对学习方法的指导。学生在体育学习过程中，从初学到逐步掌握运动技术，不可避免地会出现一些错误动作，从而影响动作完成的质量。纠正错误动作与保护帮助可引导学生初步掌握体育学习方法。同时，错误动作如果不能及时得以纠正、改进，不仅会影响学生正确技术动作的掌握和学习兴趣的提高，而且还可能导致不必要的运动伤害发生。

进行保护与帮助是体育教学的特点之一，是教师在体育教学、训练中经常采用的一种有效的教学手段和防止运动创伤发生的重要安全措施。正确地运用保护与帮助，不仅能使学生减轻身体及精神负担，消除顾虑，增强学习信心，而且能使学生正确地体会动作要领，尽快地建立正确的动作概念，掌握动作技术和提高动作质量，尤其是具有一定难度的较复杂动作，离开了保护与帮助，就无法进行教学与训练。所以说，保护与帮助既是缩短教学过程的有效手段，亦是学习具有难度的动作的必需措施。

保护与帮助作为体育教师实施教学、训练的基本技能之一，同时也是通过体育教学过程对学生进行安全教育的重要内容。学生通过实际操作，既学到了帮助与保护的技能，又提高了观察能力、分析能力和纠正错误的能力。与此同时，这对培养学生团结互助的集体主义精神亦有着积极的作用。

二、体育教育教学中保护与帮助的缺失及其后果

案例 1

天津市某中学初中三年级学生在操场进行铅球考试。学生张某与老师同处禁区，老师要求其他学生离开禁区后即转身发令。此时手托铅球的王某随着老师的发令声将手中的铅球投掷出去，铅球径直向老师身上飞去。老师敏捷地踱出一步，铅球击中张某的头部，张某重伤。

案例 2

在山东平邑县一所中学的体育课上，教师组织学生学习单杠跳上成支撑，后摆下。学生张某在做动作时用力过大，支撑点太靠下，造成身体向前翻转，他在慌忙中脱手，落地时手背着地，身体又重重地压在手上，到医院检查，结果尺骨、桡骨均骨折。

造成这两起伤害事故的最主要原因是，教师考虑不周，没有充分意识到安全隐患的存在。教师虽然强调注意安全，也安排了学生进行保护和帮助，却没有详细介绍保护与帮助者的正确站位与预防摔倒的方法，致使参与保护与帮助的学生思想上不够重视，想当然地认为事故不会发生。

体育教师在教学实践中应本着"安全第一"的原则，排除隐患早预防，教会学生实施保护与帮助的正确方法和技巧并引起他们的注意，想方设法保证学生安全，要认真备课，全面考虑，备好体育课的每一个环节。

此外，体育教师的保护意识应该贯穿于体育课教学的每个环节。

三、体育教师保护与帮助能力的修炼

从近几年体育教学和训练中的伤害事故来看，原因往往是多方面的，但有些伤害事故的发生，体育教师负有不可推卸的责任。究其原因，其一就是教师缺乏足够的爱心和责任心，对学生关爱不够，忽略学生的安全问题。更为重要的是教师缺乏丰富的专业知识和高超的保护与帮助技能。这种技能包括对场地器材进行安全布置的技能、对运动器材进行检查和保养的技能、对学生的身体和技能状况进行准确判断的技能、把握教材的难易度与进行帮助与安全保护的技能、指导学生进行帮助与安全保护的技能、对紧急伤害事故进行正确的初步处置的技能等。因此，体育教师加强正确实施保护与帮助技能的学习与修炼十分重要。

(一) 要区别不同教学阶段中的保护与帮助的运用

运动生理学指出，动作技能的形成可分为泛化、分化和建立动力定型三个阶段，

即粗略掌握动作阶段、改进提高动作阶段和巩固与运用自如阶段。不同阶段的学生对动作的掌握程度不同，对保护与帮助的要求也不同。尽管教学对象千差万别，保护与帮助在具体运用中不尽相同，但从总体上来说，第一阶段一般以帮助为主；第二阶段以保护与帮助交替运用为主；第三阶段以保护为主，鼓励学生独立完成动作。

（二）要遵循运用保护与帮助的一般原则

1. 保护者所站的位置要合适

一般而言，保护者站立的位置应靠近容易发生危险的地方，具体位置必须根据各个项目的特点及具体动作的结构而定。如技巧项目（滚翻、手翻和空翻等动作）的特点是移动距离相对较大，保护者的位置必须适应这一特点。在做向前动作时，保护者应站于前侧方；在做向后动作时，保护者应站在后侧方；在做向侧动作时，保护者应站在背侧方，并随着动作的进行相应前、后、左、右移动，保证始终站在合适的位置；在做转体动作时，保护者应站在转体方向的异侧方。

2. 实施保护与帮助的部位要正确

正确的部位就是发挥助力最大效应的地方，它是根据具体动作的结构而确定的。一般而言，主要的助力作用点是在人体总重心附近的部位上或运动轴两侧的身体部分的重心附近部位上。

3. 实施保护与帮助的时机要恰当

掌握好时机，是保护帮助的关键，也是促、帮的技巧所在。只有恰到好处的保护与帮助，才能充分起到积极作用。过早、过晚的保护与帮助则成为阻力而影响动作完成，甚至造成人为的伤害。

（三）保护与帮助的力量要适度

助力的大小必须根据学习的过程和学生的技术水平、身体素质以及动作的难易程度而定。一般情况下，在学生的初学阶段，教师给予的助力应大些，随着学生动作能力的提高，教师应逐渐减小助力，直至最后使学生能独立完成。此外，对技术水平较差、能力较弱者，所给助力相应要大，反之则小。若教师不论对象、不管具体情况，均给予同样大的助力，或以为助力越大越好，都会影响学生对动作技术的掌握。

（四）保护与帮助的重点要明确

保护的重点是身体的要害部位和最易受伤的部位。首要的是头颈部，其次是上肢，要避免头部直接着地和直臂手撑地。

（五）保护者要有高度的责任感

保护者对保护、帮助的意义要有足够的认识，意识到保护工作对学生安全的重要性。具体表现为：在保护中应耐心细致，精神集中，并有任劳任怨的工作态度；在关键时刻应有舍己救人的精神，能全力以赴，确保学生的安全。

（六）要熟悉动作过程及技术特点，掌握正确的保护与帮助的方法

体育教学中，不同的项目、不同类型的动作，都有着各自的技术特点，但也有一定规律。首先要掌握技术的一般规律，同时又熟悉每个动作技术的特点，才能明确完

成动作的关键及可能发生危险的情况，才能正确地运用保、帮的一般原则，做到位置合适、部位正确、时机恰当、力量适度。

（七）要了解学生的特点，做到区别对待

学生的情况不同，各具特点。保、帮者必须根据学生的不同特点给予区别对待。首先，要熟悉学生对动作技术的掌握情况；其次要根据学生的性别、年龄，了解其身体素质和心理素质的特点。此外，还要了解学生当时的体力与思想状态。只有全面了解，保、帮才能恰到好处。

（八）要有的放矢地选择教学方法和手段

（1）针对技术性较强、有一定危险性的项目，在技术动作的教学过程中，教师一定要循序渐进，由易到难、由简到繁，通过挂图、录像或其他多媒体教学手段，让学生初步掌握动作的要领，了解动作的重点、难点及容易出现错误和危险的环节。同时，要严格要求学生按照规定进行练习，对不同素质的学生也要做出不同的要求，及时纠正错误动作，以防止在完成高难度动作时出现事故。

（2）对于难度较大的内容应尽量采用分段式教学。如教授跨越式跳高时，先进行助跑、起跳练习，再进行过杆练习，这样学生学习起来比较轻松，也避免了完成难度大的动作时受伤的可能性。

（3）对容易出现伤害事故的教学内容，如铅球等投掷性项目的教学，应拉大投铅球学生的间隔距离，并统一按口令投掷、捡器材，这样可以大大降低学生受伤的可能性。

（4）对一些对抗激烈的集体性项目，教师要明确纪律要求，控制好学生的情绪。当学生兴奋度过高、场面稍乱时，教师要有意识地暂停练习，简单地讲评后再练习。

总之，保护与帮助是一项较为复杂的工作，它具有一定的技巧性和艺术性。作为保护者，需要敏锐的观察、积极的思维、正确的分析和及时的判断，从精神、助力上给学生以保护与帮助。

案例

自制双杠保护带和红袖标

北京石油大学附属中学索玉华老师的体操双杠观摩课，教学对象是高中二年级男生。教学目标是复习双杠分腿坐前进，初步学习杠上前滚翻成分腿坐，使70%的学生在保护帮助下完成动作。教学难点是掌握换握杠的时机。在双杠的基本教学部分中，针对教材内容难度较大，并且存在一定的危险性的问题，教师自制了双杠保护带和袖标，用于帮助学生练习双杠前滚翻分腿坐动作。学习内容为在保护帮助下体会分腿坐、收腹提臀、分肘动作。对应的保护和帮助描述如下：臀部带有红袖标的保护者站在练习者的侧前方，在其前倒提臀时，一手扶腿、一手在杠下托肩。在学生利用自制保护带做杠上前滚翻成分腿坐的动作时对应的保护与帮助是：臀部带有红袖标的保护者站在练习者的侧前方，在其前提臀时，一手拖腿、一手在杠下托肩，在练习者换握时，换托其腰背部，以帮助其完成动作。学生在双杠保护带的保护和帮助下克服了害怕心理，踊跃尝试，较好地完成了教学目标。

器械体操中的单、双杠教材对促进高中学生身体和心理发展有特殊的锻炼价值。上述案例中教师根据高二学生的身心特点，大胆地选用了技术难度较大的双杠前滚翻成分腿坐作为教材内容，并自制了双杠保护带及袖标标志等教具，不仅为学生学习这一教材提供了安全保障，消除了学生的惧怕心理，而且也有利于学生循序渐进地掌握动作。同时，这种学生之间耐心、细致的保护可以培养学生关心他人、互帮互助的合作意识以及积极向上的团队精神。

专题五 领会教学

你是否注意到这样的情境总在上演：上课前学生走进球馆，问道："老师，我们今天打不打比赛？"

作为体育教师，我们常被这样的问题困扰：我们的教学目标是什么？教学重点在哪里？是技术，还是运动项目及规则？如何能够让学生了解和领会球类运动的精髓？对这些问题的思考，使我们不断进行体育教学方法的研究与创新，这也正是今天方兴未艾的领会教学法产生的重要原因。

一、何为领会教学法

"领会教学法"原文称为 Teaching games for understanding，简称为"TGFU"，翻译成中文曾有很多说法，比如理解式教学法、游戏比赛理解式教学法、球类领会教学法等。

领会教学法与传统以教授技能为主的"技能教学法"截然不同，它实际上是一种以学习为中心的体育教学方法，是将体育教学透过修正、简化的游戏或比赛的方式，使学习者在游戏或比赛的学习情境里，通过个人的思考或团体的讨论来理解整个游戏或比赛的运动规则、自身所欠缺的运动技能及其需要运用的战术战略，从而实现运动技能的学习，并增强对游戏或比赛的兴趣。它强调以明白该球类活动的玩法及学习战术为主，鼓励学生多思考，增强学生的学习兴趣及成功感。领会教学法使学生学会比赛中的战术与技能，培养学生在各种球类运动比赛中解决问题的能力。

二、从"技能"向"战术"的转变——领会教学法的理念

（一）强调"技能"的传统教学法

球类运动是一种结构精细复杂、活动环境变幻莫测、对抗性很强的运动项目，深受青少年的喜爱。过去，由于体育教师的培育养成及学习运动的历程所限，球类教学主要关注技能教授，教师深信学生掌握技能后便可以将技能运用于比赛之中。一般球类课的模式是先教技能及练习，然后介绍战术、模拟比赛或游戏，即让学生先掌握一般技能再接触正式比赛及规则，教师假设学生掌握了技能一定可以运用于比赛中。但事实上，即使学生在课堂练习时有良好表现，在比赛中也未必理想，这种情况对于学习能力差的学生尤为显著。

20 世纪 80 年代，很多体育学者均批评这种重视技能教授的教学法，认为学生在课堂中练习的只是"书本"技能，在比赛情景中易出现运用的问题。技能教学法忽视

了球类运动项目自身的特点，忽略比赛的动力，只教授给学生学习技能，产生的问题是学生不会明白何时、何地及为何要使用这些技能，对技能缺乏理解，这造成他们或因能力问题没能掌握动作，或因缺乏实战经验无法发挥和运用技巧，最终对学习失去信心或兴趣，有的甚至从此不敢问津球类运动。

（二）强调"战术"的领会教学法

20 世纪 80 年代，英国 Loughborough 大学的 David Bunker 和 Rod Thorpe 在观察传统以技能为主的体育教学的过程中，发现了以下的现象：

（1）学生喜欢游戏和比赛，然而体育教学常常未能与真实的运动比赛情境结合，学生的学习动机不高，也无法达到学以致用的效果。

（2）大部分学生的技能进步程度有限，而且获得的成功经验很少。

（3）体育教学无法刺激学生思考，致使学生临场比赛不知变通且缺乏作适当决定的能力，在活动进行时，常依赖教师和教练作决定。

（4）一个口令一个动作的授课方式，让资质高的学生未能一展所长，而能力低弱的学生敷衍了事，无法兼顾个别差异。

（5）大多数青少年在离开学校后，对运动规则、战术与技能的了解非常有限。

球类比赛不单只要求技术，也考验学生能否作出实时判断的能力。学生未能将所学的技能运用于比赛，究其原因，正是学生未认识比赛的特质、不能在适当情况下应用合适的技术。所以 Bunker 和 Thorpe 建议球类教学应先学习判断而后掌握技能，即先学如何实践而后掌握技能，此概念后被称为球类领会教学法。

体育教学的目的是通过教学让学生有所领会，引发学生去独立思考，体会运动的精髓，培养终身运动的习惯。如果过于着重于技术的教学，而忽略其他层面，学生就会如同运动机器，不会做得出色，而且会渐渐失去对课的兴趣，甚至失去对运动本身的兴趣。

以学生为中心的领会教学法模型理念是在一个全纳的、非威胁性、高度激励的环境中，以仿真比赛和战术学习为中心，把学生学习的焦点放在认识比赛和战术上。这种环境可以为学生提供最佳的学习机会。教师或教练充当问题情境的创造者。领会教学模型指导学生在学习如何实施一个技术前先了解为什么要采用这个技术，先理解战术策略。换句话说，领会教学法强调学生在运动技术教学前对战术的更深入领会。Thorpe 说："TGFU 的基本理念是一个人可以在技术有限的情况下打比赛，甚至可以很有竞争力。"领会教学法将教师的注意力从对教学的"控制"转向对学生"学习"与"理解"的指导上，学生的学习不再是无目的或被动的。

（三）享受参与——领会教学法的特殊意义

在领会教学法中，学生和运动员在学习比赛的过程中被看做积极的参与者（精神、身体、情感），因为他们以各种方法了解比赛，总是处于领会比赛的状态，以不同的速度进步。因此，领会教学法强调个人、社会与环境的适应过程。

领会教学法有如下特点：

（1）改变了传统以技能为导向的教学。

（2）不受器材设备的限制。

（3）强调学生的主动学习。

（4）培养思考及与人合作的精神。

（5）提高学生的学习兴趣。

领会教学法创设一种环境，学生可通过批判性思考和解决问题提出自己的意见和答案。这种方法将运动技能改为分步运动，使学生更成功地完成复杂的技能。当学生在特定任务中开始发展他们的技能时，领会教学法可以促进他们积极参与，在简单项目或不太需组织的项目中发展技能，为整个班级建立一个平等的游戏平台。许多技能、技术和策略可以在项目间迁移，领会教学法让学生理解这个迁移过程，并因此增强比赛竞争力，同时实现快乐学习。这个模式不仅对学生有利，对教师也有利。

三、领会教学的操作方法

有的教师会问，既然是领会教学，那就让学生自己体会好了，扔个球玩就行了，可这不就又成了"放羊"吗？领会教学法具体如何操作？

（一）领会教学法的教学程序

1. 两种教学方法的程序比较

我们先来比较一下传统教学法与领会教学法的程序，就会对领会教学法有清楚的认识（见表 4）：

表 4　两种教学方法程序的比较

传统教学法（技能）	领会教学法（战术）
1. 技能执行	1. 比赛
2. 比赛形式	2. 领悟比赛
3. 表现	3. 战术意识
4. 决定	4. 决断力
5. 战术意识	5. 技能执行
	6. 表现

2. 领会教学法的教学模式

Bunker 和 Thorpe 将领会教学法的教学阶段分为六个部分：游戏或比赛、运动赏识、理解战术、作适当决定、技能执行、比赛表现。他还提出了领会教学法的课程教学模式图（见图 1）。

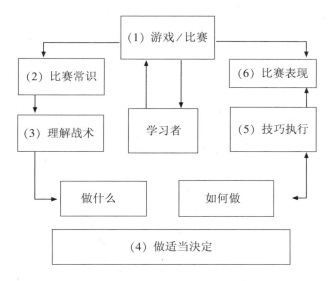

图1　TGFU课程教学模式图（取自 Bunker&Thorpe，1986）

领会教学法以"项目介绍"和"比赛概述"作为学习某项球类运动的开始。教师通过讲解，让学生了解该球类运动项目的特点和比赛规则（如比赛的场地、比赛时间的限制、得分的方法等）以及比赛所涉及的基本技巧，从而使学生在最初接触该运动时，就对如何参与该运动有较清晰的认识。

教师先安排学生参与小组模拟比赛，然后从旁观察学生在比赛中遇到的问题，接着中断比赛，继而向学生发问以促使他们思考比赛时所需的战术，并选择能取得最佳效果的技能，从中领悟比赛战术实践的要求。教师在此过程中也穿插教授基本技能以配合比赛的需要。学生再回到小组模拟比赛，教师再从旁观察学生遇到的问题。整堂课以模拟比赛及讨论形式循环进行。

（1）游戏/比赛。首先安排小组模拟比赛。比赛规则、运动器材、场地大小等因素是依照学生的条件而修改的，尽量不失其原来的运动风貌。将所欲教导的技巧融合于游戏或比赛中，创造一个尽可能与真实运动情境相符合的简单游戏或比赛，让学生在竞争性的活动中提高学习的兴趣与享受运动的乐趣。将运动情境和问题呈现，让学生主动探究并思考解决的策略。

（2）比赛常识。在比赛常识这个阶段，学生认识比赛的规则并了解如何进行比赛。学生在上述的球类比赛情境中与周遭环境互动，并建构他们的体育知识（Nicholas 等，2002）。例如，在二对一抢球游戏中，可以引导学生了解篮球规则中两次运球是犯规的，且明白篮球是一项团体性的运动，可借由队友之间传接球攻入对方的领域。

（3）理解战术。在游戏或比赛进行一小段时间后，教师根据观察所发现的问题，与学生相互讨论，共同思考解决的策略，进而协助学生对基本的战术有所了解、体会与运用。例如，在 2 对 1 抢球游戏进行一段时间后，教师集合学生，提出问题"假如我们的传球路线被抢球者阻隔，想想看有哪些可以传球给队友的方式呢"，引导学生回答高调球、弹地球等。教师提问"假如传球路线被阻隔，我们如何支持队友传接球呢"，引导学生回答移动位置去接应队友。

（4）作适当决定。这个阶段包含两个基本的决定：

"做什么"——在千变万化的运动环境中，学生能辨识各种信息和预测可能的结果，决定应该做什么。

"如何做"——学生能选择可产生最佳效果的动作技能。因此不论学生资质高低，能力优劣，鼓励他们各司其职、各展所长、依自己的能力作出适当的决定。

（5）技巧执行。学生在对比赛过程有所了解后，体会到某种技能的重要性时，将会努力练习。因此，在学生进行小组比赛时，教师可依照学生的能力及个别的需要，教学生各项基本动作的要领和运用技能的诀窍，而技能的练习应尽量符合真实之运动情境，以期使学生学以致用。这样不但能克服个别差异的问题，更能提高学习动机，增进学习效果。

例如，学生在了解篮球运动传球、移位与假动作的价值后，会较积极去练习这些技能。学生学习动作技巧后，通过反复练习和比赛来巩固动作技能，并能综合运用战术观念，作出适当的决定，进而提升比赛的表现。

（6）比赛表现。教师在这个阶段扮演回馈者的角色，应该针对学生在上一阶段所学习的技能给予回馈。例如，在篮球游戏或比赛中，学生在接到队友的传球后，能考虑当时周遭的情况，自我决定采取运球、传球或投篮的技能，并且能够有效地执行。

（二）领会教学法的内容分类

领会教学法（TGFU）的课程模式概念架构图（Mitchell，Griffin，&Oslin，2003）将球类运动分为标的性运动、网/墙性运动、打击/守备性运动和侵入性运动四类，具体见表2：

表2　领会教学法（TGFU）的分类系统

种类	主要规则与目标	战术与原理	实例
标的性运动	击球至比对手更接近目标的位置且能避开障碍物而得分的运动	瞄准目标，判断目标与障碍物的位置，挥杆和改变方向	木球 保龄球 高尔夫球
网/墙性运动	将球击入对方的场域内，使对方无法有效回击而得分的运动	选择攻击与防守位置，强有力地攻击或放小球	羽球 网球 排球 壁球
打击/守备性运动	击中球且能安全地上垒而得分的运动 将球接杀或在对手上垒前封杀 尽量让对手无法击中球	攻击方： 跑垒得分，准确地击中球，避免三振出局 守备方： 阻止对手跑垒得分，设法使对手无法击中球 让打击者出局	棒球 垒球 板球

续表

种类	主要规则与目标	战术与原理	实例
侵入性运动	设法进入对手的场域内，攻击目标而得分的运动	攻击方： 得分、侵入、保持球权 防守方： 阻止对手得分、防守我方阵地、设法获得球权	足球 篮球 橄榄球

（三）课程设计

（1）游戏。设计简易性游戏与比赛来引导学生思考战术问题。

（2）战术。设计能发展理解战术的问题，使学生理解要"做什么"来解决问题。

（3）技能。设计技能练习任务，使学生尽可能在比赛情境中练习能解决问题的基本技能。

（四）课堂管理

（1）学生进入上课场所后，教师设计简易性的游戏或比赛作为课堂中的热身运动。

（2）教师要面对众多的学生，因此学生必须学习相互合作，才能够进行有意义的学习。

（3）可采用 Siedentop（1994）所提出的运动教育课程模式，运用团队编排、分配简单的角色和责任来发展学生的运动能力。

（五）教学策略

（1）教师运用综合性的教学策略来实施领会式教学课程。

（2）教师设计战术问题情境或目标情境，促使学生在回答的过程中寻求解决之道。

（3）学生练习能解决战术问题的技能，此时直接教学应该是最佳的教学形式。

（4）教师应该根据学生的能力，修改练习任务的难易程度。

（5）结构性的问题是教学计划过程中不可或缺的要素，问题的形态可分为时间、空间与选择三种类型。

（六）教学评价

教学评价应改变以往教师主导的形式，转化成一种让师生对教学共同负责的方式。领会式教学评价方法依据学习目标可分成技能评价、认知评价、行为与社会化评价、情意评价四类。

1. 技能评价

技能评价主要指单项技能、运动比赛表现评量。运动比赛表现必须是真实评量，即必须在真实的运动比赛情境中进行评价，而评价的内容包括控球时和未控球时作决定的能力。

以下是一个排球比赛表现评量：

班别：三年五班　组别：A　活动名称：排球——触电比赛　日期：

评价项目：（1）作决定。比赛中控球时作出适当的决定。

　　　　　（2）技能执行。有效表现出所选定的动作技能。

（3）防守移位。有效地阻绝传接球路线做抄截。

（4）支持接应。移动至适当的位置，接应队友传球。

（5）补位配合。适当移位，使对方制造进攻的失误。

评价标准：

表现优良 5 分，表现良好 4 分，表现尚可 3 分，表现不佳 2 分，表现低劣 1 分。

球衣号码	姓名	作决定	技能执行	防守移位	支持接应	补位配合	总分
4	王小宝	3	2	4	4	3	16×4＝64
5	陈大智	4	5	4	5	3	21×4＝84

2. 认知评价

认知评价针对学生对运动知识的理解与认识程度，包括学生知道且能明确表达解决战术问题的能力，并且能解释如何执行特殊的技能与动作。认知评价的方式如下：

（1）问答。教师向学生提问关于进行比赛时应该做什么与如何做的问题。如在羽毛球教学中，教师可向学生提问："在羽毛球单打比赛中，假如你现在打高远球诱使对手向后场移动，对手前场出现空位，请问现在你应该做什么？""现在对手的前场出现空位，请问你应该如何做才能把球回击到对手前场的位置呢。"

（2）学生日志。教师可以在综合活动的时间，引导学生就比赛战术、运动规则、运动安全与礼仪、运动礼仪等问题搜集资料并进行思考，书写在学生日志或运动比赛表现测验试题上。

一、比赛情况：在足球比赛中，假如你是乙队球员控有足球，请问你如何与队友 2 号合作进攻射门？请用书写与图画的方式回答。

守门员

甲 1　甲 2

乙 1　　乙 2

我可以：

图 2　运动比赛表现测验题示例

3. 行为与社会化评价

教师必须在教学中来引导学生形成良好的行为，使学生能尊重他人、关怀社会、培养互助合作的精神。行为与社会化评量方式有全班讨论、学生日志、良好的个人运动道德等。例如：

良好的个人运动道德

姓名：   班级：   日期：

符合程度	说明
	我会和队友同心协力、互助合作。
	我会避免做出可能会对同学造成伤害的动作。
	我会称赞队友或对手的优良表现。
	我在比赛中能够以正向的方式公平竞争。
	我会包容队友的错误并给予队友适当的协助。

1. 非常符合；2. 大部分符合；3. 偶尔符合。

4. 情意评价

情意评价的目的在于了解学生在运动比赛中所发展的感觉或情感，希望学生能在活动情境中了解和尊重个别差异，而且能在身体活动中获得乐趣，情意评价的方式如下：

（1）学生日志。如让学生记述"你和对手对抗时有什么感觉"。

（2）角色扮演。如让学生担任教练、裁判、球员等角色。

（3）态度量表。如学生对某种运动的喜爱程度。

（七）运用领会教学法的常见问题

领会式球类教学能提高学生的学习兴趣，有助于培养学生的思考与应变能力，使学生学习的主动性、认知性、创造性与参与性显著提高。然而领会式球类教学以比赛形式为主，需较大的活动空间，同时，因其强调学生的自主能力，因此活动秩序较难掌控与管理，需要教师有十足的创意去施教，否则将难以达到预期的效果。

很多教师在进行领会教学法时常会遇到困难，如学校场地小，每班学生人数多，参考数据不足，评估方法未完善，学校不支持，因强调学习战术，学生欠缺技巧练习而难于进行比赛等。

其中"学校场地"和"每班学生人数"因各学校的条件不同而有差异，不是短期就能改变的；领会教学法引入我国十几年了，国外的"参考数据"翻译得很多，而且国内的研究也在不断进行，参考数据方面会逐步改善。除此以外，其他各种困难则会因教师能力的提高迎刃而解。

（八）对领会教学法的教学建议

通过本专题的介绍，相信各位教师对领会教学法已有初步认识，但如何应用于日常教学中，还有待尝试和实践。以下是领会教学法的一些教学建议。

①由于整课堂均是以仿真比赛及讨论模式循环进行，教师必须适当分配时间，以让学生有足够的活动时间。

②当安排小组模拟比赛时，教师必须将技术相当的学生安排为一组，否则技术差异必定影响学生的学习。

③由于大部分小组模拟比赛均采用一对一、二对二、三对三或一对二、二对三安排，教师可将场地预先划分为若干区域以配合小组仿真比赛。

④场地、人数的安排也要配合战术的学习。如用网的球类活动可分为数个窄长的场区等。

⑤安排小组模拟比赛时要从简单而富趣味的活动开始。

⑥教师必须注意提问技巧。

⑦教师必须先了解及认识所教授的球类的基本进攻及防守战术原则，再由浅至深地安排战术教学活动。

⑧教师可加插基本球类技术教学，以配合学生参与模拟比赛的需要。

四、领会教学法案例介绍

体育教师在教学中扮演举足轻重的角色，采用何种教学法较好甚至有效见仁见智，传统的体育教学早已实施多年，也成果颇丰。领会教学法虽引进国内不久，但与现今体育与健康课程目标有契合之处，值得体育教师深入了解与探讨。领会教学法能协助教师以有限的时间给学生"带得走的知识、带得动的能力"。

下面介绍几个项目的案例，以便更直观地了解领会教学法的具体操作。

案例 1

篮球①

球类游戏：持球 3 秒以上的防守抢球（2 传 1 抢）

规则：

（1）持球者须持球超过 3 秒才能把球传出。

（2）持球者不可持球走或运球。

（3）防守队员如能利用手部触摸到球，就算抢截成功（脚踢到不算）。

（4）被成功抢截的防守球员要当防守者。

教师提问：

（1）持球者如何保护手中的球并把球安全传出？

答：利用身体挡住对方以作保护；利用中枢脚做旋转配以假动作骗开抢截球员后传球；也可在抢截者还没来得及抢截时做快速隐蔽传球。

（2）若传球路线被抢截球员隔着，你会采用哪些传球方法避开抢截者呢？

答：利用高吊球或反弹传球。

（3）接应的队友应怎样协助队友传球呢？

答：移动自己的位置去改变同伴传球路线，使防守者难以捉摸。

练习：

（1）持球者练习中枢脚旋转，旋转时注意身体要挡在球与抢截者之间，持球 3 秒

---

① 廖玉光，殷恒婵. 球类领会教学法［M］. 北京：北京体育大学出版社，2006. 45.

后把球传出。

（2）抢截者做消极抢截。

（3）持球者传球后便要充当抢截球员。

案例2

羽毛球——来回击球①

规则：

（1）2人1组，取大乒乓球拍及羽毛球1个。

（2）每组各占用整个羽毛球场的1/4，底线为单打边线。

（3）比赛时，球必须高过人的高度。

（4）比赛采用6分计分法，连胜3场者要退场。

学生提问：

比赛时，怎样可有效地接到对方的球？

答：移动要快，尝试预计球的落点。

教师提问：

（1）用大乒乓球球拍代替羽毛球拍，有什么不同呢？

答：大乒乓球球拍较短，故较难接较远的球。

（2）哪些球较难接？

答：球在人的前方或后方时较难接。

（3）怎样可以有效地接到这类球呢？

答：移动要快，尝试预计球的落点。

（4）为了增加得分机会，我们用羽毛球球拍代替大乒乓球球拍进行互相对打比赛，试看结果怎样？

答：羽毛球拍比较容易发力又有弹性，故球可以打向对方后场，得分的机会也会提高。

---

① 廖玉光，殷恒婵．球类领会教学法［M］．北京：北京体育大学出版社，2006.143.

专题六　体育游戏

当前，在一些体育课上，游戏好像突然多了起来，有的课甚至整堂都在做游戏，而有的游戏似乎与体育并没有什么关系，只是为了让学生玩得开心而已。有些体育老师还深有感触地说："现在要想在优质课评比中入选，就一定要多安排游戏。"那么，到底体育教学中游戏的运用与新一轮的体育课程教学改革有什么必然的联系呢？体育教学中的游戏应如何安排、运用呢？

一、体育游戏的概念

（一）游戏与体育游戏

游戏包括所有"离开工作后的游玩"。因此，篮球、足球是游戏，象棋和电子游戏机也是游戏。游戏并不一定包括有大肌肉群的身体活动，也不一定具有锻炼身体的价值。同样，体育教学中的游戏也不全是大肌肉群参与的身体活动，如体育教师在教学开始时为提高学生注意力而运用的"正口令反做"（教师喊立正，学生做稍息）的游戏等。我们可以称这种游戏为一般性游戏。

体育游戏，是游戏的一部分内容，也是游戏的主要内容。既然称为"体育游戏"，那它一定是以身体锻炼和身体娱乐为主要目的的游戏。但是体育游戏并不一定具有学习运动技术的功能，很多是运动技术的学习过程，而只是愉快的身体活动过程，如体育教师在体育教学的开始或结束部分，为调节学生的身体活动量和提高学生的运动兴趣而采用的各种游戏。

运动技术游戏化，是体育教师为了进行某个运动技术的教学，将运动技术进行游戏化，它以体育游戏为表现形式、以学习运动技术为内核。这些游戏的最大特点是：它是某个运动技术教学的重要环节，是该运动技术教学不可或缺的组成部分。这些游戏的目的不仅在于激发学生的兴趣，而且在于帮助学生更好地理解和掌握运动技术，提高运动技术学习的效果。

由此可见，体育教学中的游戏也是有层次的。一般来说，一般性游戏主要是为调节课堂教学气氛而采用的；体育游戏主要是为体育锻炼和开展集体活动而采用的；而运动技术游戏化则是为了提高运动技术教学效果。从一般性游戏到体育游戏再到运动技术游戏化，它们的技术含量和教学因素由少到多，教法层次也由低到高。

因此，体育教师在运用游戏时，要根据体育教学的目的和任务，根据各种游戏的特点和功能，合理并尽量运用高层次的游戏，以利于更好地提高体育教学质量。

一般性游戏、体育游戏、体育教材游戏化的各种区别可用下表来表示：

游戏方式	与游戏的关系	主要目的	乐趣层次	使用频率
一般性游戏	游戏的一部分，主要指非体育性游戏。	身心娱乐	浅层次	慎重运用 有限运用
体育游戏	游戏的主要部分，以身体练习形式进行的游戏。	身体锻炼	中层次	根据需要 有限运用
运动技术游戏化	是体育运动向游戏的回归和游戏化的形式。	技术教学	深层次	根据需要 较多运用

总之，游戏是体育运动的起源，是体育运动的本质所在，因此它与体育运动有着密不可分的关系。在体育教学中，游戏是教学的重要辅助内容。一般性游戏可以在激发学生学习动机和吸引学生注意方面发挥作用；运动技术游戏化是体育教材研究的重要内容，是提高体育教学质量的重要途径，应加以提倡和鼓励。但是，游戏也有无意义的游戏、浪费时间的游戏、浅薄的游戏、作秀的游戏等，这些游戏不仅无助于体育教学，甚至还会产生副作用，需要广大体育教师去鉴别。体育课在任何时候都要以教学为主，都要以运动技术教学为主，能为这个教学目标服务的一切手段和方法的游戏都应该提倡和鼓励，而一切干扰这个教学目标达成的游戏都是无益的，甚至是有害的，应力戒避免。这是我们理解游戏的作用和运用游戏时应当考虑的一个基本原则。

（二）体育游戏教学的形式

体育游戏教学的形式是与体育教学的任务尤其是与每次课的具体任务紧密相关的。常见的体育游戏教学形式有以下几种：

1. 集中注意力游戏

目的是集中学生的注意力，为上课做好准备。此类游戏常采用趣味性较强、协调性较高、需要一定智力活动配合的练习，运动负荷较小，一般安排在课的开始部分。

2. 准备活动游戏

目的是热身，使身体得到活动。此类游戏以培养基本活动能力为主，运动负荷中等，一般安排在课的准备部分。

3. 体育技术游戏

指以各种体育项目的基本技术动作为素材的游戏，如篮球的传、运球，田径的起跑等，目的是提高学生练习的积极性，提高复习、练习效率，一般安排在课的准备部分和基本部分。

4. 体育战术游戏

指以某些体育项目的基本战术为素材的游戏，如篮球战术、足球战术游戏等，这类游戏旨在使学生复习与熟练战术动作，一般安排在课的准备部分和基本部分。

5. 力量素质游戏

目的是增强学生的某项力量素质，多采用分队接力和个人赛的形式，如俯卧撑接力、跳绳单飞接力等，一般安排在课的基本部分的后部。

6. 放松游戏

目的是使学生运动后在身心上达到放松，由运动状态过渡到安静状态。一般采用趣味性较强、运动负荷较小的练习，安排在课的结束部分。

案例

体育教学中"原地转法"游戏

1. 原地多角度转。先结合流行的定向运动，介绍方向感的重要性，再引导学生练习不同方向的转动角度，如向左（右）转45度，口令是"向左（右）45度——转"；向左（右）转120度，口令是"向左（右）120度——转"；向左（右）转270度，口令是"向左（右）270度——转"。

2. "反口令"练习。教师在发口令前，加上"全体注意"的语言提示，学生在听到口令后，立即做出相反方向的转法动作。如听到"全体注意，向左——转"时，学生要向右转。

3. 原地累计转法。教师连续发出多个方向转的口令，让学生听到口令后在最短的时间内判断出最终转体的方向，并迅速动作到位。如"向右、向右——转"，最终转体的方向是向后，"向左、向左、向右——转"，最终转体的方向是向左。

4. 花样转法。在练习前先让学生报数，明确自己是奇数还是偶数。练习时要求每组的奇数、偶数学生分别转向不同方向，如教师举手用手指表示1、3、5、7等奇数时，口令是"向右——转"，报奇数的学生按口令的方向向右转，而报偶数的学生向相反的方向，即向左转。在原地转法练习前还可以将学生队形调整一下，成圆形站立或"V"形站立，不同的队形转起来的效果各不同，其欣赏性也大大提高。

5. 原地转法改为跳起空中转。同样的口令，要求学生在空中完成转体动作后落地，看学生的脚尖是否达到转体方向的要求，与规定的角度有没有差别，该练习能提高学生空间动作的平衡能力和方向感。

二、中学体育游戏教学的注意事项

中学生对事物有广泛的兴趣，其独立性和运动能力不断增强，对外界刺激的敏感性也在不断提高，但他们尚处在发育阶段，情绪亦不稳定，鉴于此，教师在组织体育游戏教学时应注意：

（1）要有明确的目的，并根据教学任务和学生特点，进行周密而细致的组织安排。教师对游戏的选择要和教学内容统一起来，以便充分调动学生的积极性，顺利地完成教学任务。同时，应考虑到学生的性别、性格特点、身体素质等因素，合理地安排场地、活动时间。

（2）使学生明确游戏的具体要求，仔细观察学生的表现，及时进行教育，并注意发展学生的观察、思维、分析、判断能力。应着重讲清游戏的规则、竞赛的标准，使学生有章可循；说明游戏的方法，使游戏的双方思维清晰，行动明确；随时观察游戏的进行情况，对学生的一些不良行为及时指正，培养学生良好的思想品格。

（3）教师应规定游戏的内容、规则、时间、器材、场地大小等，以控制和调节运动负荷。游戏并非一成不变，应根据实际情况进行适当调整，以便于教学目的的实现。

（4）加强游戏的组织和准备工作，并做好总结和讲评。游戏本身有其规则，因此，在采用体育游戏教学法时，应使讲解通俗易懂，便于学生掌握。对器械的布置要合理，充分考虑学生的实际水平，适当变通游戏的方法。游戏的练习，应抓好典型，分析学生的思想和行为，通过讲评激励学生，使整个教学过程有良好的教学气氛，提高学生的思想素质。采用不同的方式指出缺点、错误，使全体学生明确行为规范，便于后续教学进行。

（5）游戏教学应注重因材施教。有的学生性格开朗、活泼好动，对游戏的兴趣极大，热情极高，容易出现过激的言行，教师应用适当的方法对其进行批评指正，但要避免挫伤学生的积极性。个别学生内向、好静，对一些对抗性强、速度快的游戏项目消极对待，教师需耐心说服教育，培养其良好的意志品格。

案例

健美操教学中的游戏

1. 游戏：看谁做得又快又准。

把每节健美操的动作重点、难度动作做法写在卡片上，每张卡片写一个动作做法。把学生分成两组，按两列纵队成体操队形散开，每组选出一名组长，由组长每次抽一张卡片，站在队伍前面，读出卡片上的内容，并做出动作，同组的队员根据提示和示范马上做出相同的动作，组长可以帮助队员纠正动作。学生根据教师的口令开始游戏，教师在学生完成一个八拍的动作后吹哨停止。如此反复多次，在一定的时间内，看哪组做得又快又准，根据各组输赢情况进行奖罚。

2. 游戏：健美操淘汰赛。

让学生分成两组，按两列纵队成体操队形散开，从队列第一名队员开始，随着音乐复习所学的健美操内容，每人做两个八拍动作，动作正确的队员跑至队尾站好，继续做游戏，动作错误的队员淘汰出局。根据教师的口令开始游戏，在一定的时间（或轮次）内结束。根据各组队员淘汰出局人数的多少进行奖罚。

案例中的这两项游戏设计，结合健美操特点和内容进行编排，并要求学生在游戏过程中善于观察分析、辨别错误动作、快速反应并做出正确动作。在游戏过程中，学生积极参与，主动示范，相互帮助，讨论分析，锻炼了自学自练能力，形成了良好的自学习惯。同时，由于游戏具有一定的竞技性，这就需要学生在完成动作时展现良好的动作技能掌握能力。由此可见，运用游戏法可以提高学生的兴奋性，调动学生参与课堂教学活动的积极性，全面提高运动技术水平。

三、体育游戏的创编原则与方法

（一）体育游戏的创编原则

体育教师常采用体育游戏作为教学手段。游戏可以从课本上选用，也可以根据学生、场地、器材等具体情况将书本上的游戏改编或由体育教师根据需要自己编制。

体育游戏的创编原则是人们在创编与运用体育游戏的实践中逐步总结、积累、概括出来的，是创编体育游戏必须遵循的准则。

1. 锻炼性原则

创编的游戏应该具有锻炼身体、增强体质的作用。在创编体育游戏时可以从以下方面入手：第一，以走、跑、跳、投掷等人体基本活动能力的动作为素材创编体育游戏；第二，以某些竞技体育基本动作技术为素材创编体育游戏；第三，以球类基本战术为素材创编游戏；第四，以力量素质练习为素材创编游戏。

2. 趣味性原则

创编的游戏应具有一定的趣味性。教师应设计具有竞技性、惊险性、新颖性和一定难度的动作，激发学生的潜在能力，吸引学生主动参与游戏，使他们的心理和精神得到满足。

3. 针对性原则

创编的游戏要有明确的目的性，要有的放矢地进行创编。教师要以教学任务为依据，针对学生的实际情况，考虑气候、场地、器材情况及其他影响因素创编体育游戏。

除了遵循上述原则，还应注意启发性原则、安全性原则和教育性原则等。

（二）体育游戏的创编方法

1. 明确游戏的目的和任务

学生参加体育游戏的目的就是体验愉快的游戏过程，教师作为游戏的组织者，创编游戏的目的是锻炼学生，增强学生体质。教师在创编游戏前首先要明确这一点。

2. 选择游戏的素材

体育游戏是以发展学生的体力为主，采用的素材应体现体力活动的特征。这些体力活动不仅仅局限于体育动作，以下的体力活动内容都可作为体育游戏的素材：

第一，身体基本活动能力的动作，如走、跑、跳跃、支撑、悬垂、攀登、爬行、穿越、追捕、躲闪、搬运等。

第二，队列动作，如原地转法、报数、下蹲、起立等。

第三，竞技体育技术动作，如球类中的运球、传球，田径中的起跑、传接棒等，体操中的各种滚翻、跳跃、分腿腾跃等。

第四，简单的球类战术练习动作。

第五，日常生活与劳动中的某些动作，如骑自行车、搬运同伴、搬运重物等。

第六，模仿性动作，如模仿动物的动作，兔子跳、鸭子走路等。

第七，其他动作，如舞蹈杂技中的某些动作。

以上这些动作有些可以直接用做游戏的素材，有些则需加工改造后才能成为游戏的素材。除此之外，还可以创造一些新颖、有趣的动作作为游戏的素材。

3. 确定游戏的方法

（1）游戏的准备。游戏的准备包括游戏所需要的教具及安放方法、场地的规格和游戏的分队方法等。

（2）游戏的进行形式。游戏的进行形式有接力、追逐、角力、争夺、攻防和传递抛接等。

（3）游戏的队形。游戏的队形一般有纵队、横队、圆形、疏散队形及指定的其他队形。

（4）游戏的路线。游戏的路线有穿梭式、来回式、围绕式等。

（5）游戏的接替方法。游戏的接替方法有交物法、接触法和过线法三种。交物法是用接力棒、手帕或其他物品作为信号进行接替。接触法是前后两个学生以身体接触的方式进行接替。过线法是在前一个学生跑回并越过起跑线后，后一个学生进行接替。

4. 制订游戏规则

（1）明确合理和犯规、成功与失败的界限。

为了竞赛的公平性，教师应在规则中向学生明确哪种做法是合理的，哪种做法是犯规的；什么情况算失败，什么情况算成功。如果几种做法的难易程度相差不大，则不必划分合理与犯规，可鼓励学生在游戏中开动脑筋，找出容易的方法，以取得游戏的胜利。

（2）明确对犯规者（或犯规队）的处理方法。

一般情况下，对犯规者可采用以下几种处理方法：

①犯规者取得的成绩无效。例如，在打击游戏中，参加者如果是采用犯规的方法击中对方的，则击中无效。

②对犯规者（队）扣分或降级。例如，在游戏中，采用计分的方法定胜负，可采用对犯规者扣分或对犯规队降级的办法处理犯规者与犯规队。

③犯规队名次列于最后。例如，在奔跑接力游戏中，凡是起跑犯规的队，名次均列最后，如果所有的队都有犯规行为，则不评名次。

④罚犯规者退出比赛。在某些对抗性竞赛的游戏中，可采用罚犯规者退出比赛的方法来削弱犯规队的实力。

（3）规则的制订要有利于维护游戏的安全。

在一些容易出现危险动作的游戏中，要明确规定哪些动作为犯规动作，以维护游戏的安全。例如，在"斗鸡"游戏中，用膝关节去顶对方，极易造成伤害，应将此动作列为犯规动作；又如，在打击游戏中，用球或小沙包打人时，应规定相隔一定的距离，并规定不许打击的部位，以免对被打击者造成伤害。

（4）规则要有一定的灵活性。

规则不要制订得太死，要留有余地，让学生发挥他们的思维与创造力。规则的条文不要过多或过于复杂，一般有2~4条即可。

5. 确定游戏名称

确定游戏名称就是给游戏命名，给游戏命名的方法有两种：

一是直接命名。（1）以游戏的内容命名，如"障碍赛跑"；（2）以游戏的形式命名，如"迎面接力"；（3）以游戏的内容加上形式命名，如"跳绳跑接力"；（4）以游戏的规则命名，如"成双不怕"。

二是拟喻命名。它是假设和虚构在游戏命名上的运用，是以游戏的内容或形式的主要特征为依据，采用模拟和比喻的方法，赋予游戏带某种情结的名称。这种名称带有一定的教育意义或者趣味性，如"推小车""黄河长江"等。

在给体育游戏命名时，要注意以下几个问题：第一，游戏的名称要简单易懂。不要采用一些冷僻、难认及难懂的字、词或成语。一个游戏名称的字数不要太多，一般以 2～7 个字为宜。第二，游戏的名称要名副其实。给游戏直接命名时，要注意名实相符，游戏的名称要能反映游戏的主要特征。第三，所拟名称或借用的成语尽量不用带有贬义的词。

第 四 篇

体育教学组织能力修炼

本篇从中学体育教师的教学组织能力修炼方面进行了论述，对表扬与批评、集体组织、体育测试、快乐成功等方面的教学组织能力修炼给出了切实可行的建议，使教师在教学中有章可循。

专题一　体育教学中的表扬与批评

　　表扬和批评是教学过程中常用的重要教育手段。那么，作为中学教师的您是否能恰当运用这两种特殊的教育手段呢？您的表扬或批评能否起到鞭策和激励学生的作用呢？怎样有效地把握时机进行表扬和批评呢？您的教育是否能起到应有的效果呢？这些问题都需要您在实际的体育教学工作中不断地总结、提炼，以便运用简洁风趣的语言驾驭好表扬与批评这两匹骏马，形成自己独特的教学风格。

一、体育教学中的表扬和批评

　　表扬是一种积极的强化，是通过褒奖鼓励和其他积极的方式去加强和巩固学生的行为，表扬的语言通常如春风化雨，滋润学生心田，温暖学生心底最柔软的地方。批评，是一种负强化，通常是用强硬的手段和严厉的语言帮助学生认识自己的错误，从而达到对学生的教育作用，抑制学生的不良行为习惯。

（一）体育教学中表扬和批评的指导思想

　　1. 以学生为主体，促进学生的身心发展

　　体育教学中的表扬和批评，是以学生为主体，促进学生身心全面发展的一种教育手段。运用表扬和批评必须确立人本立场，充分理解和尊重学生，以爱护学生为出发点。

　　2. 表扬和批评相辅相成

　　表扬和批评作为体育教学中的重要教育手段，同时也是对学生学习过程的评价。表扬是发现学生的优点并加以弘扬，是从正面进行教育和激励的手段；而批评则是指出学生的错误或缺点，帮助其分析产生错误的原因，从反面进行教育和鞭策学生。教师在实际体育教学中，有时表扬中有批评、批评中有表扬，即既让学生了解自己的长处，获得动力，又给予一定的提示，以使其防止或避免错误，两者在教学应用中是相辅相成和互相配合的。

（二）表扬和批评在体育教学中的作用

　　1. 表扬在体育教学中的作用

　　表扬是教师对学生体育行为的一种积极肯定，无论是在学生掌握运动技能初期还是在掌握以后，表扬都是十分重要的，是肯定学生学习成绩的主要手段，是促进学生掌握运动技能和发展体育能力的有效方法，其积极作用是十分明显的。

　　（1）激发学生的学习兴趣，调动学生的学习积极性。教师在教学过程中应注意观察，及时发现练习认真、动作掌握好的学生，也要善于发现勇于表现、运动技术和能力较强的学生，对他们在练习中不怕困难、肯动脑子等优点及时予以表扬。抓住典型，以点带面，提升学生的学习积极性。有时无声的表扬对调动学生的积极性的作用也很大，如教师见到学生遵守纪律、认真练习、相互帮助时，向学生微笑点头，以示赞同；当学生学习成绩有提高，技术有进步，表现出勇敢、顽强的精神时，教师竖起大拇指或带头鼓掌，以示表扬等，都能起激发学生练习积极性的作用。

（2）强化学习目标。表扬具有强化目标的作用，有利于学生选择正确的行为。表扬作为一种诱因和激励手段，可以和体育实践所要达到的特定目标联系在一起，从而构成完整的体育实践过程。

（3）促进学生对运动技能的掌握。表扬能提供成败的信息，有利于学生检查自己的进步情况。在体育教学过程中，教师恰如其分地使用表扬这一手段，能较为准确地为学生提供信息反馈，使学生及时了解自己体育学习的结果和进步情况，看到自己的进步，从而增强学习体育的信心，加强努力的程度。因此表扬有助于促进学生对运动技能的掌握。

2. 批评在体育教学中的作用

对于学生的错误、缺点进行批评教育，既是教师的责任，也是教师教育学生的必要手段之一。批评作为一种强化，可以有效地抑制学生的不良行为习惯。教师在教育教学过程中不能置学生的错误和缺点于不顾，不能听之任之，否则，学生就会在错误的道路上越走越远。同时，教师对学生进行批评时也应注意时机和方式方法，以尊重学生为前提，使其易于接受。

在学习过程中，学生也会为了避免挨批评而认真学习、练习，或者为了避免挨批评而遵守纪律。我们常常可以看到有些调皮的学生在做小动作或讲废话前总要窥视一下老师，就是怕被老师看到后挨批评。若学生做错了事，教师没有任何表示，时间长了，由于经常接收不到教师的信息反馈，学生的心理自然会发生变化，学生会变得狂妄自大，并且会经不起挫折与打击，意志会变得薄弱，社会适应能力得不到提升，因为他们在这方面的锻炼与强化太少了。恰如其分的批评不仅能让学生改正错误，增强辨别是非的能力，而且还能增进师生感情。

二、运用表扬和批评的注意事项

适度的表扬具有提升学生学习积极性的作用，然而，表扬不当也可能导致学生将主要的学习目标置于脑后，过分夸大的表扬会造成学生骄傲自满的情绪，从而使学生忽视自己的缺点。若使用得不恰当也能造成不良的后果，如学生对学校、教师和学习产生厌恶、怀疑甚至憎恨的情感。当然，适当的批评是完全必要的，只是要讲求方式和采用巧妙的办法。批评时首先从尊重学生的人格出发，尤其要注意学生的心理发展水平、个性心理特点和承受能力。合理的表扬和批评，应从以下几个方面着手。

（一）实事求是，客观公正

无论是表扬还是批评都应该尊重事实，客观公正地进行评价。教师应该进行实事求是的分析，明辨是非，帮助学生端正看问题的角度，调整看问题的方法，建立积极的思维模式，清楚地认识到自身存在的不足和需要改正的地方。表扬或批评漫无目的、随自己的心情好坏或喜恶去夸奖或批评一个学生的做法是万万要不得的。

恰当的、从实际出发的表扬，可以鼓舞人心，起到以点带面的积极作用。虽然我们的体育教学也需要批评，但我们需要的是有教育意义的、恰当的、学生可以接受和充满爱心的批评，而不是讽刺挖苦、污辱人格和学生难以接受的批评，更不能对学生进行声嘶力竭的训斥。作为教师，我们必须明白：只有恰当的批评才能起到教育作用，只有符合事实的表扬才有说服力，才有教育作用。如果表扬的人和事不符合事实，那么表扬就收不到应有的效果，甚至会适得其反。夸大其词、不符合实际的表扬和批评，非但不能产生积极的作用，而且还会产生不好的影响，使教师的评价失去意义，甚至会误导学生。

（二）把握表扬和批评的时机

表扬和批评只有把握好时机，才能起到应有的作用。教师对学生取得的成绩没有及时予以表扬，错过了学生对表扬渴盼的最佳时期，学生心里应有的那份激动已经淡化，时过境迁，表扬产生的效应就会大为减少。例如，当某个学生在进行某一动作练习时，始终没有得到正确动作的体验，一旦动作有所进步，教师应立即给予鼓励和表扬，这对于提高他的练习信心很有帮助。如果认为这个学生的动作与能力强的学生比还有差距，或等到他完全正确地完成动作再给予表扬，那就错过了表扬的最佳时机，也就不会取得理想效果。批评时也要注意时机的把握，如教师在课堂上讲解时，有的学生注意力不集中，这时要适时地用眼神或幽默的语言进行委婉的批评，这样既不影响教学，还能使该学生认识到自己的错误并继续学习。

（三）选择正确的表扬和批评对象

体育教师对学生的表扬往往会更多地集中于体育优秀生。其实最渴望得到表扬的正是默默无闻的大多数学生，他们在运动技能上的进步来之不易，教师应及时发现，给予表扬，激发他们以更高的热情投入学练中。所有的学生都期待着被关注、被表扬，教师在体育课上要关注不同层面的学生，尤其要关注体育运动能力较差的学生，多鼓励少批评，或在肯定中委婉地指出不足，积极挖掘他们的优点加以强化，使他们在心理上减少自卑感。在选择表扬对象时，要抓准能起表率作用并能在学生中引起反响的典型；而批评时可以以表扬多数学生的正常行为替代点名批评少数学生的错误，避免当众批评某位学生而使其自尊心受到影响。

三、不恰当的表扬和不恰当的批评

（一）不恰当的表扬

表扬是体育与健康课中常用的教学手段。它可以让学生有满足感、成就感、荣誉感，激励他们继续努力，做得更好。但有些表扬不仅起不到应有的作用，反而会产生一定的消极影响。

1. 泛泛的表扬

泛泛的敷衍式的表扬会使受表扬的学生觉得教师的表扬不是发自内心的，其他学生也产生不了羡慕的感觉，这就使表扬的效果大打折扣。如教师在表扬学生时，神情淡漠，显现出"例行公事，走过场"的敷衍情绪，就会使表扬的效果大打折扣，久而久之，就会使学生失去被表扬的渴望和学习的积极性。

2. 不符合实际的表扬

教师不可随意进行表扬，切忌"文不对题"、张冠李戴，更不能不着边际地张口就来，给学生一些廉价的、不符合实际的赞美。这样会使学生不再把表扬当回事，使表扬失去作用，甚至挫伤学生的自尊心。鼓励和赞赏必须建立在客观的基础上，要把握好时机和尺度，这样才可以起到鼓舞、激励学生的作用。

3. 过于频繁的表扬

表扬和批评的频率要适中，表扬过少或者不表扬，就没有榜样的激励作用，表扬过多，就会失去表扬的意义。表扬不能过头，也不能过于频繁，否则减弱"强化作用"。

4. "失真"的表扬

教师在没有确切的根据和不明真相的情况下，随便表扬某个学生，这样做不但让受表扬的学生难堪，而且让其他同学觉得有失公允，给教师自身形象带来负面影响。

5. "吝惜"的表扬

教师对学生特别是体育能力较弱和身体素质较差的学生在学练中表现出的积极性、优点和进步视而不见、听而不闻，不能给予或不能充分地给予表扬和肯定，不仅不能满足他们的成就感、荣誉感，还会挫伤他们的积极性，让他们觉得自己不被重视，在教师心目中没有什么地位，进而心灰意冷，丧失应有的自信。有"倾向性"的表扬、"随意"的表扬等都属于不恰当的表扬。

（二）不恰当的批评

批评是一把锋利的双刃剑，用得好，能提醒学生，提高学生的注意力，促进他们的学习兴趣与积极性。反之，用得不当，会打击、伤害他们的兴趣与积极性，甚至会引起学生的对抗情绪。因此，教师在批评学生时，一定要出于关心、爱护和帮助，真诚地指出学生的错误和缺点，话语中丝毫不能包含任何敌意和攻击，切忌任何一种形式的讽刺和挖苦。如教师在教学中看到学生做动作不正确、不协调时说："你怎么这样笨，连这么简单的动作也不会做。"教师这样说也许是无心的，然而学生听了却会很反感，这样的批评并不能起到强化的作用，若是换一个角度说："你练习很认真，很好！如果能那样练，将会有较好的效果。"这样学生就会很乐意地接受老师的批评与指导。像讽刺、挖苦、威胁、惩罚这样的批评不仅不利于调动学生的积极性，反而会伤害他们的自尊心和自信心，在教学中一定要避免。

四、体育教师如何提高表扬和批评的艺术

表扬和批评作为一种教学手段，使用得恰当有利于学生掌握体育技术、技能和知

识，激发学生更努力，使用不当则适得其反。因此作为体育教师，非常有必要提高运用表扬和批评的技巧和艺术，有效地发挥评价在体育教学中的积极作用，不断提高教学质量。

（一）要正确认识评价的对象，了解中学生的身心特点，使表扬和批评具有针对性

中学生正处在青春发育期，身体发育进入第二个高峰期。在这一时期，学生无论在身体的形态上、机能上，还是在脑和中枢神经系统等各方面，都发生着急剧的变化。中学生情感表现强烈而鲜明易于冲动，在体育活动中尤为明显。他们会为集体未取得好成绩而感到着急或泄气，会因个人学习的效果不好而烦恼，进而丧失进一步学习的积极性等。正因为在体育活动和比赛中，中学生的情感表现得如此强烈和鲜明，也就为体育教师提供了进行及时评价、教育的机会，进而使学生在正确评价的影响下，情感逐渐趋向稳定、深刻，加强对正确的体育行为的客观认识。

（二）不吝啬自己的表扬

教师要用心去挖掘每个学生的闪光点，要像对待自己的孩子一样热爱和关注他们。一位美国心理学家说过："人性中最深切的要求是渴望别人的欣赏。"教师对某一学生的表扬，是对他的赏识，而且在学生心里，他更需求一种公众的欣赏，因此，在全体学生面前表扬某一位学生，就更能使之感受到荣誉。表扬也能在其他学生面前树立典型，起到激励其他学生的作用。同时，在表扬学生时要带着一颗真诚的心，真诚的表扬对学生有着举足轻重的作用。

（三）合理利用体态语言

人们常说的肢体语言也是传递信息的一个重要方面，微笑与正确的身体语言相结合会相得益彰，产生巨大的影响力。教师的一个微笑、一个眼神、一个手势足可以向学生传达赞美或是不认可的信息。在很多场景中，体态、语言能起到非常好的效果。

（四）提升教师的个人素养和魅力，潜移默化地影响学生

教师可能不是全能的，但可以尽可能多地学习相关知识，全方位提升自己，使自己具备多方面的学识和能力，提高自身的魅力和吸引力，真诚地对待每个学生，提升个人素养，用自己的个人魅力和实际行动来影响和感染学生。

案例

"鼓励表扬"改变了"小胖子"的运动能力

随着生活水平的不断提高，现在青少年学生中的"小胖子"与日俱增，肥胖不但给他们的生活、学习带来诸多不便，而且也使他们有时无法正常上体育课。这不但是让学生苦恼的事情，也是广大一线教师感到很头疼的事情，如果教师忽视了这些弱势学生，置之不理，将给这些学生的身心带来极大的负面影响。北京市特级教师姚卫东对"小胖子"的教育将给我们带来一些新的启示。

王某，一个胖男孩，初中二年级学生，身高170厘米，体重170多斤。在一节支撑跳跃练习课上，他看到其他同学动作完成得都非常漂亮，心里十分着急。于是，姚老师就耐心地安慰他，还表扬他聪明好学，会动脑筋。听了老师的表扬和鼓励后，他

113

练习的劲头更足了。同时，姚老师告诉他，完成动作时要勇敢果断，要注意体会动作要领，并安排他多做一些辅助性的练习，适当地降低"山羊"的高度，让他逐渐地加强感觉。此外，老师还带领全班同学为他鼓劲加油。当他看到同学们这样热情地为自己加油时，信心更大了，勇气更足了，练习更加刻苦了。当他第一次完成动作时，尽管动作完成得并不理想，但老师还是在全班同学面前热情地表扬了他，说："在我们的生活中有许许多多个第一次，今后我们还要面对许多的第一次，只要我们能面对困难，充满信心，就没有战胜不了的困难。同学们，让我们为王某同学的第一次鼓鼓掌，为我们今后能面对每一个第一次加加油！"热烈而坚定的掌声深深地感染了在场的每一个人。

在后面的引体向上练习中，王某一个都做不上去，姚老师就教他怎样从简单的上肢力量练习练起，并且鼓励他只要拿出跳山羊的劲头平时刻苦练习，就一定能成功。在以后的体育课和体育锻炼中，王某练得特别刻苦，初二达标时他竟能完成三个引体向上，虽然和其他同学相比还算不了什么，但他那种主动参与和刻苦锻炼的精神激励着每一个学生。在后来的考体育考试中，王某取得了 30 分的成绩。当老师问他是什么力量使他克服了那么多的困难，取得了那么好的成绩时，他动情地对老师说："是姚老师亲切的关怀、热情的鼓励使我产生了克服困难的勇气和信心。"

这一事例告诉我们，如果我们在教育工作中少一点冷落、多一点爱心，少一点指责、多一分关心，少一点急躁、多一点耐心，少一点粗心、多一点细心，教育的艺术性就会体现得更强，教育的魅力就会变得更大。在教学中，学生都愿意听老师的表扬和鼓励，特别是在学习遇到困难的时候更是如此，老师的鼓励就像一股暖流温暖着学生的身心，更是一种力量，给人信心、使人充满克服困难的勇气。因此，在体育教学中教师应充分发挥表扬和鼓励的作用，使弱势群体像其他学生一样逐渐变得强壮起来。

专题二　集体组织

集体组织的成员之间是相互影响的，正面影响表现在可以相互促进、提高学习效率；负面影响则表现在可以相互消减、降低学习效率。当前，体育教学中存在不能很好地利用集体组织的教育作用的现象，如在体育教学中，忽视学生体育素质的差异，让差生当众出丑，挫伤学生对体育的学习积极性等，因此有必要对集体组织的有效性进行深入细致的研究，取其利、避其害，更好地发挥集体组织在体育活动中的良性作用。

一、体育教学中的集体组织的含义与特征

1. 集体组织的含义

集体组织是指从集体与个人、个人与个人关系方面来把握和改善教学，根据教师有计划的指导，利用协同学习，使全体学习者参加学习的教学形态。

2. 集体组织的特征

（1）分组方式。异质的同目标、同课题、同兴趣分组。

（2）组员关系。横向关系极强。

（3）组长性质。学习活动的组织者。

（4）组的延续。时间较长（一个单元至一个学期）。

3. 教师导读

体育教师须深入研究集体组织的含义与特征，了解集体与个人之间的各种关系及这些关系背后的协同、促进、激励、迁移的功能，并能恰当地利用这些功能，为改进学习方法、改善学习效率和提高学习质量服务。

二、体育学习显著的集体性特征

（1）体育学习是教与学的交互，师生双方相互交流、沟通、启发、补充，分享彼此的思考、经验、知识与技能，交流彼此的情感、体验与观念，实现教学相长。与其他文化知识的学习比较，体育学习是最具集体性的学习。恰当利用这种集体性，发挥集体内信息交流和互帮互学的动力机制，能够缩短学生间的知识、理解、思维等方面的差距，提高问题的解决效率，发挥彼此的"镜子"作用，加深彼此对学习过程的理解和总结，起到提高学习效率的作用。

（2）在体育学习中，学生动作表现形式的直观性（如动作的正确、优美与否）经常被用来评价学习结果和能力，而且由于运动学习的特性所致，这一评价又始终存在

于运动学习过程中，因此，一些运动能力较差的学生在体育学习中往往容易形成自卑心理。而运用集体组织的形式，特别是发挥小集体的相互承认、相互激励的作用，可以大大改善集体的学习气氛，有利于激发学生的学习动机，提高教学效率。

（3）合理地运用集体组织和管理，可以在很大程度上解决因场地、器材不够难以组织教学的问题。

（4）分层次教学是小集体学习的常见形式，它针对学生体育素质的个体差异实际，体现了因材施教的教学原则，同时又从分层次确定教学目标着眼，从实行分层组织形式着手，针对性强，便于管理，有利于优化课堂教学及大面积提高教学质量。

（5）学生之间的合作交往是培养学生情感的重要途径。教学活动是认知、情感、行为这三种心理活动的有机统一，体育教学组织应是融认知、情感与身体发展为一体的三维立体结构。

三、体育集体组织教学的形式与特征

在体育教学中，集体组织的形式基本上可划分为班级教学和小组教学两种形式，教学组织形式的选择要基于人际交流、集体机制、学习心理和教材特性等方面。

1. 班级教学的形式及特征

班级教学的集体组织形式，又称班级授课制，是体育课堂教学的基本形式。班级编制形式多种多样，一种是把一个年级的学生编成若干个班，称为单式班级编制；另一种是把两个年级或两个年级以上的学生编成一个班，称为复式班级编制。还有按运动水平、体育兴趣、性别等标准划分班级的。

班级教学的优点表现在：一是一名教师可教数十名学生，体现出教学的高效性；二是学生能以较快的速度掌握体育知识和技能，从而完成统一的教学计划，体现出教学的实效性；三是便于较好地发挥教师的主导作用；四是便于教师对课堂教学进行统一管理。

同时，班级教学也存在一些不足，表现在：一是难以照顾到学生的个性差异，因材施教体现不足；二是不利于学生的探索精神、创造能力和实际操作能力的培养；三是学习者之间缺乏明显的交流、联系。

2. 小组教学的形式及特征

分组教学是把一个班分成若干小组，教师以组为单位进行指导的教学形式。这种教学既保留了班级教学的长处，又能在一定程度上解决个别差异的问题，即教师可以根据各个小组的不同特点进行不同的指导。每组指定有小组长，他们通常起着"小教师"的作用。近年来，随着教学改革的不断深入，在体育课堂教学中也涌现出多种分组方式。

（1）同质分组。同质分组是指按照同一小组内的学生在体能、运动技能、运动兴趣等方面大致相同的原则进行的分组。其优点在于既可使学生在组内活动中相互竞争、彼此促进、提升兴趣，又可在一定程度上解决因材施教的问题，但不足是对各组间学

生的其他差异注意不够，还会使学生产生优劣感，甚至造成学习意愿的下降。

（2）异质分组。异质分组是指按照同一小组内学生在体能、运动技能、运动兴趣等方面的不同水平，以相互搭配的方式进行的分组。它不同于随机分组，它是教师人为地将不同体能和运动技能水平的学生分成一组，或根据某种需要对"异质"进行分组来缩小各小组之间的差距，使技能水平掌握较好的学生发挥带动、指导作用，优势互补，营造小组成员之间互帮互助、共同提高的氛围，以利于小组间开展竞赛活动，整体性地提高教学效率。

（3）友情分组。友情分组是指学生在可自主选择练习伙伴时，选择与自己关系较为密切的同学在一起进行练习而形成的小组。在友情分组中，由于学生之间的相互信任度高，依赖性强，思想一致，因此，学生在学习过程中积极性较高，有利于发挥各自的作用，形成合力，提高学习效率。

（4）帮教型分组。帮教型分组是教师有意识地将运动技能水平有较大差异的学生分到一组，安排技能水平高的学生直接对其他学生进行帮助，以达到帮、带的目的的分组形式。这种分组形式所达到的教学效果要比教师一人对众多学生进行指导好得多，同时这种形式也是发挥学生学习主体作用的一种体现。但不可忽视的是，帮教型分组易导致帮助者产生优越感、被帮助者产生自卑感，因此，在运用时应加以注意，并向学生说明用意。

分组教学的优点表现为：一是有利于因材施教。分组教学能根据学生的不同能力水平、不同的兴趣来分组，对不同的组提出不同的要求，采用不同的教学方法进行教学，能适应学生的能力和要求，较好地照顾学生的差异性。二是有利于教师组织教学，提高教学质量。

分组教学的不足之处在于，如果使用不当或过于频繁可能会影响一些学生的心理发展，运动能力强的学生易滋生骄傲情绪，能力差的学生会产生自卑感。

综上所述，在体育教学实践中，教师要清楚集体组织形式的多维性、多样性以及班级教学仍是体育教学的基本组织形式的实际，在此基础上把握各种集体教学组织形式的优点与不足，并依据学生的实际情况去选择有针对性的集体组织教学的形式，因势利导，充分利用其内在的功能为教学服务、为学生服务。

四、体育学习中集体组织的运行过程

1. 课的开始

由教师有计划地安排队列练习、领做基本体操。

2. 课的进行

在教师指导下运用"三自"方法组织教学：

（1）自由组合。由学生自由结合形成的学习集体表现出两个特性，即相似性（性格相似、兴趣相投）和补偿性（在思想、学习、生活上能从对方身上得到帮助）。可以看出，目标整合、志趣相投、心理相容和智能互补是组成良好学习集体的心理原则，

这种组合使学生在知、情、意三个方面都得到支持，是学习积极性、主动性能较好发挥的重要原因。

（2）自由选择练习手段。由于学生的个体差异，掌握技能、技巧的起点自然也不一样，要求也各不相同，教学中"一刀切""齐步走"的做法很难达到因材施教。针对这些情况，教师在组织学生进行技能、技巧学习时，应有针对性地提供多种练习手段，通过扼要的讲解后，由学习群体自由选用。

（3）自由支配练习时间。教师不对学生练习的时间和内容做统一要求，学生喜欢的、新颖的练习可以多选、多练；否则，学生可以少选、少练和不选、不练。

3. 课的尾声

在课接近尾声时，教师要安排一些游戏、基本体操或舞蹈练习，以达到整理活动的目的。

4. 教师导读

教师要了解集体组织的全貌，为把控教学全程、对学生施加全面系统的影响服务。教师要实时采取最有效的教法，为最终取得良好的教学效果服务。

五、集体组织运行中的团队精神培养

1. 团队精神的含义

团队精神有两层含义：一是与别人沟通、交流的能力；二是与人合作的能力。

团队精神的基础——挥洒个性。任何一个集体最不可忽视团队精神的培养。团队精神形成的基础是尊重个人的兴趣和成就。

团队精神的核心——协同合作。团队成员在才能上是互补的，共同完成目标任务的保证就在于发挥每个人的特长，并注重流程，使之产生协同效应。

团队精神的最高境界——凝聚力。全体成员的向心力、凝聚力是从松散的个人集合走向团队的最重要标志。

2. 体育教学过程中学生团队精神的培养

体育教学的活动性，使学生在体育课程的学习过程中不断变化角色，引发体育教学方法与内容中隐含着的集体合作因素，因此，教师在体育教学中往往实施合作性学习，从而达到培养学生的合作意识和能力的目的。

3. 培养学生的团队精神需处理好几个关系

（1）体育教学与团队凝聚力的关系。团队凝聚力，指团队成员之间心理结合力的总和，表现为团队对团队成员的吸引力，从而使成员自愿参与团体的活动。体育教学具有加强团体凝聚力的作用，尤其是集体性的、竞技性的、对抗性的体育项目，可以充分调动团体成员的主动性、积极性，使成员挖掘自身的潜能，为自己的团体争光。

（2）体育教学与心理相容性的关系。心理相容性是指团体成员之间互相吸引、和睦相处、互相尊重、互相信任、相互支持的特点。心理相容性为团体目标的实现创造良好的心境。体育教学中的集体项目比赛活动的开展，都是在公正、公平、公开的规则约束下进行的，每个集体中的成员，没有高低贵贱之分，只有平等、信任、支持，为实现团队的共同目标团结一心、互相鼓励、齐心协力，只有这样才能赢得比赛的最终胜利。体育教学从内容到形式为培养学生的心理相容性提供了条件。

（3）体育教学与成员共存的关系。一个团体内，各个成员所扮演的角色不同，完成的工作任务不同，所以，需要在各个方面取长补短，实现团体成员的共存。在体育教学中，集体性的、游戏式的教学，都蕴涵着成员共存性的教育素材，为学生担当不同的角色提供了机会。每个参加者在活动中都不同程度地接受着团体的约束和限制，接受着团体的督促与激励，这促使着每一位体育活动参与者适应群体的需要，这其中不仅是技术的、技能的，还包括精神的。体育参与者为了争得与自己相适应的地位而不遗余力。同时，群体内的每个角色或位置，也随时发生变化，团体目标的实现，是以每个成员的能力被团体成员接受为前提的，这也检验并督促着每个成员的角色能力的提高。体育活动需要集体的力量，需要团队的凝聚力、心理的相容性以及成员的共存性。体育教学中蕴藏着培养团队精神所需要的素材，团队精神的培养、团队的凝聚力、心理的相容性和成员的共有性并不是一朝一夕形成的，必须通过参与体育教学、体育活动过程的各个环节，不断地重复磨炼，才能在潜移默化的过程中逐渐形成和提高，因此，体育教学具有培养学生团队精神的特殊功能。

六、案例

较好的集体组织

教学案例：看谁滚得远。

学习内容：前滚翻。

教学目标：通过学习掌握前滚翻技术动作，锻炼身体协调性，培养积极思考、大胆探索的精神。

场地器材：体操垫四床。

教学步骤：

1. 教师启发学生积极思维，回忆滚翻要点。

（1）教师提问设疑："我们在日常生活中，碰到什么样的情况需要做出滚翻动作？"学生思考、回忆，然后举手发言。

（2）请学生作答。

（3）教师总结归纳。在生活中，当人们突然摔倒时，从高山滚下时，身上着火时，躲避危险时等，会发生向前滚翻。

（4）学生认可后，教师再启发向前滚的动作要领，即团身低头，快速前滚。

2. 分组练习。以"异质"形式分组，小组内设组长，具体负责执行教师布置的练习，练习中，组内成员互帮互学、取长补短、团结协作，共同面对困难、克服困难，在不断解决困难中提升练习质量、发挥集体共同学习的优势，提高学习效率，提升学习质量。

3. 教师照顾全局，重点指导需要帮助的组。

4. 教师讲评，请学生表演，进一步明确滚翻要领。

从整体上看，以上集体组织的案例有以下特征：

（1）设疑导入，启发学生积极思维。前滚翻是学生从小就见过的动作，他们对这个动作有一定的感性认识，因此，教师设计的提问既简单明了，又贴近生活实际，利用日常生活中的知识、经验，启发学生积极思维，进而使学生较快地掌握前滚翻的技术。

（2）从发现到学习，从被动到主动。本课的另一特点是运用启发与发现相结合的教法来引导学生对前滚翻进行思考，学生通过思考发现，在不同的情景中滚翻的动作是有差异的，如从山坡上滚落时，应横向滚动，尽量减速，摔倒时应是一侧着地的滚翻等，学生对前滚翻动作在生活中的意义有了深刻的了解，从而提高了对该动作学习的积极性，使学习由被动转向主动，改变了过去教师讲解、示范，学生机械模仿的传授式教学。

（3）师生互动，教学组织形式灵活。本课在教学组织方面设计了师生互动的情境，以学生为主体进行教学，注重培养学生的综合能力，如课中安排体育骨干进行保护帮助，让学生积极扮演教师的角色，加强了学生之间的交流，并请完成较好的学生进行表演，增强其表现欲望。在课堂活动中，教师和学生积极配合、相互指导、共同提高。

专题三　体育测试

体育教师曾有"三宝"——皮尺、哨子和秒表。如今哨子的作用渐渐减小，但是皮尺和秒表却一直没有离开体育教师。皮尺和秒表这两件宝贝都是体育测试中必不可少的工具。体育测试能力无疑是体育教师必须认真修炼的专业技能。

一、体育测试的意义

体育测试是对学校体育学习效果的一种评价，也是衡量学校体育工作的一种手段，它能将与教学相关的测试结果（包括各项身体素质、技术能力和身体机能状况等）及时反映出来，使学生、教师、家长和相关领导等都能更清楚地了解学生身体运动能力的相关情况。体育测试可以使体育教学、训练有具体的量化指标，使体育教学更加有的放矢。体育测试的结果可以使教育部门的政策制定者和体育工作者了解学生身体发育和成长的数据，为他们制定教育教学计划提供依据。

二、体育测试的主要内容

（一）有关身体形态和身体机能状况的体育测试

身体形态是指身体的概观性特征，包括器官的外形结构、体格、体型和姿势。身体机能与人的健康关系极为密切，其涵盖面比较广。常见的有关身体形态和身体机能的体育测试有身高测试、体重测试、肺活量测试和台阶试验等。身高是反映人体骨骼发育状况、身体纵向发育水平的重要指标。体重是描述人体横向发育的指标，它在一定程度上能够反映人体骨骼、肌肉、皮下脂肪及内脏器官综合发育状况。身高测试与体重测试相配合，可以评定学生的身体匀称度，评价学生生长发育的水平及营养状况。肺活量是测试学生的肺通气功能。台阶试验是测量定量负荷时心血管机能指标的变化水平，用以评定人体心血管机能水平。

（二）各项身体素质的测试

表1　身体素质分类表

	大类	亚类
身体素质	速度素质	反应速度
		动作速度
		位移速度

续表

	大类	亚类
身体素质	力量素质	相对力量
		绝对力量
	耐力素质	一般耐力
		速度耐力
		力量耐力
		静力性耐力
	灵敏素质	一般灵敏素质
		专项灵敏素质
	柔韧素质	一般柔韧素质
		专项柔韧素质

身体素质是人体在体育运动中所表现出来的速度、力量、耐力、灵敏和柔韧等机能能力。作为衡量人体体质强弱和运动机能能力好坏的身体素质，一方面与肌肉工作的效率有关，另一方面也反映了人体各器官系统的机能能力。所以，在体育教学和运动训练中，身体素质的测试非常重要。

表 2　中学生有关身体素质的常见测试内容与测试目的表

测试内容	测试目的
50 米跑	测试学生速度、灵敏素质及神经系统灵活性的发展水平。
50 米×8 往返跑	测试学生速度、灵敏及耐久力的发展水平。
400 米跑	测试学生速度耐力的发展水平。
男生的 1000 米跑 女生的 800 米跑	测试学生耐力素质的发展水平，特别是心血管呼吸系统的机能及肌肉耐力。
掷实心球	测试学生的上肢爆发力。
引体向上、俯卧撑	测试学生的上肢肌肉力量的发展水平（相对力量）。
握力	测试人体前臂和手部肌肉的力量。
1 分钟跳绳	测试学生的下肢爆发力和身体协调能力。
立定跳远	测试学生下肢肌肉力量及身体协调能力的发展水平。
踢毽子（30 秒）	测试学生的身体协调能力。

续表

测试内容	测试目的
仰卧起坐	测试学生的腹肌耐力。
象限跳、绕杆跑，"米"字跑、6米折回跑	测试学生的灵敏素质。
立位体前屈、坐位体前屈	测试学生的柔韧素质的发展水平。

（三）有关运动技术和运动能力的测试

体育运动项目众多，如何对各个运动项目的技术和能力进行测试？我们应该根据各运动项目的性质、形式和特点的共同点和差异点，按照一定的标准，将众多的运动项目分类。根据运动技术测试的实际需要，可将运动技术的测试内容分为体能类与技能类，如表3。

表3　运动技术测试内容分类表

大类	亚类	项目分类
体能类	速度力量类	径赛中的各种短距离跑、游泳等，田赛中的各种跳跃、投掷项目等。
	耐力类	径赛中的中长距离跑、竞走项目等。
技能类	表现类	难美性项目中的竞技体操、健美操、武术套路、艺术体操等。
	对抗类	隔网类项目，如乒乓球、羽毛球、网球、排球等。
		同场类项目，如篮球、足球等。
		格斗类项目，如武术散打、摔跤、跆拳道等。

三、中学体育测试的常见内容

目前，中学体育测试的内容主要是《学生体质健康标准》中的相关测试和中考体育测试。2002年7月，为贯彻"健康第一"的指导思想，教育部制定了《学生体质健康标准》，在内容上增加了与人体健康关系最为密切的心血管功能指标，取消了只有在竞技比赛和"达标"中才有的项目，如引体向上和铅球等，突出了与学生健康直接相关的心肺循环系统的功能、肌肉力量和耐力以及柔韧性等方面的评价。对健康的评价更为全面，表明社会对学生体质的关心从素质向健康方面转化。中考体育测试在中学体育测试中占有重要地位，全国各省各地区测试内容不尽相同，所占权重也各不相同，但总体来看，测试内容多是跑、跳、投和球类的常见项目，只有个别省市把体操和游泳列入测试中。少数省市中考测试内容与《学生体质健康标准》的内容一致（见表4）。

表4 部分地区中考体育测试内容与权重表

地区	测试内容	对应分数
广州市	200 米（必考）＋选项（仰卧起坐、三级蛙跳、立定跳远）。建议：男生选项选三级蛙跳，女生选仰卧起坐或立定跳远。	体育总分为 60 分，计算公式为：（200 米得分＋选项得分）×0.3＝所得体育总分（60分制）
郑州市	必考项目：长跑（男生 1000 米、女生 800米）；选考项目：50 米跑、跳绳（素质类一），掷实心球、立定跳远（素质类二），篮球运球、足球运球（技能类）。	中考体育总成绩为 50 分。其中，体育考试总成绩 44 分，学校的打分权增加了 1 分，达到 6 分。长跑 14 分，素质类一、素质类二和技能类各 10 分。
北京市	耐力（男 1000 米、女 800 米跑步），力量（男引体向上、女仰卧起坐或实心球）和技能（篮球障碍运球）。	2009 年的 30 分变成 40 分，所增 10 分为学生平时成绩。2010 年中考体育考试仍考 3个项目，每项 10 分。
淮安市	体育考试项目分三项：速度：50 米跑；力量：投掷实心球；技能：篮球绕标志物运球。	体育考试成绩由现场考试成绩和过程性考核成绩组成，中考总分合计 35 分。
太原市	2010 年体育考试项目分为必考项目和选考项目。1. 必考项目。（1）1000 米（男）、800 米（女）；（2）立定跳远。2. 选考项目。考生在一分钟跳绳、掷实心球、握力体重指数、坐位体前屈四个项目中选取一项作为考试项目，确定选考项目后不得更改。	体育测试分值满分为 30 分。每项分值满分为 10 分。其中，每项最低分值是 3 分。
上海市	每位学生应参加三类项目的测试。耐力项目为长跑（男生 1000 米、女生 800 米）；定量项目包括 50 米跑、立定跳远、实心球、跳绳、引体向上（男）、仰卧起坐（女）、游泳、篮球、排球；定性项目包括垫上运动、杠上运动（单杠或双杠）、支撑跳跃。在定量、定性项目中，学生可各选择 1 个自己擅长的项目参加测试。学生应按照自己事先申报的项目参加测试，不可随意临时更改测试项目。	总分为 30 分。其中日常考核为 20 分，统一考试为 10 分。日常考核按照学生初中三年的体育学习态度（7 分）、体育学习能力（8分）、体育学习效果（5 分）等有关考核、测试成绩记载，采用教师评定、学生互评等方式予以评价，满分为 20 分。统一体育考试分设耐力、定量、定性等三类项目，耐力项目满分为 4 分，定量和定性项目满分各为 3 分，合计 10 分。
济南市	1000 米（男生）、800 米（女生），身高、标准体重，立定跳远，掷实心球，篮球、排球、足球中任选 1 项。	初中阶段体育成绩占 25 分，1000 米（男生）、800 米（女生）占 5 分，身高、标准体重占 5 分，立定跳远 10 分，掷实心球 10分，篮球、排球、足球任选 1 项 5 分。
石狮市	体育考试项目有三项，其中必考一项、选考两项，必考项目为男生 1000 米、女生800 米的长跑；选择项目为立定跳远、1分钟跳绳、掷实心球、1 分钟仰卧起坐（女），考生在四个项目中任选两项。	体育考试每项满分为 100 分，三项计 300分，再折算成 A、B、C、D 等级（A 为 255分及以上，B 为 210～254 分，C 为 180～209 分，D 为 179 分及以下）。

四、中学体育测试常见内容的基本测试方法和注意事项

（一）有关身体机能测试能力的相关修炼

1. 测试肺活量时的注意事项

（1）测试前，要检查肺活量计的工作状，检查电源线及接口是否牢固。测试前，检测员应向学生讲解测试要领，做示范演示，学生可试吹一次。

（2）测试应使用干燥的一次性吹嘴。

（3）学生在呼气过程中，不能再进行吸气。

（4）测试时，学生不可呼气过猛，以防漏气，且必须保持吹气筒的导管在上方。

（5）检测人员要及时纠正学生用鼻呼气的错误动作。如果无法纠正，可让学生戴上鼻夹或用手捏住鼻子，防止学生用鼻呼气。

2. 台阶试验的注意事项

（1）测试前，学生应做轻度的准备活动，主要是活动下肢关节。一定要提醒学生绑好鞋带，以免造成不必要的受伤。心血管疾病患者不得进行此项测试。

（2）让学生清楚测试的标准动作。第一步，被测试者一只脚踏在台阶；第二步，踏台腿伸直站立在台上；第三步，先踏台的脚先下地；第四步，还原成预备姿势（如图1）。

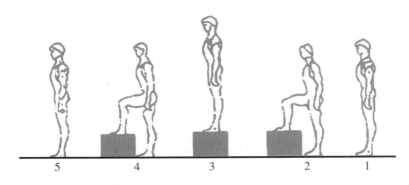

图1 台阶试验的动作分解

（3）中学测试仪器在高度上男女不同，要注意检查。

（4）按节律进行，当学生跟不上节奏时应及时提醒。

（5）如果学生不能完成3分钟的负荷运动，以实际上下台阶的持续时间进行计算。

（6）让学生上、下台阶时膝、髋关节伸直，上下台阶时不要跳，不要踩在台阶箱的边缘。

（7）不能使被测试学生的身体和手臂摆幅过大，以免影响别人。

（8）测试时不要说笑开小差。

（9）测试时一定要维持好测试秩序，尽量让不测试的学生离开测试场地。

（10）教师一定要帮学生检查好指夹是否夹好，以免测试无效。

（二）各项身体素质的体育测试

1. 测试立定跳远时的注意事项

（1）立定跳远的落地区设在沙坑内或土质松软的平地上。为避免学生起跳时因滑动而影响成绩，可将起跳板表面做成麻面，即将跳板表面刻成有规律、一致的横条形。

（2）不能为了追求测试方便和速度，直接在跑道上进行立定跳远的测试。虽然这样测试的成绩相对好些，但有的学生犯规严重，常常起跳犯规或是落地后退，甚至造成手在向后撑地时受伤（特别是腕关节）。

（3）学生可以赤脚，但不得穿钉鞋、皮鞋、塑料凉鞋或拖鞋进行测试。

（4）学生测试时，不能有垫跳、助跑、连跳等动作。发现连跳、踩线、过线等犯规行为时，将此次成绩按无效处理。

（5）为保证准确丈量成绩，可将一卷尺固定在一长木板条上，并垂直于起跳板放在落地区一侧，测量成绩时裁判员用木制三角板的一条短直角边平行贴近木板条，另一条长直角边贴近落地最近点，读取成绩。另外在满分地点处横向拉一条橡皮筋，越过橡皮筋的不用量，直接给满分。

2. 测试投实心球的一些技巧

为便于迅速报出成绩和增加考试透明度，使每个考生一看便知道得了多少分，可以改进投掷区的画法。为了增加准确度，投掷区的所有界线全部用白色线绳标出，在落地区按分值标出对应的远度区域，并在每条界线两端插上写有相应分值的小铁旗，球落在几分区就得几分，满分区用红色线绳标出。这样就能使每位考生的成绩一目了然。

3. 测试中长跑的一些技巧

可采用站立式起跑，测试人数要适中，不能为了测试速度无限制地增加人数，以15～20人一组为宜。到达终点时，为了确保名次与计时一致，指定一名裁判员按考生到达终点的先后顺序报出名次，另两名裁判员将写有名次的小牌迅速发给对应的考生，其中一名裁判员发单数，一名发双数，交叉发放。然后记录员按名次找出对应的考生。如记录员叫第一名是谁，则拿"1"号小牌的考生报出自己的名字并亮出小牌，记录员看后在登记表上找到该考生，注明名次，后面依此类推。最后记录员叫名次，计时员按名次报出相应的时间，记录员做好登记。

在中长跑项目的测试过程中，为避免学生未进行准备活动即开始测试的情况，尽可能不影响学生的真实成绩，避免安全事故的发生，可将男生、女生分别分为5个大组：测试组、协助组、准备组、活动组和放松组。测试组进行测试；协助组负责督促、协助测试组做好准备活动，记录自己的配对者到达终点时的名次，协助登记配对者的成绩，并协助做好测试组到达终点时的安全工作；准备组要做好准备活动，要调整自己的状态，并在起跑线旁等待"检录"；活动组在小组长的带领下要做好热身准备活动，并使自己的状态逐渐向准备组的状态过渡；放松组在小组长的组织下进行积极的慢走和相互按摩等恢复活动。

在测试前，要组织第 1 组、第 2 组做好准备活动，第 3 组是 4 个组中的关键组，要负责一定的兼职工作（如表 5）。

表 5　分组与组合表

类别＼组别	测试组	协助组	准备组	活动组	放松组
第一组合	第 1 组	第 4 组	第 2 组	第 3 组	
第二组合	第 2 组	第 3 组	第 3 组	第 4 组	第 1 组
第三组合	第 3 组	第 1 组	第 4 组	第 2 组	
第四组合	第 4 组	第 2 组			第 3 组

（三）有关运动技术、运动能力的测试

1. 篮球运球

（1）如何设置篮球运球测试的标准场地。

篮球场长 20 米，宽 7 米，起点线后 5 米处设置两列标志杆，标志杆距同侧边线 3 米。各排标志杆相距 3 米，共 5 排杆，全长 20 米，并列的两杆间隔 1 米（见图 2）。

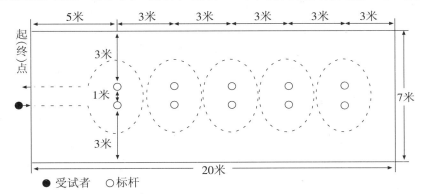

图 2　篮球运球场地设置及测试示意图

测试器材包括秒表（使用前应进行校正，要求同 50 米跑）、发令哨、30 米卷尺、标志杆 10 根，篮球或小篮球若干个。小学五、六年级采用小篮球，球重为 420～480 克，球周长为 645～670 毫米。

（2）测试时的注意事项。

①测试前让学生明确运球路线及正确的运球方法。

测试中篮球脱手后，如球仍在测试场地内，学生可自行捡回，并在脱手处继续运球，不停表。

②如果学生在测试过程中出现犯规行为，则取消当次成绩，如出发时抢跑、运球过程中双手同时触球、膝盖以下部位触球、漏绕标志杆、碰倒标志杆、人或球出测试区域、未按图示要求完成全程路线、通过终点时人球分离等。

③学生有两次测试机会，两次犯规无成绩者可再测，直至取得成绩。

2.足球运球

（1）如何布置测试场地。

测试区域长30米，宽10米，起点线至第一杆距离为5米，各杆间距5米，共设5根标志杆，标杆距两侧边线各5米（图3）。

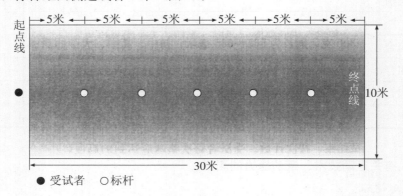

图3　足球运球场地示意图

测试器材包括足球若干个（测试用球应符合国家标准），秒表（使用前应进行校正，要求同50米跑），30米卷尺，5根标志杆。

（2）测试时的注意事项。

①如果学生在测试过程中出现犯规行为，则取消当次成绩，如出发时抢跑、漏绕标志杆、碰倒标志杆、未按要求完成全程路线等。

②学生有两次测试机会，两次犯规无成绩者可再测，直至取得成绩。

五、怎样组织好体育测试工作

测试是学校体育工作中较复杂的环节，包括测试时间的安排、测试人员的培训、场地器材和仪器的准备以及安全措施等一系列问题。只有有一套比较完善的测试实施制度和办法，才能保证测试工作的顺利进行。

1.测试时间的安排

测试时间的选择应采取课堂教学与课外体育活动相结合的方法。凡是与教材一致的项目（50米跑、400米跑、800米跑、1000米跑、立定跳远、仰卧起坐、篮球运球、排球垫球、足球颠球和运球等项目），都可结合体育课单元教学考核进行测试。体育课中没有教过的内容可在课外体育活动中组织测试。要避免过多地占用体育课时间专门进行测试。

2.测试的组织形式

测试的形式要灵活多样，既要节省时间，又要方便学生。一般有以下几种：

（1）体育考核课。利用单元教学考核课对运动技能项目进行测试。

（2）课外单项测试。利用课外体育活动时间，定时、定点、定裁判，测试者可集体或单人参加。

（3）单项班组达标比赛。可结合季节特点进行。

（4）学生体质健康标准多项运动会。

（5）以班级为单位的单项对抗赛。

（6）安排测试日。一般以班或年级为单位，每一至两周利用一次课外活动时间组织学生进行测试或开展群体测试。

（7）安排测试周。一般在登记上报各级达标人数之前，集中安排一至二周的测试。

（8）安排测试点。学校与各市（县）、区中小学卫生保健所配合，保健所责成专人负责，在固定的时间进行测试。需要测试的班级或个人，可事先和测试点取得联系。它的特点是规模小、经常化，能及时满足部分学生平时检查锻炼效果和少数学生测试的需要，有利于促进学生坚持日常锻炼。

3. 测试人员的培训

培训一支思想素质好、业务素质高的测试人员队伍是提高测试数据准确性的保证。要想做到既能适应集中测试的需要，又能满足同一时间内分别进行测试的要求，需将这支队伍和课内外体育骨干培训结合起来。

4. 测试前的准备

测试前要做好充分准备，以提高测试时间的利用率及改善测试的效果。准备工作内容一般包括发动学生，调校仪器，准备测试成绩登记表，提前填写好受测学生的名单，准备好场地，测试人员熟悉测试规则、方法和要求，制订测试过程中的组织和安全措施，指导受测者做好充分的准备活动等。为保证素质测试和技术测试的质量，在测试前应向学生讲解其重要意义，使学生以积极的态度参加测试，充分发挥技术水平和素质潜力。

5. 测试过程中的组织

在准备工作做好之后组织学生测试，测试一般采用流水作业。各项测试的顺序应事先安排好，耐力项目和消耗体力较大的技术项目应放在最后。要充分发挥辅导员或班主任、体育教师和学生体育骨干的作用，保证测试的秩序。测试工作的突出问题是占用的时间多、教师的负担重。要解决这个问题，需要通过提高教师的组织水平、业务能力和学生的组织纪律性、加强各方面的协作等办法来解决。

专题四 快乐成功

在有的老师眼中，体育课上要"快乐成功"似乎是个很简单的"活"，不需要什么技术，似乎体育课是随便来个人就可以上的，不需要专业的教师，他们忘了体育课是体育"教"与"学"的过程。作为体育教师，我们要在体育"教"与"学"的过程中让学生切实体会到"快乐"和"成功"就是个"技术活"了，需要经过必要的专业化修炼。

一、"快乐体育"的理论来源

（一）"寓教于乐"——"快乐体育"的提出

"快乐体育"最初渊源于快乐教育。针对学生厌学现象，教育界出现了愉快教学、趣味教学、寓教于乐的主张和做法。受这些教育思潮的影响，一些体育工作者提出了"趣味教学""情景教学""男拳女舞""音乐进课堂"等主张，并进行了大胆的教学实验。这些主张虽然说法不一，各有特点，但有一点是共同的，那就是"寓教于乐"的思想。在这种背景下，20世纪80年代，"快乐体育"由日本传入我国，并随着我国教育体制的改革和素质教育的深入开展，逐渐对我国广大体育教师和体育教学产生了较大影响。

（二）"快乐体育"教学思想的基本特征

英国教育家斯宾塞于1854年就提出了"快乐教育"的思想。他认为学习如果能给学生带来精神上的满足和快乐，即使无人督促，学生也能自学不辍。而快乐体育从方法论角度而言，是指在教学过程当中充分调动教师和学生的积极性，使教师乐教、学生乐学，使全体学生在师生关系融洽、合作的气氛中生动活泼地获得发展，并在学习过程中始终充分体验运动的乐趣，体验克服困难后获得"发现"或"成功"的快乐。因此，在"快乐体育"的实践中，学生成为学习活动的主人，扩展了其体质、个性、能力自由发展的空间，"主动学习、愉快发展"成为活动的主要特征。

（三）"快乐体育"容易产生的误解

在中国，"快乐"一词比较多义，也比较容易引起误解，常常被理解成表面的心情愉悦，而且"快乐"一词也很难解释失败与成功、痛苦和快乐之间的复杂关系，体育领域对此一直有一些反对和误解的声音。我国的学校在实践"快乐体育"的过程中出现了许多理论的错误解读和实践上的歪曲，其中既包括支持"快乐体育"的人，也包括反对"快乐体育"的人。这些误读和误解主要包含两个方面：有些支持"快乐体育"的人会把"快乐"误读和误解为体育教学的游戏化，误解为体育学习内容是由学生来选择和决定的等，因此，体育课变成游戏课；一些反对"快乐体育"的人把"快乐"误读和误解为教育的丧失，对学生的迁就，教学的自由化，是"学生想干什么就干什么"，并认为这种教学将学生奉为上帝，造成了所谓新的放羊式教学。这些思想都是不客观、不正确的，并非"快乐体育"真正追求的目标，因此我们理解"快乐体育"不能仅从字面上来看，更应抓住"快乐"背后的本质内涵——努力付出之后的收获。

二、"成功体育"的理论来源

（一）体验成功——"成功体育"的提出

"成功体育"是针对"快乐体育"在名称上容易造成误解的缺陷，借用"成功教育"的名称和"挫折教育"的思想，在"快乐体育"的理论和实践上，融合了国内外相关的理论和实践，如日本的"Trops 理论"[①] 等发展起来的。其标志性的论述和著作有《"成功体育"的呼唤》《探索成功的体育教学》等。"成功体育"经过多年的实践和研究，已经具有独自的理论和实践。在 20 世纪 90 年代中期有关"成功体育"的成果很多，也有许多好的实践案例。

（二）"成功体育"教学思想的基本特征

"成功体育"的基本思想："成功体育"特别强调要使学生在体育教学中获得愉快和成功的情感体验，并认为这是培养学生体育意识和兴趣及自尊、自信等心理素质的必要途径。

"成功体育"明确主张，要通过有效的体育教学实践和独特的方法体系，让学生充分地体验学习的成功和运动的乐趣，但学习的成功是建立在科学的教法和严格的教学要求基础上的，不是迁就，也不是自由化，而是努力、挫折和失败之后的成功。"成功体育"坚决反对"莫名其妙的失败"和"以失败而告终的失败"。运动乐趣的体验是每个学生应该享受的体育权利，教师要让每个学生都能相应地体会到运动的乐趣，而且特别要关心那些身体条件、体育基础和体育自信心差的学生，采用多种"激励学生在自己的水平上努力成功"的方法，使学生在体育中获得成就感，为全体学生的终身体育服务。

三、"快乐体育"与"成功体育"的比较

两种教学思想最大的共同点是从人的情感入手，强调以人为本，充分发挥学生的主动性，尊重学生的兴趣、自尊心，使学生在运动中获得快乐的、积极的情感体验。两种教学思想的侧重点不同："快乐体育"强调学生快乐的情感体验，而快乐可以是多种多样的，可以是不同的教学内容带来的快乐，可以是不同教学方式带来的快乐，可

---

① Trops 理论，即托罗普斯体育观，是由日本爱知教育大学社会学家影山健教授等人首先提出的。Trops 不是英文单词，而是运动（Sport）的反向拼读（意即没有败者的体育）。其主要特征可概括为三点：1. 都能取得快乐的运动；2. 大家共同创造的运动；3. 人和自然对话的运动。"Trops"运动比起竞争，更重视协调；比起技术，更重视表现；比起争斗，更重视共存；比起继承，更重视创造。

以是不同教学环境带来的快乐等；"成功体育"则强调学生获得成功的体验，强调"成功了才是快乐的"。（具体比较见表1）

表 1　两种教学思想提出背景的比较

教学思想	针对的问题	教育学思想	心理学理论	利	弊
"快乐体育"	学生厌学现象	寓教于乐的愉快教育理论；日本的"快乐教育思想"	快乐的情感体验	能充分发挥学生的积极性和主动性，使学生在体育教学中获得愉快、成功的体验，进而促使其更加努力地参与，有利于培养学生的体育意识和兴趣。	词语表述较浅显，对快乐的理解不同，在学习和引进与实践中容易引起误解、疑虑甚至反对。
"成功体育"	"快乐体育"的弊端	成功教育	成功的情感体验		对于差生，这种成功体验是不充分的，而且还带有一定的虚假性和欺骗性，不能提高学生的自尊心；对于特长生来说，赢了会自满，输了也无所谓，不能产生积极的情感体验。另外，这种教学不利于培养学生的意志。 以上两种教学思想都有其利弊，我们不能肯定了一种教学思想而完全抛弃了另一种教学思想，而应该认真学习和研究每一种教学思想的本质，取其精华，去其糟粕，才能在教学当中取得更好的教学效果。

四、体育教学中"快乐成功"的策略

在体育教学中，要想让学生"快乐成功"，教师不仅要拥有一定的智慧，而且要采用一定的策略。

（一）突出运动的"固有乐趣"，让学生体验不同运动的特点

任何体育运动都有其固有的乐趣，角力类运动的乐趣是力量的博弈，隔网球类运动的乐趣是网上的往返和争夺，目标类运动是准确命中目标的次数，如射箭、射击等运动，而竞争和目标类相结合的运动项目的乐趣是自己多命中目标且最大限度地阻止对方命中目标，如篮球、足球等，体操类的乐趣是非正常体位动作的完成和特殊的身体感受。

在运动项目教材化的过程中，教师要充分地认识和提取这些乐趣，然后在教学过程和教学方法中体现这些特质，把运动的内在乐趣充分地转达给学生，让学生真真切切地体验到每项运动的乐趣，促使他们参与运动。

因此，这就要求体育教师在平时的教学工作中多加思考，不断提高、修炼自己的教学思想，提升体育课程把握的能力：

（1）从运动乐趣的角度深入研究各个运动项目的特质。

（2）把"乐趣的提炼和扩大"作为教材研究的重要内容。

（3）研究体验运动乐趣的条件和过程。

（二）突出学生参与活动的自发性、自主性和选择性

自发和自主地参与体育运动既是一种生活习惯，也是一种生活能力，更是一种生活态度，需要教师在体育教学过程中进行长期的培养。在教学中激发学生的自发性和自主性的主要方法有：

（1）不断提高学生对体育运动的意义的认识。

（2）培养学生判断和选择适合自己特点的运动项目的能力。

（3）教会学生参与体育活动的策略和方法。

（4）加大体育教学中的各种选择性。

（5）不断提高学生参与体育的成功感和自信心。

（三）突出体育的"小集团学习氛围"

体育运动大都是集体的活动，在集体中与伙伴和睦相处，与集体共有目标，拥有集体荣誉感，服从领导，完成好自己的职责，遵守大家的共同约定和规则，参加组织活动，并在同伴和集体的帮助下更好地提高自己的运动成绩，更多地获得成功的体验，这是学生可以有效地、愉快地参与体育的重要条件。主要方法有：

（1）注重营造小集团学习的氛围。

（2）开发小组学习的各种教学形态和过程模式。

（3）充分利用各种不同功能的分组方法，如随机分组、异质分组、等值分组等。

（4）设计有利于小组学习的各种教法，如小组相互评价、相互学习的教法等，又如在教学开始阶段的"教学目标"向"小组学习目标"转化的方法等。

（5）采用有利于小组学习的辅助教具，如小组学习卡片、多媒体教具等。

（四）体验多种乐趣的"目标学习"

"目标学习"的目的是让学生在体育学习过程中体验到"尝试运动""学习提高技能""发展创新"的多种运动乐趣。"目标学习"的基本过程主要为三个阶段：

（1）"学生在自己原有的技能水平上尝试和享受运动的阶段"。这个阶段不强调学习的意义，而是让学生做自己可以做的各种运动，给学生充分的运动时间，使学生在这个运动阶段中产生学习新的运动技术的动机和要求。

（2）"学生挑战和学习新的运动技术，享受学习和挑战成功的阶段"。这个阶段是教师在学生出现了自发性的学习动机后因势利导地引导学生进行深入学习的阶段。在这个阶段中，教师通过分组性，注重让学生学习选择性强和自主性强的活动，注重学习的效果和挑战的成功感。

（3）"学生在掌握新技能的基础上进行一些创新性的学习延伸，发挥创造性，体会创造性学习的乐趣的阶段"。这个阶段强调学生的创新性思考，如健美操的重新组合、小创编、技术战术的归纳和演绎、个人技术特点总结、同学间的互相技术评价等。

（五）使每个学生都有体验成功的机会

"成功体育"在体育教学中主要有以下几种实现方略。

1. 注重成功的积累效应，避免无谓失败

"积小成功为大成功"的教学策略是尽量避免无谓的失败，即"莫名其妙的失败"，利用不断的小成功的积累使学生获得成就感。

案例

体验成功的排球发球

某校初一女生在两个标准的排球场学习排球的下手发球，但靠近场地底线的地方划着相隔一米的四条线（其中两条线在底线的后面），有一块排球场是标准的网高，有一块球场已经不是标准的网高，而是降低了不少，学生们用的排球既有成人用的排球，也有软式排球。教师在讲解了下手发球的技术要求和动作顺序后，就让学生开始了发球的练习。教师让学生根据自己的情况可以选择不同的网高、不同的位置、不同的排球，如果在某个自己认为合适的位置连发三个好球就可以换成难发的球或是难发的位置，继续挑战，如果在新的位置上失败了就回到原来的难度上继续练习；如果在新的位置上又成功了，就向新的难度继续前进，直到最后达到用正式的排球、在离底线2米处可以准确发球到对方球场，即达成了学习目标。在这种情况下，学生由易到难地进行学习，积小成功为大成功，所有的学生都能体验到成功的乐趣。

2. 所有人都可以成功

在特定的教学环境下，根据需要、合理的时机和频数，回避绝对标准的比赛和评价方法，突出相对标准的比赛和评价方法，使一些在特定的运动竞赛和练习中不可能取得胜利的学生也获得胜利并体验成功的乐趣，以克服比赛承认胜利者而否认弱者的缺陷，让全体学生都有机会体验胜利，帮助学生建立自信心并产生对运动的好感，促进学生积极参与体育运动。这个方法反过来也可以让那些很少失败的学生重新获得挑战的环境，促进他们不断刻苦练习。在这类方法中，学生面临着无尽的挑战，因为他们的对手就是他们自己。

案例

"全体都胜利的赛跑"

在我们常规的体育教学和学校体育中，只有一个第一名，这似乎是一个正常的体育竞赛现象，但却不是一个正常的体育教育现象，因为我们体育教育的目标是要让所有的学生都能体验到运动的乐趣和体育学习的成功感，而这种只有"唯一胜利者"的体育竞赛体系的确让很多身体条件差的学生在不断的失败体验中丧失了对体育的兴趣。那些从来没有在体育中获得成功的学生是不可能在未来的生活中积极主动地参与体育运动的。

当我们改变了常规的体育比赛思维以后，我们的体育教学也会发生重大的变化，我们可以让每个学生都有取得胜利的机会，都能体会到成功的感受。例如，在"反50

米跑"的比赛中，当第一位学生到达终点的那一时刻，把其他学生的位置记下，作为各自的起点，向反方向跑，于是，每个人的可能胜利的机遇是完全一样的，也就是说，每个学生在这场比赛中都有可能取得胜利。这样，每个学生都被唤起了取得胜利的欲望，都会积极地参与竞争，包括总是获得第一的那位学生。

需要注意的是，让位跑、让距离跳远、反50米跑、自我挑战跑等也不能滥用，要选择合适的时机适当地运用。

3. 利用"人人为我、我为人人"的团队力量获得成功

利用集体的力量、集体的温暖和集体团结合作，帮助学生体验运动的乐趣，促进运动能力较差、自信心不足的学生更好地投入体育运动中去，这是体育教学促进运动参与的另一个策略。

案例

所有学生为了集体荣誉而努力的"目标跳远"

传统意义上的跳远，只有跳得绝对距离够远的学生才能获得胜利和成就感，而改变了思维和改变了规则的"目标跳远"则完全打破了这种定式。"目标跳远"是采取自己向自己的最近距离挑战，并把挑战的成绩以组为单位加起来进行小组间比赛的方法。具体方法为：在沙坑中间放置一条红线作为大家挑战的目标，将学生随机分成几个比赛小组，学生各自按照自己的最好跳远成绩（事先测好）量出自己的起跳地点，然后进行跳远比赛，每人跳三次，没有达到目标者不得分，超过目标者得1分，超过目标较多者得2分，每人跳完三次后，将小组的分数相加，与其他小组相比后得出比赛成绩。

"目标跳远"是自我挑战的方略，也是典型的利用集体和团体赛的因素进行的教学，可以消除技能差的学生的自卑感，使他们也可以参与集体比赛而不受到歧视，同技能好的学生一样为集体争光。同时，学生在积极的比赛中不断挑战自我，不断提高自己的跳远成绩，最终实现全体学生参与体育学习和锻炼。

4. 调整场地和器材，使学生体验成功

体育教师可以根据学校和学生的实际情况及需要，采用调整场地器材等方法手段，降低或增加比赛、练习、游戏的难度，使一些在特定的运动竞赛和练习中不可能取得胜利的学生也获得胜利并体验成功乐趣，或使一些原本很容易取得胜利的学生能体验到挑战自我的乐趣。这样做不仅增强学生对项目的新鲜感，还可以帮助学生建立自信心并对运动产生好感，促进学生积极参与体育运动。例如，利用反弹板帮助学生体验跳绳乐趣，扩大球筐帮助学生体验投篮乐趣，用底线当足球门组织足球赛，多设球筐帮助学生体验投篮乐趣，利用"网球棒球"体验棒球乐趣，利用"足球棒球"体验棒球乐趣，利用"支架打棒球"体验棒球乐趣，利用弹网手球加大手球乐趣等。

第五篇
体育工作能力修炼

本篇论述了中学体育教师的工作能力修炼方面的内容，主要从课间体操、班级体育活动、竞赛组织、运动训练、体育管理等方面培养教师的工作能力，结合教师的实际工作，具有较强的针对性。

专题一　课间体操

课间操是学生每天必须参加的一项体育活动，是学生紧张学习之余的一种积极休息，同时也是校园体育文化建设的重要内容和综合反映。近些年，随着教育改革的不断深入和人们对学生个性发展关注度的提高，批评课间操的声音也变得多了起来。许多人认为，理论上课间操的作用与实践结果存在很大的反差。学校在课间操的管理上花了很多工夫，但却收效甚微，课间操变成了学校体育工作中的"鸡肋"。做好课间操的组织与管理工作是每一位中学体育工作者义不容辞的责任，需要我们付出更多的努力。

一、课间操——我国特有的课间体育活动

提起课间操，我们的脑海里便会想起在操场上或者学校的空地上，学生整齐划一做操的场面，这是我国中小学特有的活动内容和教育形式。

课间操是为了缓解学生紧张学习带来的压力，特意安排的有固定练习内容和练习形式的一组相对固定的基本动作，后来逐渐演化，具备了建设校园体育文化的功能。随着我国学校体育工作制度建设的不断完善，课间操被写进了《学校体育工作条例》等法规性文件。此后，课间操以"不可或缺"的角色进入了学校，在中国校园中发挥着独特作用。

（一）课间操——不可或缺的学校教育内容和载体

1. 保障学生参与体育锻炼权益的必然要求

课间操既是学校教育活动的传统内容之一，又是执行学校体育相关法律法规的必然要求。中华人民共和国《宪法》《教育法》《义务教育法》《未成年人保护法》和《体育法》等法律都对青少年的体质问题作出了原则性的规定和要求。另外，国务院颁布的《学校体育工作条例》和《全民健身条例》对保障青少年学生的体育活动作了详细的规定。《学校体育工作条例》规定，普通中小学、农业中学、职业中学每天应当安排课间操。新颁布的《全民健身条例》明确规定，学校应当根据学生的年龄、性别和体质状况，组织实施体育课教学，开展广播体操、眼保健操等体育活动。《中共中央国务院关于加强青少年体育、增强青少年体质的意见》也将课间体育活动作为加强青少年体育、增强青少年体质的重要措施，该文件要求"全面实行大课间体育活动制度，每天上午统一安排25～30分钟的大课间体育活动，认真组织学生做好广播体操，开展集体体育活动；寄宿制学校要坚持每天出早操"。课间操既是学生体育锻炼时间的有效组成部分，又是我国学校体育中已经形成的优良传统。

诸多法规文件的出台，既表明了党和国家对青少年学生健康成长的关心与关注，又为保障青少年学生的锻炼时间提供了法律依据。在我国法制化进程不断推进的今天，学校作为贯彻落实党的教育方针的重要场所和机构，坚持课间操制度，既是依法治校、保证青少年学生在学校的锻炼时间、确保他们进行体育锻炼的权利的必然要求，也是促进广大青少年学生健康成长，为国家培养身心健康、体魄强健、意志坚强、充满活力的优秀人才的必要手段。

2. 提高学生学习效率的必要手段

长期以来，学生在基础教育阶段面临着较重的学习压力，尤其在中学阶段，这种现象有愈演愈烈之势。为了改变这种状况，各级教育行政部门都做了一定的努力。在国家层面，《基础教育课程改革纲要（试行）》明确规定要改变课程内容"难、繁、偏、旧"和过于注重书本知识的现状。但是，在目前的状况下，仅靠减负是不够的，还应该合理安排学生的学习时间，使学生劳逸结合、提高学习效率。

课间操可以促进人体的血液循环，同时使长时间处于紧张的肌肉得到放松，能使大脑神经细胞很快恢复到兴奋状态，有效缓解大脑的疲劳，使在前两节课中积累的疲劳较快消除。学校课间操的存在，在一定程度上可以优化学生的学习结构，提高学生在单位时间的学习质量。

另外，课间操可以促进伙伴之间的沟通，有效增进学生之间的友谊，改变学生的心境，使他们以一种更加积极主动的心态去学习。

3. 组成校园文化的重要内容

校园文化是校园内具有教师和学生特点的一种精神环境和文化氛围，是以学校师生为主体的具有一定特性的文化潮流，是校园提升文化内蕴和气度的特色形式。学生课余生活中一切以群体形式出现的文化活动都是校园文化的有机组成部分，如篮球兴趣小组、棋牌俱乐部、文学社等社团活动。

我们经常有这样的感受：观看了某一学校的课间操后，就会对学校的传统、校风、学风有所了解，甚至可以从中感受到学校所具有的特定的精神环境和文化气氛。之所以有这样的感受，在很大程度上是因为学生的一举一动形成了学校所独有的鲜明特色，折射着校园文化的魅力。课间操作为学校课外活动的重要形式和内容，有助于创造生动丰富的校园文化，增强校园文化的凝聚力和吸引力。特色鲜明、丰富多彩的课间操是学校的一张名片，展现校园文化建设的独特魅力。

（二）课间操——学校体育工作中落满灰尘的"文物"

自新中国成立起，课间操就一直存在于我国的中小学校园中，对促进学生身心健康起着积极的作用。然而，随着时间的推移，过去很长一段时间，课间操就像一件被灰尘掩埋了的"文物"，失去了原有的价值和光彩，甚至被人们误读。学生不喜欢，出工不出力；老师不满意，费时无效果。课间操在形式上轰轰烈烈、蔚为壮观，实际上则平淡如水、毫无效果，长此以往，不但达不到其基本目的，反而会使学生形成应付了事的不良习惯，不利于学生的成长，有悖于学校培养人的基本目标。

课间操到底怎么了？我们应该用怎样的方式擦去这件珍贵"文物"身上的尘土，使它重新焕发光彩呢？

二、把握历史机遇，重塑课间操的良好形象

"课间10分钟"是我国中小学长期以来已经形成制度的课间休息时间，课间操制度形成后，做操时的课间休息时间延长为15分钟。正是由于受到时间和场地的限制，广大体育教师不能充分发挥教育智慧，课间操一直以来都难以摆脱"内容单一、组织形式单调"的困境，千人一面，使学生参与的积极性和练习的效果大打折扣。

2005年，《教育部关于落实保证中小学生每天体育活动时间的意见》提出实行大课间体育活动制度，要求通过调整作息制度，在课间操的基础上，延长活动时间，丰富活动内容，形成25～30分钟的大课间体育活动形式。2007年，《中共中央国务院关于加强青少年体育、增强青少年体质的意见》明确规定："全面实行大课间体育活动制度，每天上午统一安排25～30分钟的大课间体育活动，认真组织学生做好广播体操、开展集体体育活动。"国家政策的调整为我们改变广播操的形象提供了很好的历史机遇，使课间操的改革与创新成为可能。

现在提起课间操，你想到的将不仅仅是千人一面、几年如一日的做操场面，而是内容丰富、形式多样、充满竞争与乐趣的大课间体育活动。

三、打造学生课间活动的乐园

大课间体育活动一般在每天上午第2节课后进行，时间为25～30分钟。我们可以通过以下几种方式打造中学生课间活动的乐园。

（一）开发课间操的内容，使活动内容具有多样性和可选择性

大课间除做广播操之外，还可以安排素质操、韵律操、眼保健操、游戏、武术、跑步、集体舞蹈等内容。对大课间活动的内容进行合理的设计，不但可以提高学生参与的积极性，而且可以有效提高其时效性。在开发课间操的内容时要处理好以下几类关系：

1. 规定内容与选做内容之间的关系

规定内容是根据教育部或者地方教育行政部门的规定必须开展的活动内容，这些内容的开展具有规定性和强制性，学校和教师一般情况下无权进行自主调整。例如，从2007年开始，由教育部、国家体育总局、共青团中央共同决定开展的"全国亿万学生阳光体育冬季长跑活动"就具有强制性，它要求各级各类学校将长跑活动与大课间体育活动和课外体育活动有机结合，也就是说，在开展阳光体育冬季长跑活动期间，学校必须开展长跑活动。

选做内容是学校根据自身的条件，由体育教师开发供学生进行选择的活动内容，这些内容具有灵活性和随机性，学生可以根据自身的兴趣和需要，与教师或者班干部协商后，自行选择锻炼内容。

开展课间体育活动时，要事先预留规定内容的活动时间，不能随意挤占规定内容，更不能为了迎合学生的兴趣而取消规定内容。

2. 活动内容与季节和天气的关系

由于体育活动的特殊性，多数运动项目的开展都受天气的制约，并且不同的运动项目在不同的季节开展的效果也相差很大。如发展学生的有氧耐力的长跑项目适合在气温相对较低的冬季和春季开展；秋季则适合选择一些适宜比赛的群众性项目，以比赛的方式引导活动的开展；趣味性强、运动负荷较低的活动则可以安排在夏季。总之，活动内容要符合季节和天气的特点，要有利于发挥活动的锻炼作用。

3. 活动内容与教学内容之间的关系

新课程改革后，体育课的时间成为学生在校期间体育活动的主体时间，课间体育活动既相对独立，又是体育课的有效补充和延伸。体育教师在安排课间活动内容时应该适当考虑与教学内容的结合，在可能的情况下，要把课间体育活动的内容安排为近期的教学内容，这既有利于学生巩固所学的内容，又可以充分体现所学内容的锻炼效果，加深学生对体育课和课间体育活动重要性的认识，促进体育课与课间体育活动的良性发展。

4. 活动内容与《国家学生体质健康标准》测试内容之间的关系

按照教育部和国家体育总局的规定，从 2007 年新学期开始，全国各级各类学校必须全面实施《国家学生体质健康标准》（以下简称《标准》），并规定学生的成绩达到《标准》规定的良好以上者，方可参加三好学生、奖学金评选。《中共中央国务院关于加强青少年体育、增强青少年体质的意见》下发后，有些省市将"《国家学生体质健康标准》测试达到优秀等级"作为评选三好学生的条件之一，这无疑增加了体育成绩在评选三好学生中的分量。

为了引导和鼓励学生积极参与体育锻炼，《标准》设计了许多简便易行、行之有效的运动项目，因此，在《标准》测试学期，体育教师可以把课间体育活动的内容与《标准》的测试内容相结合，一方面可以增加锻炼的针对性，同时又可以大幅度地提高学生的锻炼效果，对鼓励学生以更加积极的心态去参加体育活动具有很好的促进作用。

5. 活动内容与学校大型活动之间的关系

举办大型活动是学校综合实力的集中体现，同时又是对校风校貌的充分展示，对于进一步加强校园文化建设也具有积极的作用，因此，学校在安排课间活动时要充分考虑学校大型活动的组织需要，积极配合学校大型活动的开展，为大型活动的开展提供必要的保障。如学校运动会之前的方队训练，班级体育代表队的训练，业余拉拉队的训练等都应根据需要作为课间体育活动的重要内容。

（二）开发课间操的组织形式，使更多的学生积极参与课间操活动

组织形式的变化是激发学生兴趣、提高学生参与课间体育活动积极性的重要手段。同时，通过变化组织形式，可以给更多的学生提供参与组织的机会，锻炼他们的组织能力和协调能力，促进他们全方位地发展。

1. 以竞赛引领活动的组织形式

参加体育竞赛，为集体争光是每一位学生的心愿。教师可以引领学生自己组织课间体育活动，制订竞赛规则，组织竞赛活动。

教师可设立一个比赛活动，由学生自主组织进行练习，最后以集体比赛的形式展示练习效果。如某学校为了提高学生参与体育活动的积极性，由体育教师组织策划了跳绳、踢毽争霸赛。比赛以班级为单位，女生踢毽，男生跳绳。比赛共设"踢毽王""跳绳王"、踢毽团体冠军、跳绳团体冠军以及总分团体冠军五个奖项，并做出如下规定：比赛于一个月后举行；女生个人踢毽次数最多、男生个人跳绳最多者，分别授予"踢毽王"和"跳绳王"称号并颁发奖品；各班根据班级学生踢毽和跳绳平均的名次获得不同的积分，均数最大的班级获得单项团体冠军称号并获得奖品，积分最大的班级获得团体总冠军称号并获得奖品；比赛由各班利用课余时间自行组织练习。比赛规则发布后，各参赛班级积极筹备，认真组织，形成了学生自我管理、积极参与的良好局面。

2. 以参与的方式调动学生积极性的组织形式

使学生参与并承担角色是调动学生积极性的重要方式，课间体育活动的实施，可以分为学生参与和教师参与两种形式。

让学生参与的目的主要是为了培养学生的主人翁意识和精神，使学生意识到自己不仅是活动的参加者，更是活动的组织者和引领者。例如，在做广播操时，可以一次安排多个领操员，按周期轮换，并由学生给予评价，领操员的轮换可以在同一班级间进行，也可以在不同班级间进行。

教师参与主要是起到以身作则的作用，在多数情况下，学生不愿意参与活动跟教师的行为有关，如果教师能够身体力行，积极参与学生的体育活动，学生锻炼的积极性一定会得到提高，锻炼的效果也会更加明显。

（三）做好课间体育活动的后勤保障工作，确保活动顺利进行

课间体育活动是一个工作环节多、涉及面广、需要多方合作才能顺利完成的工作，除了上述智慧之外，还需要许多具体的工作需要落实，否则，再好的想法也不能实现。课间体育活动的有效实施需要做好以下保障工作：

1. 人员的分工及安排

（1）学校领导。在课间体育活动的实施环节，学校领导的责任就是责成相关人员制订保障课间操顺利实施的各项制度，并监督制度的落实，做到分工负责、责任到人。这样，体育教师和班主任在工作中才会有一个坚强的后盾，工作起来才会得心应手。

（2）体育教师。体育教师是专业人士。在日常工作中，体育教师要结合学校的实际情况，向学校提出合理的建议，从教授广播操的一招一式，到课间体育活动的组织和管理评比等，都要有行之有效的方法和措施，体现专业水平。

（3）班主任。班主任是课间体育活动最重要的管理者之一，班主任不仅要保证在场，而且要对学生做操有具体的要求，发现问题及时处理和解决，最好能够身体力行，为学生作出榜样。

（4）学生组长。学生组长是协助班主任做好工作的重要助手，可以协助班主任清点学生人数、监督学生做操质量、纠正错误做操动作。学生组长最好定期轮换负责，这样可以充分激发学生的主人翁精神，使学生为班集体的荣誉而努力做到最好。

2. 安全预案和措施

安全问题是学校体育工作需要注意的重要问题之一，课间体育活动的安全预案主要包括以下几个方面：

（1）进场与退场的安全。

（2）学生着装的安全。

（3）场地与器材的安全。

（4）练习内容与手段的注意事项。

3. 提前设计好活动场地，保证活动顺利、安全地进行

场地是学生练习和展示的主要场所，从学生的健康角度出发，场地一定要平整，在没有塑胶场地的学校，做操时应保持场地潮湿，而且所做的各种标记要清晰。

正规的学校体育场地，其功能和区域的划分要相对固定；充分利用空闲场地，积极争取"变废为宝"，这一点对于城区小场地学校更为重要；在人数多、场地小的学校，可以利用时间差进行场地设计，如采取分时分段的办法缓解场地的压力。

4. 考勤与监督

考勤与监督对于保证大课间的效果，提高大课间的时效性具有重要的意义。建立合理的考勤与监督机制不但有利于提高全体学生的身体素质，而且可以形成"人人争先，班班创优"的局面，促进良好学风的形成。

大课间的考勤与监督任务可以由班干部或者值日生轮流完成，也可以由班主任直接负责。考勤的主要任务是如实记录每一位学生的出勤情况，监督的主要任务则是发现问题，及时解决，并根据学校的统一要求，对每一个班级（或者年级）大课间体育活动质量进行综合评价。

四、课间体育活动的特色案例

（一）规定内容与自选内容相结合的课间体育活动

北京五中分校是一所纯初中校，现有初中 3 个年级，34 个教学班，在校学生 1600人，而操场面积仅有 3 个篮球场大小。学生多、场地小、效益高是北京五中分校的体育特色。学校将体育工作融入学校教育的大背景中，强化"在有限的教学空间，创造无限的教育价值"的办学理念，克服困难，研究在小场地中如何开展课间体育活动。在学校小小的操场上标满了学生站立的点，由于校园面积小、学生多，学生采用错位站立，课间体育活动时，学校的每一个角落都站满了学生。广播操是五中分校课间体育活动的规定内容，规定内容结束后，学生在原地掏出自己兜里自带的沙包和毽子，开始自己喜爱的活动。

（二）以传统项目为主的课间体育活动

体育教师可以把本校的传统运动项目作为课间体育活动的主体，将运动技术动作与身体素质练习结合起来，形成颇具特色的课间操形式。例如，广东湛江某学校是篮球特色校，体育教师自编了各个年级的篮球操，使学生将篮球技术的投篮、运球等动作与自身身体素质练习结合起来，既锻炼和宣传了学校的传统项目，又提高了传统项目的技能和专项素质。

专题二　班级体育活动

　　以自然班为单位、集体参与的身体锻炼方式可能是学校体育活动的基本形式，在这些集体参与的体育活动中，学生不仅能够增进彼此之间的友谊，提高集体凝聚力，还能够通过彼此之间的赞赏与鼓励，提高参与体育活动的积极性，增强体育锻炼的兴趣。那么，体育教师怎样组织班级体育活动呢？怎样提高集体锻炼的效率呢？如何培养把控集体活动的能力呢？

一、班级体育活动简述

（一）何为班级体育活动

　　班级体育活动是指在课外以班级或小组为单位进行的体育活动，是体育课的延续和补充，是集体进行体育锻炼的一种形式，是学校课外活动的主要组成部分。经常性地开展班级体育活动，有利于丰富学生的课余生活，有利于增进师生之间的相互了解，还有利于充分发展学生的爱好，陶冶学生的情操，开发学生的智力，培养学生的能力，促进学生身心的健康发展。同时，学校的课外活动工作开展的好坏（内容是否丰富、形式是否多样），很大程度上取决于班级体育活动。班级体育活动不仅需要班主任的支持和领导，更需要体育教师的具体指导以及体育干部和体育积极分子的积极参与和协助。

（二）班级体育活动的内容与分类

　　班级体育活动主要有两种形式：以班为单位参与学校组织的各种体育比赛，如田径运动会、篮球、排球、跳绳等；以小组为单位组织的班内体育比赛活动，如跳绳接力、立定跳接力、篮球投准比赛等。依据活动的地点，班级体育活动可分为校内班级体育活动和校外班级体育活动两类。依据活动的目标，班级体育活动可分为比赛类、表演类、游戏类、联谊类、欣赏类等。依据活动的内容，班级体育活动可分为球类、田径类、体操类、跳绳、拔河等。以下就以班级体育活动的分类来说明班级体育活动的内容。

1. 比赛类

此类班级体育活动主要以比赛获胜为目标。如以班级为单位参与学校组织的各种体育比赛，比较常见的有篮球、排球、广播体操、校园集体舞、健美操、田径运动会等。

2. 表演类

此类班级体育活动主要以展示集体和谐、凝聚力为目标，如广播操、健美操、校园集体舞、队列队形、花样跳绳、田径运动会的入场式等。

3. 游戏类

以班级或小组之间的游戏对抗为目的，常见的有老鹰捉小鸡、两人三足、踢毽子、定向运动、动力火车、多人同步跑以及一些趣味运动比赛等。

4. 联谊类

此类班级体育活动以联络感情、增进友谊为目的，如班与班之间、不同班级的兴趣小组之间进行的小型邀请赛、对抗赛等。

5. 欣赏类

此类班级体育活动以集体欣赏为目的，如作为一方的拉拉队观看体育比赛、阅读体育评论、举办体育知识讲座等。

二、班级体育活动中的相关要素

（一）班级体育活动的构成

1. 班级体育活动的组织者

组织者常常以体育教师为代表，但随着班级活动水平的提高，组织者逐步趋向教师与学生的合作，最后实现以学生为主体、由学生自行组织。

2. 班级体育活动的参与者

班级体育活动的参与者可以完全是学生，也可以由教师与学生共同组成。

3. 班级体育活动的类型

班级体育活动的类型是指班级体育活动的内容、方法、形式、时间、地点、环境等，组织者只有通过各种类型的班级体育活动才能完成对参与者的教育，实现体育活动的价值。

（二）班级体育活动的基本环节

1. 班级体育活动的设计

设计是体育活动过程的起始环节。它包括体育活动名称、目的要求、活动规则、形式、步骤、时间、地点、活动器材、负责人、参与者等内容。

2. 班级体育活动的实施

实施是体育活动过程的中心环节。这是达到活动目的、完成活动要求的基本手段，是活动全过程中的关键，体育活动要按照活动设计去展开，但可以在实施过程中对原设计作局部修改。

3. 班级体育活动的检查

检查是体育活动过程的保障环节。一是对计划的检查，在计划实施过程中，要将实施情况与预期计划相比较，看实施情况是否符合计划的要求，了解实际效果。二是对参与者的检查，班级体育活动是集体活动，虽然学生在活动中扮演的角色不同，但每一位学生都必须按照自己角色的要求完成任务，并自觉地参与检查，从而提高活动质量。

4. 班级体育活动的总结

总结是教育活动过程的终结环节。总结可以起到肯定成绩、表彰先进、总结经验、指出缺点的作用，使学生明确今后应努力的方向。

（三）班级体育活动中体育教师的作用

在班级体育活动的组织、实施过程中，我们强调学生的主体地位，但这并不意味着否定体育教师在体育活动中的主导作用，特别是任课体育教师的作用，因为，班级体育活动是对学生进行教育的另一个过程。由于班级体育活动就是体育学习后的体育实践，所以学生会遇到很多体育课堂上难以发现的具体问题，体育教师帮助学生解决这些问题的过程，就是对学生再教育的过程。因此，无论是作为班级体育活动的组织者，还是作为班级体育活动的参与者，体育教师在活动中的作用都是十分重要的，主要表现在以下几个方面：

1. 组织作用

体育教师依据班级体育活动的类型、开展活动的方式与方法、活动设计者的目的、活动的目标以及任课班级和学生的实际情况等，直接或间接地鼓动、组织或协助学生积极地参与活动。主要表现在为学生提供参与班级体育活动的方式、方法、手段的参考，向学生解释活动的形式、规则、目标，引导学生在正确理解活动规则的情况下，做到扬长避短、人尽其才，保证班级体育活动的圆满成功。

2. 协调作用

体育教师在班级体育活动中的协调作用，表现在充分调动班干部以及体育骨干的积极性，充分发挥班级学生参与活动的主体作用，充分了解学生的体育能力特征，尊重他们参与体育活动的意愿，为学生参与活动提供技术支持。在活动过程中，努力使参与活动的每一分子充分发挥自己的特长和优势，始终保持班集体的凝聚力，及时地协调解决因活动产生的意见分歧，避免学生之间发生矛盾，诱导、培养学生对活动的稳定兴趣，使之始终保持饱满的热情，达到既定的活动目标。

3. 指导作用

在班级体育活动中，学生难免会遇到一些困难或问题，虽然有些可以通过学生间的相互沟通以及体育课堂学到的体育知识来解决，但为了避免因经验不足而出现解决问题的偏差，更多实际问题还要依靠体育教师的帮助来解决。所以，体育教师就成了当然的场外指导员或教练员。同时，虽然在学生的心目中体育老师"术有专攻"，但体育老师要注意消除学生对老师的依赖心理。

4. 评价作用

对班级体育活动进行评价，是体育教师在活动结束后必须完成的一项工作。体育教师要根据活动的主题、内容、形式，学生的主体作用、技战术能力的发挥效果等诸要素，对体育活动中学生的表现进行评价，肯定成绩，找出差距。这样做，有利于满足学生的成就欲，进一步增强学生的参与意识，提高学生的体育素养，还有利于学生在今后的活动中扬长避短，从而进一步提高活动质量。

三、体育教师如何成功地组织班级体育活动

（一）组织班级体育活动的原则

1. 教育性原则

班级体育活动是一种有组织的学校体育课外活动，它既是体育课堂教学的有效补充，也是进行班级集体教育的一种有效途径。班级体育活动不仅仅是一次集体行动，不能"为活动而活动"，必须围绕学校教育、学校体育的育人总目标，结合社会、学校、班级、学生的具体情况和需求，有的放矢地组织和开展活动。因此，班级体育活动有明显的教育性。

2. 计划性原则

在学校教育的总体规划中，班级体育活动是学校体育活动的一部分，是学校教育的重要组成部分，也是体育教师的一项重要工作，而学校体育活动的安排具有计划性。因此，体育教师必须依据学校对班级体育活动的总体安排设计教学内容，并围绕学校的总体安排、课堂教学活动、学生的兴趣爱好等制订班级体育活动的工作计划，力争通过对班级体育活动计划的调控，使课上与课后的体育活动、班级与学校的体育活动安排互相促进、相得益彰。

3. 组织性原则

班级体育活动是在集体之中对学生进行教育的活动。由于体育活动的空间、环境的开放性以及一些体育活动内容的复杂性，体育活动具有一定的危险性。班级体育活动有组织地开展，不仅能够避免意外情况的发生，而且能够有效防止学生"放任自流""一盘散沙"，最终提高班级体育活动的质量。

4. 趣味性原则

班级体育活动有无吸引力，关系到能否充分调动学生的积极性、能否激发学生的自觉性与创造性、能否使学生"愉快而非苦恼"。这就要求班级体育活动的设计要丰富多彩，具有趣味性、竞争性和新颖性，能适应不同层次学生的需求。

（二）体育教师如何安排班级体育活动

1. 明确班级体育活动的价值

班级体育活动作为丰富校园体育文化的重要内容，是学校体育工作的重要组成部分，体育教师要充分认识到班级体育活动的重要意义和价值，激发师生开展班级体育活动的热情和积极性。同时，在制订学校的年度或学期体育工作计划时，要将班级体育活动作为活跃校园体育文化必不可少的重要方式列入计划。

2. 联系体育教学的实际

体育教师无论是作为班级体育活动的组织者还是参与者，都要注意充分发挥自身的引导作用，使班级体育活动的内容与体育课的教学计划和学校的体育传统等相联系，从而促进学生将体育学习与课余的体育实践紧密结合起来，提高终身体育的能力。

3. 重视对学生的激发和动员

体育活动就是对学生顽强毅力、吃苦耐劳精神等意志品质的培养与教育的过程，

在此过程中，体育教师要擅做学生的思想工作，如校冬季长跑比赛等活动需要学生克服很大的困难，思想工作做不好，有些学生就会半途而废。因此，体育教师需要做好学生的动员工作。

4. 要及早宣传、营造氛围

体育教师对学校每学期要进行的体育活动要做到心中有数，如校运动会、广播操比赛、篮球比赛、乒乓球比赛、冬季长跑比赛等，以便根据计划及早安排。在体育课上、在课余活动时间，教师可以提醒甚至是启发、诱导学生参加项目，这样，学生很容易产生认同感，从而营造良好的活动准备氛围。

5. 培养好体育骨干

每个班的体育小干部都是体育教师的好助手，他们可能是班级体育活动的组织者，也可能是协助体育教师组织体育活动的左膀右臂。他们对本班同学的体育成绩非常清楚，甚至比班主任清楚得多。体育教师一方面要鼓励他们参与比赛，为班级争光；另一方面也要培养他们管理班级体育活动的能力。

6. 多与班主任沟通交流

班级体育活动不仅是体育教师的工作，也是班主任的工作。因此，体育教师要多与班主任交流，让班主任了解学生上体育课的情况，及时反馈体育特长生的学习情况，协助班主任选出班级参赛队员等，这些都有利于班级体育活动的顺利开展。

(三) 体育教师如何开展班级体育活动

1. 做好安全保障工作

体育教师要认真了解班级体育活动的每一个细节，保证班级体育活动计划周密、安排得当。同时，要加强对学生的安全教育，并借此培养学生关爱集体、关心他人、自觉维护集体利益的道德品质。

2. 合理分配活动角色

班级体育活动是一项集体活动，每个学生都是集体的一分子，参与者要积极努力地表现自己，未参与者也要完成好后勤服务及加油助威等工作，因此，体育教师要根据班级体育活动的内容认真合理地分配学生在活动中的角色。

3. 做好活动的裁判工作

在班级体育活动中，体育教师要以人为本，不仅要做到判罚公正、严明，还要做到和蔼可亲，要关爱和尊重每一位参与活动的学生。

4. 帮助学生克服困难

体育教师在班级体育活动过程中，要有意识地引导学生利用学到的体育知识去解决体育活动实践中遇到的实际问题，积极帮助学生解决活动中遇到的各种困难，如帮助学生加深对活动方式与方法的理解，提高学生对活动各项规则的认识等。

5. 充分发挥示范作用

体育教师的示范也是激发学生对体育活动产生兴趣的重要手段。体育教师积极参加学生的一些体育活动，不仅可以密切师生的关系，还可以教给学生有关体育活动的要领，更重要的是体育教师合理、优美的示范，将会引导学生学会科学运动的方式与方法，从而提高班级体育活动的水平。

6. 对班级体育活动进行评价

体育教师对班级体育活动的各个方面做认真、及时的评价，有利于满足学生的成就欲，鼓励学生的进取心，增强学生的参与意识，使他们在今后的活动中扬长避短，从而有利于进一步提高班级体育活动的质量。

四、案例

（一）某中学举办的班级跳绳比赛活动设计方案与分析

本周我校将以"我运动，我健康，我是奥运小健将"为主题开展年级跳绳比赛。

1. 活动目标

（1）通过活动增进友谊、增强团队意识和拼搏精神，使学生体验"我运动，我健康"的运动情感。

（2）根据需要挑选优秀队员若干名，使其经过训练后参加全国的跳绳比赛。

活动准备：计时器若干、跳绳若干。

2. 记录本活动流程

①设男、女个人奖，男、女团体奖，班级团体奖，单人取前30名，分为一等奖（前10名）、二等奖（前11~20名）、三等奖（前21~30名）。团体设男、女一等奖1个（前1名）、二等奖2个（2~3名）、三等奖3个（4~6名）。班级团体奖设一等奖1名、二等奖2名、三等奖3名。

②每班选出男、女各20名学生组队，以团体赛个人最好成绩计算个人成绩，以男、女团体成绩计算班级团体成绩。

③团体成绩如出现并列，以个人最好成绩计算团体成绩。

④比赛规则。当哨声响起的时候开始跳绳，每人跳的时间为一分钟，每次四个班上场，上场次序抽签决定。

⑤跳得最多者为胜。组织学生交流活动感受，公布比赛结果，颁发奖品。

⑥为保证比赛的公正性，每班可派监督员一名。

以上方案设计目标明确，规则详细、严密，设奖合理，奖励面广，能够充分调动学生参与活动的热情和积极性，掀起学生练习跳绳的热潮。

（二）体育教师的调动技巧与分析

比赛前，体育教师为避免引起孩子们的逆反和听觉疲劳、造成他们热情降低，就没有做太多的大道理宣传，而是先做了一番表演：一分钟跳绳二百五六十下，双摇跳一连百八十个，这激发了学生的好奇心与模仿兴趣。他们在体育教师的鼓动下开始模仿着练，每天多跳几个，天长日久，成绩飞速增长。

比赛时，由于好胜心以及平时练习时显现出来的跳绳成绩的不确定性，每个班级的选手都跃跃欲试，想争取团体冠军。体育教师告诉本班学生，将平时的水平发挥出来就行，这看似随便的一句话，使学生感受到老师的信任。

比赛结束了，班级获得了多个一、二、三等奖，男团和班级团体两个冠军，学生们欢呼雀跃，有的还向体育老师挑战，不过都以失败而告终。老师告诉他们，体育活动也需动脑，也讲求技巧，这话既给了学生信心，又激发了他们研究其中奥妙的积极性。两个月下来，有几位学生已经超过或接近体育老师的成绩了。

其实，在这次班级跳绳比赛的准备及比赛阶段，体育教师并没有过多的鼓动，只是充分而巧妙地激发学生们的好奇、好胜、好强的心理，使他们爱上了跳绳运动，不仅锻炼了身体，还在活动中学会了动脑。

因此，体育教师对班级体育活动的组织和控制，要根据学校、学生等的实际情况，具体问题具体分析，认真准备各种应对技巧，不断拓展思路，只有这样，才能保证班级体育活动顺利开展并最终获得成功。

专题三　竞赛组织

组织体育竞赛是体育教师除体育教学之外的又一项主要工作，也是体育教师必须具备的能力之一。体育竞赛是校园体育文化的主要载体，它不仅能促使学生积极锻炼、增进健康、增强体质，更重要的是能使学生形成体育竞赛所崇尚的公平竞争、团结协作、尊重自己、尊重他人、自强不息的品质和相互交流、相互协作的精神，这正是体育的魅力之所在。那么，体育教师如何充分发挥学校体育竞赛的作用以彰显校园体育文化呢？组织学校体育竞赛又需要注意什么问题呢？

一、学校体育竞赛概述

随着社会的发展，越来越多的人认识到，运用体育的手段来教育和影响学生，不仅符合学生个体发展的规律，而且也异常高效。体育的育人、益智功能主要通过其丰富多彩、紧张激烈的活动，以教学、训练和竞赛的方式来实现。因此，学校体育竞赛的组织在一定程度上体现着体育教师业务水平和能力的高低强弱，对学生个体发展来说也具有举足轻重的作用和重要的意义。

学校体育竞赛就是学校组织的生生或者师生之间，以争取优胜为目的，以运动项目、游戏活动和身体练习为内容，依据相应的规则，进行个人或集体的体力、技艺、智力和心理比赛的一种校园体育文化活动。学校体育竞赛不仅是促进学生积极主动地参与体育锻炼的一种手段，也是学校体育工作在校园体育文化传播方面的一项重要内容。体育教师要圆满顺利地完成学校体育竞赛的组织工作，就必须深入了解学校体育竞赛的价值、全面掌握学校体育竞赛的内容、完全熟悉学校体育竞赛的组织、善于创新学校体育竞赛的设计等，能够运用多种手段，灵活、严谨、有序、俭约地组织、安排各项竞赛活动。

二、学校体育竞赛的价值

对体育教师来说，深入了解体育竞赛的价值有利于在组织学校体育竞赛时，根据学生的实际情况和学校的体育教学环境等精心安排体育竞赛的内容，灵活运用竞赛活动的各项规则，创新竞赛活动的形式，以求实现学校体育竞赛的价值最大化。

（一）健身价值

体育竞赛是人们从事体育锻炼和体育活动的一个重要部分，参加者在竞赛中都要承受强于正常水平的运动负荷，这种较强负荷的刺激施加于机体，能够促使机体的运动、循环、呼吸、内分泌等系统产生适应性的变化，从而使机体得以全面发展，运动能力得以提高。

（二）观赏价值

实践证明，学校体育竞赛活动作为校园体育文化的一部分，对师生来说都具有较强的吸引力。由于各班级的集体利益的不同以及比赛结果的高度不确定性，体育竞赛对学生产生强烈的吸引力，参赛者双方（或多方）会吸引许多热情的支持者来加油助威，在观看体育竞赛时，观赏者可受到美的陶冶，得到精神上的放松与享受。

（三）教育价值

1. 对学生的激励作用

体育竞赛的激励作用是由体育的竞争性所决定的，体育竞赛能激发学生的上进心，培养他们奋力拼搏、勇往直前的优秀品质。体育竞赛能够让学生发现自身的闪光点或优势，增强自信心，如果教师能够抓准时机加以耐心、适时地启发与诱导，就可以促进学生思想品德和行为习惯的良性发展。

2. 对学生的凝聚作用

体育竞赛活动能使广大学生因共同的价值取向和团队意识而凝聚在一起。他们能够为了集体的利益和荣誉克服自身的一些缺点而紧密团结、相互协作，这种潜移默化的影响有助于学生提高对自己行为的责任感，克服不良习气，形成团结互助、遵守纪律、热爱集体的思想品德。

3. 对学生的规范作用

体育竞赛要求每一位参加者都必须适时控制自己的行为，严格遵守规则要求，服从裁判，服从集体的需要，进行公开、公正的竞争。这样以规则约束行为、尊重客观事实的观念就点点滴滴地渗入学生的意识之中，其自觉性、自制力、规范意识必然会得到不断提高。

4. 对学生心理的锻炼作用

比赛前的盼望和激动，比赛中的紧张和兴奋，比赛后胜利的欢乐和失败的懊恼等，都给学生带来丰富的情感体验。学生在多次的情感体验中促进了心理的健康发展，学会了控制自己的情感，困难时充满信心，紧张时沉着、镇定，胜利时保持冷静。

（四）彰显价值

体育竞赛的最大魅力就在于通过各种方式的活动（游戏、比赛、表演等）展示参与者的形体美、姿态美、力量与柔韧美、灵活与协调美，并通过这些外在美的表现来充分展示参与者的品格、内涵与智慧，它是一项充分表现人的各种综合素质、实现自我价值、体现人格魅力的活动。因此，体育竞赛的这一价值使之成为青少年学生喜闻乐见的一项活动。

三、学校体育竞赛的内容

全面掌握学校体育竞赛的内容，有助于根据学校对体育竞赛工作的要求、体育教学安排及学生的实际情况合理选择体育竞赛的内容，简约并高效地安排学校体育竞赛活动，并使之成为学校师生共同期待的校园体育文化常态或传统。

1. 全员运动会

全员运动会是要求大部分学生都要参与的学校体育竞赛活动。其主要内容除团体表演比赛、广播操表演比赛、田径比赛外，还可以有一些竞技性、对抗性和竞争性较弱的趣味性、游戏性项目，如动力火车、袋鼠跳、两人三足走、自行车慢骑、飞镖、跳绳、毽子、篮球、排球、羽毛球、乒乓球等。

2. 体育节式的运动会

体育节式的运动会除了田径、球类等传统性的、竞技性强的项目外，也包括对发展学生身体素质效果显著而且简易可行的课堂教学项目，如健身操、集体舞、集体太极拳表演等，还包括休闲娱乐类的体育游戏、趣味游戏、民间民俗体育活动，如飞镖、乒乓球投准、踢毽子、足球颠球、篮球运球上篮、足球绕杆射门以及拔河、托球跑接力、袋鼠跳接力等集体拓展类项目，同时还要有体育文化宣传，如体育小制作、体育绘画、体育摄影、体育征文和健康咨询等。

3. 学校与社会联携的运动会

学校与社会联携的运动会可根据参加人员的情况、运动会的主题等确定竞赛内容。如 2007 年某市培智学校与居委会联携举办的运动会就是其中比较成功的一次运动会。本次运动会的比赛以"关爱智障儿童，展现特奥精神"为主题，将培智学校的小运动员们与居委社区居民融合分组，内容有"乒乓运球""抛接球""背靠背运球"等多个比赛项目和"腰鼓""拳操""舞蹈"3 个表演项目。

4. 跨年级对抗性运动会

跨年级对抗性运动会的内容可以是一项比赛，也可以是多项比赛，最终计算团体总分。例如，某校举办的"团队之星"班级对抗运动会就是跨年级对抗运动会的一例。此次班级对抗运动会将六个班级和全体教师分别组成了 6 个学生队和 1 个教师队，内容有袋鼠跳接力、跳长绳、打野鸭、投篮接力 4 个团体项目。

5. 达标运动会

达标运动会是运用学校运动会的竞赛方法对学校学生进行体育达标测试的一种形式。因此，其竞赛内容与《国家体育锻炼标准实施办法》内规定的相关内容一致，如立定跳远、掷实心球、仰卧起坐、百米跑、1000 米跑等。

四、学校体育竞赛的组织

体育教师对学校体育竞赛组织的成功与否直接影响着师生参与竞赛的积极性和热情，关系到体育竞赛的实施与体育竞赛价值的发挥，也直接影响着学校体育工作的开展与校园体育文化的建设。因此，体育竞赛的组织对整个学校体育竞赛工作举足轻重。

(一) 组织学校体育竞赛的原则

1. 全面性原则

学校体育竞赛主要是培养学生对体育活动的兴趣，强化其终身体育的观念，使学生掌握科学锻炼身体的技能，丰富课余文化生活，增强体质，促进智力发展。因此，组织学校体育竞赛要面向全体学生，力求通过竞赛来促进学校体育活动更为持久、深入、广泛地开展。

2. 多功能原则

学校体育竞赛的组织要突出锻炼目的，体现健身性、娱乐性、竞争性等多种功能。体育教师要结合学生的身心特点，最大可能地吸引学生的广泛参与，使学生在团结、竞争和欢乐的气氛中，既能强身健体，又能接受集体主义教育。

3. 实践性原则

体育竞赛是体育课堂教学形式的有效补充，也是检验体育课堂教学效果的重要方式。因此，体育竞赛的设计要与体育课的教学计划相联系，使学生将体育课上的学习与课余时间的体育实践紧密结合，互相促进，从而提高终身体育的能力。

4. 普及性原则

教师要在课外活动时间经常开展多样性、小型性、趣味性、娱乐性、健身性和考核性的体育比赛活动，使体育竞赛与体育活动、体育课、"体育达标"等成为一种常态并相互促进，紧密结合，在活动中普及体育，在普及中提高学生的体育能力。

5. 实用性原则

体育教师在组织以完成各种测试为主要目的的学校体育竞赛活动时，要保证测试在严肃、公正、公开、真实、准确的条件下进行，促使各班、组之间形成竞争并互相监督，从而有效地增强学生的自觉参与意识和积极性，使学生在紧张而愉快的竞争中完成既定的锻炼任务，并能通过比赛掌握各种应对测试的技能。

6. 知识性原则

体育竞赛包含丰富的体育知识和运动文化，在竞赛中对学生进行体育基础知识和卫生保健知识教育，能够培养学生掌握科学锻炼的原理、方法，提高自我监控等体育能力。因此，知识性也是组织学校体育竞赛的基本原则之一。

（二）学校课余体育竞赛组织的步骤

1. 建立组织机构

体育竞赛的最大特征就是开放性，这一特征使体育竞赛活动显得较为复杂。体育教师在组织学校体育竞赛时，首先要建立由党政工团、体育组（系、部）、教务处、保卫处和学生会等职能部门负责人组成的组委会，明确职责、统一协调安排运动会的各项工作，以保证体育竞赛安全、顺利地开展。

2. 确定竞赛规程

竞赛规程是具体实施某一项（次）学校体育竞赛的政策与规定，它对竞赛的组织管理具有权威性和指导性。竞赛规程的内容包括竞赛的名称（竞赛的名称要写全称），竞赛的目的、任务，竞赛的时间、地点和承办单位，竞赛项目、组别，参赛单位、参赛资格、报名办法、手续，竞赛办法，录取名次与奖励办法，裁判员与仲裁委员会的组成，注意事项或未尽事宜等。

3. 确定竞赛方法

学校体育竞赛的方法主要有以下三种：（1）淘汰法，又分为单淘汰和双淘汰。单淘汰，是指所有参赛者按一定的比赛顺序进行比赛，败者淘汰，胜者进入下一轮比赛，直至决出最后名次。双淘汰，是指按比赛顺序进行比赛，失败两场被淘汰，直至决出最后名次。（2）循环法，是指参赛者按一定的次序轮流进行比赛，最后综合比赛的胜负来决定名次，又分为单循环、分组循环、双循环等。（3）顺序法，是指参赛者按一定的顺序表现成绩的比赛方法。（4）轮换法，是指在同一比赛时间内，参赛者按规定的轮换顺序依次进行不同项目的比赛，最后综合各项目的成绩来决定名次的一种比赛方法。

4. 确定竞赛评价方法

学校体育竞赛的评价方法主要有：（1）评定个人成绩和名次的方法。主要包括根据客观标准评定成绩和名次的方法（如田径、游泳等）；根据规定条件和动作质量评定成绩和名次的方法（如广播操、健美操、武术等）；根据战胜对手或特定因素评定成绩和名次的方法（如乒乓球、排球、篮球、羽毛球等）。（2）评定团体成绩和名次的方法。主要包括以计算参赛者所得分数来确定名次的方法，以计算参加者所得名次的总和来确定名次的方法，以计算参赛者的平均成绩来确定名次的方法，以计算达到规定标准的人数来确定名次的方法等。

五、体育教师的竞赛组织能力修炼

学校体育竞赛既是学生在学习之余从事体育锻炼、放松身心、相互协作与交流的一次聚会，又是检验与检查学生体育能力、学校体育教学水平以及学校体育工作的标尺。作为学校体育竞赛的组织者，体育教师竞赛组织能力的培养与锻炼至关重要。

（一）明确学校体育竞赛的目标

学校体育竞赛活动具有竞技体育比赛的竞技性特征，但不完全等同于竞技体育比赛，根据学校体育竞赛的任务和目标，它还应具有趣味性、健身性、娱乐性、教育性和考核性等特征，为实现对学生人生观、价值观的培养，完成对学生心理的拓展，强化对学生良好意志品质的磨炼，激发学生形成终身体育的观念服务。因此，不同形式的学校体育竞赛具有不同的目标侧重，这就要求体育教师在组织学校体育竞赛时，要保证体育竞赛的组织与安排同目标保持高度一致。

（二）完善学校体育竞赛的设计

1. 竞赛内容的选择要合理

体育教师在选择学校体育竞赛内容时，要充分考虑学校体育工作的整体安排，体育竞赛的规模，体育教学活动的进程，学校体育场地、设施、器材的实际情况，本校、本地区体育运动项目的传统以及学生发展的需要等诸多因素，以保证内容安排合理、多样、灵活，能够充分体现竞赛的目标并能为竞赛目标服务。

2. 竞赛规则的制订要灵活

学校体育竞赛规则的制订要灵活、实用、严谨，既能保证体育竞赛的顺利进行，又能充分激发学生锻炼的热情和参与的积极性。体育教师在制订学校体育竞赛规则时，要依据内容的设计与选择，大胆创新、不落窠臼，努力使竞赛规则不仅成为一种参与者的行为规范，而且还成为竞赛目标实现的润滑剂。

3. 参与人员的分工要明确

运动员、教练员、裁判员、服务人员、观众等学校体育竞赛的参与者活动区域和分工要明确，以提高工作效率，避免互相影响。同时，还可以邀请学校领导、学生家长、教师及学生团体参加比赛，也可以请领导、教师、家长担任运动会的裁判工作，借此来扩大运动会的影响力，密切学生、家长、教师的关系。

4. 竞赛时间的控制要严格

体育教师在确定学校体育竞赛的时间长短时，一般先考虑竞赛项目的特征和竞赛项目的多寡，往往不考虑竞赛项目的具体时间与体育竞赛总体时间是否吻合，各竞赛项目的衔接是否紧凑。就像一台晚会不仅要考虑各节目的时间，而且还要考虑节目之间的衔接一样，体育教师要学会逆向思维，以精准、严谨的项目设计和时间控制来满足总体时间的要求。

（三）合理布局竞赛场地

学校体育竞赛场地是保障学校运动会顺利进行的基础，也是一种特殊的教育环境。场地的充分利用，器材的恰当安放，以人为本和安全比赛理念的充分贯彻，都有利于学校运动会的组织，有利于吸引学生注意力，激发学生的参与热情和兴趣。合理的场地布局要充分考虑以下因素：学校场地的实际条件，是否充分使用了场地，场地布局是否规范、合理，场地是否美观、协调，场地布局是否有利于保障参与者的安全和竞赛的顺利进行。

（四）营造良好的竞赛气氛

体育教师在组织体育竞赛时需要对竞赛环境与气氛（如何进行平面布局，如何进行升旗仪式，彩旗的悬挂，植物的陈设等）预先进行综合考虑，以形成活泼、热烈、健康的竞赛气氛，促进学生身心和谐发展和校园文化建设。教师在营造竞赛的环境气氛时应注意横幅、宣传牌等宣传品的内容与形式，拉拉队的表演动作要设计得健康大方，表演次数适中，观众坐席排列整齐。

（五）确保学生的参赛安全

学校体育竞赛要加强安全教育和卫生知识的宣传，严防伤害事故的发生。体育教师在竞赛报名时就要全面了解学生的健康状况，做好场地、器材、着装等的安全卫生检查工作（如跑道要平整、沙坑里沙质要符合标准等），加强对学生在剧烈运动前后的准备活动与放松活动方法的教育（如如何预防重力性休克的发生）。比赛期间，医务人员要坚守岗位，积极做好医疗和急救工作。

专题四　运动训练

　　运动训练是竞技体育的重要组成部分，是为提高运动员的竞技能力和运动成绩，在教练员的指导下，专门组织的有计划的体育教育活动，是竞技体育的主体要素。学校肩负着为祖国培养高水平体育后备人才的重任，因此，中学的课外运动训练对我国体育运动的发展具有重大意义。要提高中学生的运动训练水平，首先要加强体育教师的主导作用，教师的言行直接影响着学生对于体育运动的理解。提高体育教师的专业化修炼水平，充分发挥学生主动参与运动训练的积极性，可以使教师的训和学生的练协调配合，不断创新，使运动训练不仅能强身健体、提高运动成绩，更能够使学生进一步了解体育运动的真正意义，让学生德、智、体、美全面发展，提高综合素质，为学生的健康成长打下良好的基础。

一、学校中的运动训练

（一）运动训练

　　运动训练是竞技体育的重要组成部分，是在教练员的指导和运动员的参与下，为提高或保持运动员的竞技能力和运动成绩而专门组织的有计划的体育活动。学校运动训练是为提高运动员学生的运动成绩而进行的。

（二）学校竞技体育的意义

　　竞技体育人才培养是竞技体育工作中最重要的组成部分，也是当前我国学生竞技体育工作中的核心。随着我国学生运动员参与国内外重大体育赛事的日益增多，运动水平的不断提高，我国学生竞技体育人才也得到相应的培养和提高。中学阶段正是学生身体素质全面发展的关键时期，如果这一阶段的训练得当，学生的身体素质就会提高很快，对学生的竞技体育能力的发展也有重要意义。学校不仅要重视对有体育特长的学生的培养，对其进行个性化的训练，而且还要引导和帮助他们协调好学习与训练的关系，使他们既能保证运动训练质量，也能重视文化知识的学习，力争做到全面发展。

（三）学校运动训练与体育教学

　　学校运动训练与体育教学既相互联系又有一定的区别。两者的区别在于具体的目的、任务不同。体育教学的主要任务是促进青少年学生身体生长发育，增强青少年体质，传授体育的基本知识、技能和方法，并进行道德品质的教育；运动训练的主要任务是提高技能、技术、战术等身体训练水平，以提高竞技水平和运动成绩为第一要务。体育教学作为完整的体育教育活动，是进行运动训练的基础。体育教学与运动训练都是以身体练习为基本手段，是相互渗透、相互制约的，体育教学中包含有运动训练的因素，运动训练中包含有体育教学的因素。在技术动作的学习过程中，体育教学是指使学生从不会到会的学习、改进和完善过程，而运动训练则是使学生改进、完善和巩固提高，最终实现动作自动化的过程。

二、学校运动训练的方法

运动训练方法是通过在运动训练过程中，完成训练任务来提高竞技运动水平的途径。运动训练的方法是在教练员的"训"和运动员的"练"的双边活动中共同完成的，教练员在学校的运动训练过程中发挥着主导作用。正确地认识和掌握不同训练方法的功能和特点，有助于有效地完成运动训练过程中不同时期的训练任务，促进学生竞技能力的发展和运动成绩的提高。它包括重复训练法、间歇训练法、持续训练法、法特来克训练法、变换训练法、竞赛训练法、循环训练法及心理训练法等。这些方法对于提高学生的运动成绩发挥着重要的作用，教练员应将自己的训练方法结合学生的特点进行有针对性的选择。

（一）重复训练法

重复训练法指的是在相对固定（不改变动作结构和运动负荷）的条件下，重复进行某一动作的练习方法，如反复进行的某一个动作技术模仿练习、原地摆臂、乒乓球的连续挥拍动作等。重复训练是在暂时不改变动作要素、结构及负荷的情况下，反复多次进行练习，而且练习间隙要保证机体能力基本恢复。重复训练法的目的是全面发展各种身体素质，提高身体训练的水平，改进与完善运动技术与战术，培养运动员顽强、坚韧不拔的意志品质。这种训练方法一般应用在训练的不同阶段，要求教练员根据学生的具体情况有针对性地使用，争取做到训练活动的新颖、轻松和快乐，否则会影响实际的练习效果。

（二）间歇训练法

间歇训练法是指在重复练习之间按严格规定的间歇时间休息后，再进行练习的方法，是在运动员机体尚未完全恢复时就进行下一次练习，以增大运动负荷。它对提高呼吸系统和心血管系统的机能，发展速度和速度耐力有显著作用。间歇训练法对每次练习的间隙时间有严格规定，要在运动员机体未完全恢复的情况下就开始下一次练习，教练员要严格监控运动员的心率，控制好运动强度。间歇休息通常等心率恢复到120～140次/分，开始下次练习，此时心脏每搏输出量达到最大值，耗氧量也达到最大值，接着又对心脏施加新的强烈刺激，这有利于增加心肌耐力，增大心脏容积，提高心脏功能。

（三）持续训练法

持续训练法指在较长的时间里，用较稳定的的强度，不间歇地连续进行练习的方法。持续训练法通常用于发展一般耐力，如长距离跑或有氧游戏，球类项目的体能训练，体操中的单个或成套动作的连续重复练习等。教练员应根据学生的实际情况，控制好运动量，以提高运动员的心肺功能。

（四）法特来克训练法

法特来克训练法是一种利用自然地形的游戏式的长跑训练方法。发展有氧练习的训练可以安排到户外。教练员提前侦查好地形和训练路线，尽量安排丰富的练习内容，如上坡跑、下坡跑、弧线跑、变向跑及不同强度的攀爬腾跃等灵活性练习，不同的刺激，使身体不容易产生疲劳感。

（五）变换训练法

变换训练法指在练习过程中有目的地变换练习的负荷、动作组合、练习的环境、练习的条件等的训练方法。变换训练法能提高运动员机体对训练和比赛的适应能力，培养运动员多种运动感觉，如时间感觉、空间感觉、速度感、节奏感等，避免练习过程的单调乏味，提高运动员练习的兴趣和积极性。

（六）竞赛训练法

竞赛训练法是在比赛的条件与要求下进行练习的方法，它的主要特点是练习具有竞争性。学校通常采用的方法有游戏性竞赛、身体素质竞赛、专项竞赛等。与势均力敌、有明显优势或不同特点的对手进行针对性、适应性比赛，能提高学生的竞赛能力。

（七）循环训练法

循环训练法是将不同的练习内容结合专项的特点，有重点地合理搭配而进行练习的方法。由于训练"负荷"相对比教学负荷要大，因此，更要注意练习内容和练习顺序排列的合理性。

（八）心理训练法

心理训练法是采用心理学的手段对运动员进行训练的一种方法。常用的方法有：一是念动训练，也叫内心默念或"过电影"，是在思想上完成动作的过程。念动训练是以意念动作为基础，在脑海中反复进行练习，引起神经和运动系统的相应变化，从而起到训练的作用。二是集中注意力训练，是坚持全神贯注于某一个确定的目标，或者把因被某些因素干扰的注意力重新集中起来的一种训练方法。三是放松训练，是专心致志地使自己的身心放松的一种方法。它是采用一定的自我暗示的套语将注意力引导到一定的方向和范围，调节植物性神经系统的机能，从而促进大脑和肌肉放松，消除心理紧张，消除疲劳。

三、中学运动训练的主要阶段

运动训练的阶段包括初级训练阶段、基础训练阶段、初级专项训练阶段和高级专项训练阶段。中学时期处于运动训练阶段的中间阶段，包括基础训练阶段和初级专项训练阶段，它起着承上启下的作用。

（一）基础训练阶段（11～14岁）

少年时期是培养高水平运动员的重要阶段，是事关多年规划成败的关键环节。学生在初级基础训练阶段必须有长远打算，扎扎实实地稳步前进。

在这个年龄段，人的大脑皮质兴奋性较高，神经的灵活性强，反应速度快，教师在训练中应以全面发展学生的身体素质为先导，促进生长发育，采用科学有效的训练方法、手段。根据儿童少年生长发育规律特点及运动机能的发展规律，在全面发展学生的身体素质时要以发展速度为主，同时发展耐力、协调性、柔韧性等素质。这个阶段正是发展素质的敏感期。

训练应侧重于采用多项技术教学，使学生掌握多项运动技能，重视专项基本技术的教学和各种身体训练手段的要领教学。教师要采用与专项技术结合比较密切的专门手段，发展学生学习专项技术所必需的身体素质和专项技能，要使运动员运动成绩逐年有所提高，逐步提高大家对运动训练的兴趣。

在训练方法的安排上，应考虑到青少年的身心特点，可安排生动活泼的训练内容，最好进行组合训练，多进行游戏性练习，提高学生训练的兴趣，使训练达到理想的效果。

（二）初级专项训练阶段（15～17岁）

进入高中以后，学生的身高增长逐渐缓慢，肌纤维日渐增粗，肌肉内蛋白质含量增高，心血管系统和呼吸系统的功能亦日趋完善，承担负荷的能力和恢复能力明显增强。

在全面发展学生的一般运动素质的基础上，逐步促进学生专项运动素质的发展，注意专项运动素质训练比重的分配。初期要以全面发展学生的身体素质为主，继续提高学生的速度、力量、协调性、柔韧性等素质，随着学生年龄的增长，教师应逐渐加大对学生的专项运动素质训练，更重要的是要不断完善完整学生的技术动作，使学生加强基本技术和重点技术的练习。

随着完整技术动作的掌握，运动员逐渐形成个人特点及技术风格，因此，教师在训练中要重视对运动员进行技术训练，通过大量的技术专门练习和个性化的训练手段，使运动员的完整技术日趋合理、完善，逐渐形成技术动作的自动化。

要加强专项能力的培养，引导学生多参加各种类型的比赛，进而使学生增强比赛意识，逐步积累比赛经验，提高心理素质，使运动成绩逐年提高。

（三）训练中要遵循运动技能形成的规律

运动技能形成主要包括三个阶段：一是泛化阶段，即粗略地掌握动作的阶段；二是分化阶段，即改进、提高动作的阶段；三是动作自动化阶段，即动作趋于巩固、运用自如的阶段。这三个阶段既反映了人的认识逐步提高和深化，也反映出人的体质机能不断提高。泛化阶段一般是通过讲解、示范、尝试练习，建立动作的概念，体会动作的过程和要领，从而粗略地掌握动作，其特点是大脑皮层的条件联系处于泛化阶段，动作表现紧张、牵强、不连贯，缺乏控制能力，并伴随着一些多余的动作。因此，要善于根据学生的特点进行讲解和示范，引导学生进行积极思维，培养学生观察和分析动作的能力。分化阶段动作趋于巩固，但需不断改进完善。在自动化阶段，运动神经基本能支配运动感受器的动作，对抗肌和协同肌逐渐协调一致，达到动作自如、轻松协调的状态。

四、案例

成效卓著的学校运动训练

早在1917年，南通中学的学生就参加了华东中学生联合运动会，成绩突出。此后几名获奖的德智体全面发展的学生考入北京大学，并得到了时任北大校长的蔡元培先生的表扬，蔡校长还为南通中学的学生题字"积健为雄"，这成为历届南通学生的努力方向。传统老校在德智体全面发展的办学思想指导下，一直坚持体育与文化并重，并得到了社会各界的认同与赞誉。"积健为雄"，健者为雄，在应试教育倾向依然严重的今天，在"智者为雄""升学为雄"的不正确思潮之中，南通中学为我们提供了开展素质教育的经验，体现了现代教育的理念，并且还为国家培养出了大批运动健将和一级运动员，在田径、排球和乒乓球等项目还向国家集训队、省体工队输送优秀人才，部分队员在世界大赛中争金夺银，为国家争得荣誉。

（一）教体结合的优势

教体结合，说着容易做起来难，在实践中还有很多障碍和困难，想充分发挥各自的优势也要付出许多智慧和努力。教、体双方在培养体育人才方面既各有优势又各有不足。学校积累了多年的育人经验，有利于提高运动人才的综合素质。学校为体育人才的选拔、培养提供了最为广阔的天地。但学校体育的重点是群众体育，受师资、场地、器材和其他诸多因素的限制，要培养高水平运动员确有困难。体委系统在培养体育人才方面有明显优势，但要遵循教育规律，遵循学生身心发展的特点，在全面育人方面又有局限。如果两者配合，通力合作，则可各展其才，相得益彰，必然形成"1＋1＞2"的育人效益。体育和教育部门联合办队制度使得两个行政部门的合作不因个人的好恶和领导的更迭而产生不必要的波动。

在联办的道路上，教、体双方形成了良好的互动和促进机制，取得了宝贵的经验：（1）教练班子共同选派，以保证教练员的执教水平。（2）运动员学生由学校和体委有关部门共同管理，既要保证运动训练，又要保证文化学习。（3）选才要注意体育和教育等多方面的均衡发展，还要强调体能优势和德、智、美等综合素质。（4）完善联办工作的有关制度，加强沟通并进行交流，共同努力，及时发现问题和解决问题。（5）对运动员学生的招生、学习、训练、日常生活管理、奖惩等方面都制订了严格的规章制度，加强对学生的全面管理和培养。

（二）独具特色的学校运动训练

根据学校的特点、自身条件和办学的规律，系统安排运动训练，教体双方联合制订训练计划，定期召开教练员与任课教师的联席会议，深入了解每个学生的实际情况，采取切实可行的措施。

1. 妥善解决运动员学生学习与训练的矛盾。例如，指定老师和品学兼优的学生，一对一地给运动员学生在学习上"开小灶"，他们可以免修体育课，不参加课间操，利用一切可以利用的时间进行文化课的自修等。

163

2. 创建符合学校规律的运动训练模式。从学生的天性和兴趣出发，采用符合自然的、饶有趣味的训练形式激发学生的训练热情。体委兼职教练和体育教师根据自己的特长共同管理、指导、监督、协调学生的训练。

3. 提供优质的后勤保障服务。学生运动员每天既要有较长时间的训练，又要完成学习任务，时间很紧张，学校尽可能给他们创造良好的学习和生活环境，如安排最好的宿舍、专门的自习室、小浴室，还可以配备热水器和洗衣机等。

（三）育人为先的目标

学校在培养体育人才时，要注重抓学生运动员的思想品德教育、文化课学习和行为规范，把体育的教材功能真正地发挥出来，这样我们的体育后备人才学校就能培养出"思想素质高、文化层次高、运动水平高"的一流运动员学生。

（四）全员参与的学生竞技体育

在多年教体结合的基础上，学校不但提高了学生的竞技体育成绩，还带动了群众体育的蓬勃发展，教师与学生都把参加体育活动视为健康向上的表现，这种健康良好的校园氛围是十分难得的。学校确保"每天锻炼一小时"的体育活动时间，每年举行校运会、年度扣篮比赛和"冬季三项锻炼"（长跑、踢毽、跳绳）；高中部每年举行"男篮联赛""女排联赛"和乒乓球比赛，每学期还要举行田径单项比赛，班班有竞赛，四季常不断。高中体育课还开设"篮、足、排、乒、羽"选修课，每一节体育课都能成为苦读的高中学生的"欢乐聚会"。学校课外运动训练水平的不断提高，极大地丰富了校园文化生活，不同层面的体育活动极大地激发了师生参与体育活动的热情，使学校体育进入一个良性发展的轨道。

专题五　体育管理

我国有多达上万所的中学，但并不是所有中学的教学质量都高，教学质量高、升学率高的中学往往只是很少一部分。除了学校的物质条件以外，管理效果的优劣决定着学校教学活动的成效。毫无疑问，面对中学各个方面的繁杂事务，学校领导者应具备良好的管理经验，将学校管理得井井有条。同样，中学体育工作要取得良好的成绩，也必须依赖管理。总而言之，学校体育管理在学校体育工作中的作用非常重要。学校体育工作的成效在很大程度上取决于管理手段。

一、什么是学校体育管理

学校体育管理是根据学校的体育目标，通过决策、计划、组织、指导与控制，有效地利用学校的各种要素，以最佳的运行结构和方式高效率地开展学校体育工作，高质量地完成学校体育任务。我国学校体育管理的根本依据是党和国家的教育方针，主要依据是政府部门颁布的有关学校体育的法规性文件、学校体育工作和学生身心发展的客观规律。其实质是在遵循学校教育规律和体育规律的基础上，为了达到学校的体育管理目标，在有限的财力、物力、人力等因素的作用下，采用最佳的手段和方法，对学校体育工作过程进行的计划、组织、领导、控制和创新等一系列活动。

二、中学学校体育管理有哪些特点

学校体育管理是学校体育计划、目标实现的唯一途径，中学体育管理的复杂性与多样性决定了学校体育管理的特殊性。中学体育管理的复杂性与多样性在于中学体育是承接小学与大学体育的桥梁，是巩固与完善小学体育技能、掌握新的体育技能的重要阶段。

（一）全面性

学校体育管理是一种多因素的综合管理过程。从管理体制上来说，包括校外管理体制和校内管理体制；从管理对象上来说，包括学生管理、体育教师管理和学校体育设施管理，同时还包括学校体育工作的软件管理；从管理的目标上来说，学校体育管理又具有一定的强制性，要求教师和学生必须按照教学大纲完成一定的教学任务；从体育课的组织形式来说，包括体育课教学管理和课外体育活动管理及在新形势下发展起来的青少年体育俱乐部管理。此外，学校体育工作者不仅要完成学校各项体育内容的开展工作，还要承担起育人的关键任务。这些不同的管理因素，呈现出学校体育管理全面性的特点。

（二）差异性

中学学校体育管理工作面临的内容较多且具有一定的综合性，不同内容之间又有很大的差异，这种差异表现在教育对象、教学情境等多方面。首先，不同年龄阶段的学生和不同学期教学内容的差异性导致了教学管理和组织形式的差异性，这就要求学校体育管理者必须在不同的阶段采取不同的管理方式。其次，学校工作是按学期或学年来安排的，上、下两学期的体育教学内容具有很大的差异性。最后，这种差异性还体现在教学对象的差异性上。因此，学校体育教学工作应针对以上差异开展，在管理中针对差异性制订目标、计划，及时反馈体育教学管理中的问题。

（三）创新性

管理过程本身就是一个连续、创新的过程，这就决定了学校体育管理在做好日常工作的前提下还要不断创新，尤其是在学校体育工作没有具体的管理流程的情况下，可根据效果与效率管理的最终目标，不拘泥于定式，创新性地采用多种方法，将更好的管理措施付诸实践。如在学校体育中"以人为本"的教育思想的确立，就必然要求管理的手段与方法都要从"以人为本"的目标出发。例如，当前学校体育工作中的新的组织形式——学校体育俱乐部就是解决中学生在非教学时间进行体育锻炼的一种新举措。

三、学校体育管理应该依据什么来实施

（一）学校体育管理的原则

1. 学校体育管理的计划性原则

计划是管理过程的首要环节，无论哪一项工作，没有计划，都无法完成任务。学校体育管理工作的计划性原则是指对学校体育工作决策的具体安排。它要求对学校体育做出全面、系统的部署，先宏观后微观，统一计划、统一实施。如在学校体育教学过程中，制订体育教学工作计划时，首先应制订全年教学工作计划，其次应制订学期工作计划，再次应制订单元教学计划，最后应制订课时计划，从而编写教程，然后才能具体实施。不要制订一成不变的计划，要制订动态计划，遇到突发性事件，可以计划预案。

2. 学校体育管理的效益性原则

管理的最终目的是实现计划目标。效益是管理的最终目标之一，学校体育管理系统是为了追求一定的效益而形成的。学校体育管理的效益性原则是指要树立正确的效益观念，将当前效益与长远效益、局部效益与整体效益有机地统一起来，具体是指将学生的体育技能与体质发展相结合，使当前学生的身体技能发展与体育技能的获得相统一。

3. 学校体育管理的可控性原则

可控性原则是管理中控制、协调职能的一个重要演化，它意味着根据原先学校体育管理的计划来强化、修订、完善执行中的计划、方案，以保证学校体育工作能按照

计划开展。当前，中学体育管理的控制主要体现在通过对计划、规章制度的执行情况进行检查、评估，发现在执行过程中哪些计划得到落实、贯彻，哪些工作在执行过程中出现了问题，需要做哪些方面的调整。评估结果及意见反馈到决策部门后，决策部门对原定目标加以修正，使目标更切合实际。

4. 学校体育管理的整体性原则

整体性原则是指将学校体育管理纳入学校管理体系的大框架内。在培养全面发展的学生这一目标上，学校应将体育管理纳入学校教育管理的框架内，摆正学校管理的位置，处理好局部与全局的关系，既要防止片面夸大体育在学校教育中的作用，又要充分发挥体育在发展学生的身体、培养学生的意志品质、活跃校园文化生活中的作用。这种整体性的原则必须充分贯彻到学校体育管理的各个目标中，否则极易形成各自发展的态势。整体性还必须保持中学学校体育管理中的各个子目标的一致、有效、有机地统一小目标，以实现整体目标。

5. 学校体育管理遵循学科性的原则

在制订体育管理目标时一定要遵循学科的特性。体育学科的特性主要有：（1）室外上课且不用课本，但需要场地和器材；（2）学生自由度大，难以组织；（3）各年级间上课内容好像都差不多，教学内容庞杂，内容之间难以找到逻辑关系；（4）有理论课但不难，学生误几节课后再赶上也不难；（5）在学生升学中显得不那么重要，好像不太受领导的重视；（6）体育教师要上课、带操、训练、管体检等，工作内容杂；（7）体育对学生的知、情、意等的培养作用大而强；（8）体育考核评价的标准很难把握尺度。鉴于体育学科具有以上特性，学校在制订目标时要慎重考虑。目标的制订要利于学科的发展，促进学科的发展，促进体育与健康交叉互补体系的完善。

（二）学校体育管理工作的依据

学校体育管理工作主要依据不同时期我国的教育方针，体育发展的总体目标，学校体育工作的职能，各级各类学校的现状与发展情况，国家或各级学校体育行政部门各时期的学校体育工作规划，学生各阶段的生理、心理、社会等方面的特点，对学校的体育工作进行系统的管理。

四、中学体育管理的内容

（一）中学体育教学的管理

体育教学过程是师生为共同实现体育教学目标而进行的双边活动过程，其主要目的是增强学生的体质，增进学生的健康，培养学生的体育的兴趣，使学生养成自觉锻炼身体的习惯。传授体育的基本知识、基本技术和基本技能，提高学生的运动水平等，是学校体育工作的核心。体育教学管理是指按照体育教学的规律和特点，对体育教学工作进行计划、组织、领导和控制的过程，它是以不断提高教学质量为目的的，体育教学管理源于教学计划的确定。中学体育教学管理一般包括以下几个部分内容：教学大纲管理包括教学计划、教学思想、教学要求、课程设置和教材建设等几个方面；教学过程管理包括教学安排、教学方法、教学进度和教学环节等方面；教学制度管理包括常规教学、成绩测定、教师考勤、教师工作量确定、教研计划等方面；教学服务管理包括场地的设计和保养、器材的保管、维修和出借等方面。体育教学管理是中学体育管理的核心，也是学校体育内容的主要方面。

（二）学校体育人力资源的管理

学校体育人力资源是指在学校体育系统内具有教育教学、科研和管理能力的全部人口的总和，主要由管理人员、教学科研人员、教辅人员三部分组成。教师是开展学校体育工作的核心，体育教师素质的高低在很大程度上取决于学校对体育教师队伍的建设和管理。学校体育组织机构对每一位人员进行职权分工，确定职责范围，明确职责关系，优化配置体育教研组内的管理人员与专职教师，使教师人尽其才，如哪位教师可以作为室主任、哪位教师可以担任健美操教练、哪位教师可以做某一项目的学科带头人等。建立教研组、年级组各层次学校体育教学管理规定，使教师有规可依，如制订体育教学考勤规定、教法研究规定、体育课实施细则等。量化学校体育教师的工作量，同时从考勤量与工作量出发，设定必要的激励机制，激励体育教师最大限度地发挥能动性。可以肯定的是，人力资源管理是学校体育管理中最关键的工作。

（三）课余训练竞赛的管理

学校课余训练，是在学生普遍参加班级体育活动的基础上，把部分运动成绩好的学生，按特长组织成若干运动队，进行课余训练，以不断提高这些学生的运动技术水平，为国家发现、培养和输送优秀的体育人才，它是学校体育的重要组成部分，具有业余性、基础性、广泛性的特点。学校课余训练的基本任务是进行全面身体素质训练和基本技术训练，在增进学生的健康的前提下，全面发展学生的各种身体素质，使学生获得多种多样的运动技能，为他们将来的身体发展和取得良好的运动成绩打下稳固的基础。学校课余训练应当坚持普及与提高相结合、体育锻炼与安全卫生相结合的原则，严格遵循青少年身心特点和循序渐进原则，注意吸收优秀学校体育课余训练的有益经验，积极开展体育课余训练与科学研究工作。中学生正处于生长发育阶段，个体自制力较差，自控能力较薄弱，但又渴望独立自主，群体意识、竞争意识和集体荣誉感强，他们的时间相对集中，课余时间较少。为此，对中学进行竞赛体育课余训练管理，应采取半自主调控的形式，既强调学生个体的主动性，又通过竞争性、娱乐性、集体性的运动竞赛提高中学生的锻炼兴趣与积极性，确保课余训练竞赛的进行。

（四）学校体育场地资源的管理

体育场地资源是指用于体育训练、比赛、教学和体育锻炼的特定场所的总称。学校的体育经费、场地、设备器材是学校体育教学的"硬件"，是开展学校体育工作的物质保证。学校体育场地资源管理应做到器材必须分类放置在指定位置，注意防火、防潮，摆放整齐。要建立明细册与使用手册，保证器材的使用率和完好率以及及时更新。外借器材收回时必须检查器材的完好情况，如有损坏，照价赔偿。体育教师在使用场地器材时必须统筹安排，合理使用。课前做好安排，不得临时抢占场地、器材。体育教师课前必须检查所有场地器材，做好计划，确保安全使用，并将场地和器材的使用数量写入课时计划，以做到提前预约使用，避免出现器械不够使用的情况。课外体育活动所用器材由值周教师统筹安排管理。值周教师对活动班级所用器材要合理分配，尽量满足学生的锻炼需要，在活动后及时将器材清点入库。每位体育教师都有保护场地器材的责任和义务，平时要勤查、勤看、勤管理，发现问题及时解决。同时学校体育场地在保证学校完成正常体育课教学和活动的前提下，应在课外或节假日以有偿或无偿的形式向参加体育锻炼的本校、外校学生以及周围社区群众开放，为他们提供活动场地。

（五）学校学生体质的管理

增强青少年体质，促进青少年健康成长，是关系国家和民族未来的大事。进一步加强青少年体育、增强青少年体质，对于全面落实科学发展观、深入贯彻党的教育方针、大力推进素质教育、培养中国特色社会主义事业的合格建设者和接班人具有重要意义。全面实施《国家学生体质健康标准》，把健康素质作为评价学生全面健康发展的重要指标。加快建立符合素质教育要求的考试评价制度，发挥其增强青少年体质的积极导向作用。中学阶段体育的核心目标是增强学生体质，增进学生的身体健康，促进学生的生长发育。2002年，教育部、国家体育总局联合颁布了《体质健康标准》测试试行办法，要求各级各类学校每年对学生体质健康进行测评，鼓励学生走向操场、走进大自然、走到阳光下，进而形成青少年体育锻炼的热潮。要根据学生的年龄、性别和体质状况，积极探索适应青少年特点的体育教学与活动形式，指导学生开展有计划、有目的、有规律的体育锻炼，努力改善学生的身体形态和机能，提高运动能力，达到体质健康标准。由于中学的学生体质管理强调学生体质发展的长期性与阶段性，因此在中学阶段，教师应重在将小学的体质基础与中学阶段的体育技能习得结合起来，重点发展和改善学生的身体健康素质，促进对学生健康有直接影响的身体部位、心血管系统的功能、肌肉的力量和耐力以及柔韧性的改善、发展与提高。最好建立系统的学生体质档案，同时建立长期的、科学的、系统的体质发展计划，突出中学阶段的体质发展重点，做到有所突出、有所侧重。

五、学校体育管理的方法与原则

（一）学校体育管理的方法

1. 学校体育管理的法律方法

学校体育管理的法律方法是指运用法律、法规对学校体育进行管理的方法。我国宪法明确规定："国家培养青少年儿童在德、智、体等方面全面发展。"这就使关系我国广大青少年儿童身心健康的学校体育受到了国家根本大法的保护，并具有应有的法律地位。《全民健身纲要》也明确规定以青少年和学生为核心来开展全民健身工作。2009年10月，国务院颁布的《全民健身条例》中明确规定，学校应当确保学生每天在学校活动一小时。我国的《体育法》中对学校体育设施的保护也做出了明确的规定。

同时，国家 20 世纪颁布的两个条例——《学校体育工作条例》与《学校卫生工作条例》也是学校体育管理中的重要法规与重要依据。由此可见，学校体育管理工作的开展既受到宪法和国家法律的保护，同时又受到它们的制约。学校体育工作按照党和人民的意志全面依法开展，推动和保障学校体育改革与发展的健康、有序进行，保证学校体育工作的社会主义方向和国家有关学校体育的方针、政策的贯彻实施。学校领导依据法律、法规的有关规定，维护师生体育权益和严格履行学校体育的义务，全体师生员工根据法律、法规及依法制订的校纪、校规来规范自我的体育行为。

2. 学校体育管理的行政方法

行政手段是指学校体育管理者运用行政组织的职能，采用指示、命令、决定、规划、条例等措施，通过行政组织对学校体育进行管理的方式。行使行政手段进行表扬与批评的只能是学校体育管理组织和行政负责人。行政手段具有权威性和强制性、无偿性、稳定性、时效性、垂直性等特点。利用行政手段可以使学校体育管理各部门统一目标、统一意志、统一行动，获得系统整体的功能，从而使学校体育管理部门制订的方针和政策得到贯彻，实现对学校体育全局工作的有效控制。利用行政手段可以快速、有效地取得学校体育工作的效果，尤其是在学校体育工作出现新情况、新问题时，利用行政手段有助于充分发挥学校体育管理部门的职能与作用。在采用行政方法对学校体育工作进行管理时，管理者需要充分认识到行政方法的本质就是要为学校体育工作服务，因此，行政方法的效果和水平取决于学校体育管理者的素质和能力。

3. 学校体育管理的宣传教育方法

教育法也可称为宣传教育法，是学校体育工作的主要方法之一。它具有说理性、引导性、多样性、灵活性和表率性等特点，能使管理者和被管理者知其然，也知其所以然，启发自觉性和积极性，使管理制度和办法能顺利地贯彻和推行，并使管理具有教育性。采用这种管理方法，不仅可以激发学生参与体育活动的热情，而且可以调动学校体育工作各方的积极性。宣传教育主要是通过平等讨论、说理、引导、表率、批评与自我批评等方法，对被管理者进行感化和约束进而达到教育目的。

4. 学校体育管理的奖惩方法

学校体育管理的奖惩法是表彰、奖励先进，批评或惩戒后进的激励方法，因而也可以称为激励法，是学校体育管理中常用的行之有效的方法，也符合体育是一种竞争性活动的特点。表彰、奖励先进和批评、惩戒落后的方法是一种行之有效的体育管理方法，它既是对学校体育管理工作的一种评价，又推动着学校管理工作向着目标发展。管理工作离不开激励，因为激励能调动人的潜能的发挥，奖励先进、批评落后就是激励的有效形式。它强调对集体和个人的体育工作成绩进行肯定、表扬，以起到激励、示范和推动学校体育工作的作用。利用金钱等物质进行奖励与惩罚是学校体育管理的有效评价形式，具体是通过工资、津贴、奖金、惩罚等经济手段，结合实践综合奖、超工作量、教学改革奖、优质服务奖、合理化建议奖、岗位责任目标管理奖等，从物质利益上调节和影响体育教师的行为，从而提高学校体育管理工作的效益。在学校体育工作的开始之时，奖惩法应比较频繁地采用，因为体育工作在开始时需要树立奖优罚劣的典型，同时，奖惩法还有利于最大化地激励教师开展工作。

5. 学校体育的质量管理方法

质量管理方法是指学校领导者确立本组织的统一宗旨和方向，创造并保持使员工全员参与实现目标的活动的内部环境的措施。实行质量管理，是坚持面向全体学生，以教学为主，德、智、体、美、劳一起抓，加强"双基"教学，发展学生智力和培养学生能力的统一，采用以定量统计、定量分析和定性分析相结合的方法，使质量管理标准化、制度化和科学化。加强学校体育的质量管理，必须逐步建立体育教学的质量标准。各级教学部门应进一步提高思想认识，摆正体育教学管理在中小学教学管理中的位置，明确体育教学管理的重要作用。此外，应提高体育教师的地位和待遇，力求做到知人善用，以提高体育教学质量。制度对教学起着监督和指导作用，是提高管理效果的基础，因此，要逐步完善教学管理体系，如教师管理制度，教学工作的检查制度，教学质量的评估和教师业务考核制度，教委教研室、学校、体育组三级听课评课制度等。

（二）学校体育管理的原则

学校体育管理原则是一个重要的理论问题，又是一个重要的实际问题，从理论与实际结合的方面来探讨学校体育管理的原则，是一个新的课题，这一课题的研究对于丰富学校体育管理理论、科学管理学校体育、提高学校体育质量有着重要的意义。管理工作要有明确的方向，明确的方向是指学校体育管理人员要坚决贯彻党的教育方针，执行党的方针政策。管理工作要有计划性，计划是管理工作的中心环节，学校体育工作的各个环节都要以计划的形式做出全面的分工与部署，并且要统一地、有计划地组织实施。管理工作要有一定的顺序，学校管理工作是多层次的有序结构，各工作管理层制订某个层面的体育工作计划都有客观的顺序。管理工作要注意信息反馈，学校管理人员在管理过程中，只有根据信息的不断反馈，才能不断修正和调整指令。管理工作要确保有效性，学校体育管理人员在管理工作中要合理有效地使用人力、物力、财力和时间。

案例

湖北武汉市汉川区某初级中学有三个年级，每个年级 12 个班，全校共有 1800 多名学生。学校体育教研组共有教师 9 名，承担全校的体育课程，同时还承担每年两次的体质测试工作，体育教研组的工作非常繁重，以致学校体育器材室无体育教师管理，由临时工管理。这样一来，体育器械经常丢失，多数体育器械非常陈旧，存在非常大的安全隐患，还出现几个教师为体育器械的使用而发生争执的事情。学校领导针对这些情况，制订了管理体育器械室的规章，规章提出："由体育教师专门管理器械室，每月在工资的基础上增加基本工资的 30% 作为管理者的管理器械室津贴。管理员每三个季度轮换一次，并有详细的规章制度，违反规章的扣除津贴的 10%。"学校实施这个奖励措施后，教师对管理员的岗位竞争激烈，形成多人应聘岗位的局面，同时，应聘者还拿出了自己的管理方案。从此，体育器械室管理逐渐走向规范，再也没有出现前面的情况。

在面对体育器械室管理混乱的情况，这个学校所采用就是行政管理的办法，强制实施变革，但这种变革并不是采用单一的管理方法，而是配合采用了管理中的奖惩办法来保证管理方法的长期实施。

第 六 篇

体育保障能力修炼

本篇主要论述了中学体育教师的体育保障能力修炼方面的内容，涉及场地设施、运动器材、安全保障等方面，对体育资源的合理利用及学生的体育运动安全等作了详细说明，是对中学体育教师专业能力修炼的有益补充。

专题一 场地设施

在大家的心中，学校体育场地应该是广大中学生提高运动技能的场所，进行体育锻炼的园地，增进身心健康的所在，丰富文化生活的条件，发展学校体育的保障……但在大家的眼中，城市当中存在大量的盆景学校：马路便道成为学校的第二操场，标准比赛的田径场、足球、篮球、排球场多是学校首选，场地的布局与设计千篇一律，场地的维修与保养无人问津……在全国推行"亿万学生阳光体育运动"的背景下，我们需要一起反思、共同分析、深入研究、付诸行动，逐渐缩小大家心中和眼中的差距，充分发挥学校体育场地作为美丽运动空间的功能。

一、什么是学校体育场地

（一）概念解析

学校体育场地是指为学校体育教学、训练、竞赛、锻炼和娱乐等活动提供的场所或空间，其本质是为开展体育运动而按照一定的标准建设的户外或室内专用场地。学校体育场地的功能主要体现在满足教学需要、提供锻炼条件、保障运动训练、服务运动竞赛、兼顾娱乐健身等方面。

（二）热点探讨

1. 场地严重不足

据各项研究显示，目前很多学校体育场地与教育部对各级各类学校体育场地的要求相差甚远，如哈尔滨市的 139 所中学中，画不出 50 米跑道的占 63.8%，许多学校只好在马路上做课间操、跑步，也有的学校仅有篮球场，广播操要分几批做，排球场平均 800 多人才有一个。又如，在武汉的不少条件差、占地面积非常有限的学校（即"盆景学校"）中，学生只能在马路上进行冬季锻炼，相当一部分学校田径队将训练场搬到马路上，北京某城区中学操场人均面积达标率仅在 50% 左右。

2. 场地类别与标准定位

学校体育场地一般可分为竞赛类、训练类、教学与健身类。学校体育场地大多为安全、实用、相对简单的教学与健身类，应避免过分地追求标准化，盲目建设一些满足竞赛用的铁饼、标枪、撑竿跳高和链球设施，有些甚至是为了满足奥运会、世界田径锦标赛的需要而建设的，不仅浪费大量的财力，同时也不符合学校体育活动的实际需要和学生的生长发育特点。

学校的体育场地建设有一定的评定标准，如田径场地分为一类、二类和非标类，这就要根据学校的具体条件而定，可建设综合性的学校体育场地，如田径与篮球、排球、网球等套用的场地，但应注意不能完全没有规格标准，可参照教育部已颁布的场地规格标准，否则不利于学校体育竞赛活动的开展。

3. 非标准场地的建设

由于受地理环境、学校规模等条件限制，有些中学达不到标准场地所规定的规格尺寸，只能保证一些规格尺寸略小的非标准场地。在保证安全性能的前提下，非标准场地建设首先应注意尽可能利用小场地的规格标准，如室内田径场地的规格、五人制足球场地的规格、28m×14m 的篮球场地等。这类场地有现成的规格标准，便于建设，同时也有利于训练、竞赛活动的开展。同时，要考虑不同学段的学生特点、学校特点以及教育部与国家质量监督检验检疫总局已颁布的相关场地的规格要求。

二、如何有效开发与利用学校体育场地

学校体育场地的开发与利用包括对已有的和校内外可开发的场地资源进行合理的调整和规划，部署适合多种运动项目的运动场地，使体育场地多功能化，为学校体育提供有利条件。各校应根据本校和学生的实际情况合理地开发与使用体育场地，最大限度地挖掘场地的使用空间和时间，充分利用学校的空地和学校周边环境，满足学生的安全使用需要。

（一）体现"以学生为本"的基本思想

学校体育场地的开发与利用要充分体现"以学生为本"的思想，以培养学生的综合素质为目标，树立"健康第一"的重要思想，明确中学体育的重要任务之一就是要全面发展学生的基本活动能力和身体素质，使学生掌握一至两项运动技能。根据不同年龄、不同水平的学生设计不同的场地，不要一味追求标准场地，如篮球场可考虑建设22m×12m的场地，篮球也可考虑大小在 72～74cm 之间，重量在 560～580g 之间，游泳池可考虑增大泳池的坡度，使水深从 1.2m 逐渐过渡到 2m 等。此外，还应增强服务意识，如在场地上增加一些矮凳供学生适时的休息，增加室内场地和外场边的树荫以供雨天和炎热天气使用。

（二）因地制宜与广开渠道的思路

目前，不论城市还是农村中学，普遍存在办学用地紧张的情况。因此，在建设体育场地时，必须因地制宜，合理开发与利用空地，充分利用路边、学生宿舍周围等闲置的地域进行科学的设计，巧妙布置各种场地。

1. 充分利用校园空闲场地

如利用校园内的空闲道路、树林等，布置传统的踢毽、跳皮筋场地；利用教室前后的空地，将跨栏架卧倒当球门，用 1 千克的实心球或小皮球、布绒球当足球，就可以开展足球活动，用高栏替门，又可开展手球活动；在地上画一个小篮球场，不要罚球区，再在半场的端线和边线交接处各画一个三角区，由一个学生站在里面当球筐，便可以进行篮球比赛。

2. 改造开发各类体育场地

如楼房的屋顶加上网栏，就可以变成一个不错的球场，用来进行羽毛球、乒乓球

教学；电影院、食堂等在特定时间使用的场所，完全可以在空闲时间用来开展慢跑、立定跳等教学；用校园内的树木做支架设置单杠、爬绳、小篮球架等设施；利用不平坦的地形开展攀爬、滑梯等活动；将校园的围墙做成攀岩墙等。

3. 拓展户外体育场地

在南方，一些有安全保证的江河湖海是开展游泳、冲浪、沙滩体育教学的天然场所；在北方，可利用山丘、平原开展滑雪、滑草、滑冰等适宜的体育项目。在山区的高山上，可组织学生参加越野跑；在林区的竹林里，可进行蛇形跑练习；在农村的田野中，可做游戏，上武术课、体操课，还可打羽毛球、踢足球等。

（三）标准与非标准相结合的原则

标准场地是为了进行正规的比赛而设计的，造价高，占地面积大，对地理环境有一定的要求，而非标准场地可因地制宜，在材料方面没有严格要求。学校可根据实际情况，适当建设一些标准场地，而多建设一些非标准场地。如篮球场地可利用小型的场地建设半场场地，篮球架可以固定在墙上练习投篮，足球场可考虑建一些小场地、球门适当缩小等。

贫困地区学校虽然场地条件差，但一般都有比较丰富的土地资源，只是没有成形的运动场而已，另外，学校附近的资源也很丰富，完全可以自己动手修建场地。如要修建田径场，石块、碎砖、黏土都是现成的，煤渣在锅炉房也有，原料中只有石灰石和少量的水泥花点钱，修建时还可以发动学生利用劳动课来帮忙。这样一来，修建一个简易田径场的费用并不太大。依此法行之，篮球、排球、羽毛球等场地的修建也并非难事。

（四）安全为首的原则

学校体育场地是中学生进行身体活动的场所，人员密集，使用率高，因此，必须把安全放在首位。近年来有大量的学校体育场地进行维修改造，然而有些中学修建的场地因设计不尽合理，其规格标准无法适应中学生的年龄与学段特征以及学校体育活动的开展，为学生的体育锻炼埋下安全隐患。因此，在学校体育场地的开发与利用中必须首先考虑安全因素。

例如，田径场地的安全因素。有条件的学校应按《田径场地标准手册》的要求并结合学校体育的特点加以考虑。田径场跑道的地面应平坦、无碎石及其他杂物，而且有较好的排水能力。场地周围的挡网，除满足规定的安全距离外，应采用铁丝网围护，网边丝头一定要做安全处理。铺设塑胶面层的跑道，其胶面应与中间的草坪填充物在同一水平面上，不能存在落差，以保证排水的顺畅及地面的平整。内环沟沟眼宽度不应大于 2 厘米，以避免脚扭伤。若有排污、供暖、上下水等井盖，不能移离跑道的必须进行稳固处理，以防止因井盖移位而造成安全事故。如果非规范场地领操台（主席台）距离跑道过近时，靠近跑道的台角应做倒角或圆角处理。跳跃和投掷的场地设计要充分考虑方位及相互之间的干扰。

又如，球类场地的安全因素。首先应考虑不同球类的分区，分区间可设小门通行，不同球类在相对集中区域平行排列为好，区域间最好使用不同高度的铁丝挡网隔离，避免活动中因飞球造成的砸伤或跑动造成的撞伤。场地表面的铺设尽可能采用合成材料面层，以提高使用的安全性能，使因摔倒而造成的损伤减小到最低限度。此外，场地应按规则要求留有足够的安全距离，如篮球 2 米、排球 3～6 米、网球 3.6～6.4 米等，无法避免的障碍物，一定要有安全防护装置。

（五）合理实用与满足活动需要的原则

中学进行体育活动的可利用场地有限，如何在有限的场地上尽可能地提高场地的使用效率，保证多数学生体育活动的需求，是我们在场地开发与利用过程中所要考虑的重要因素。

首先，运动项目的搭配既要尽可能充分利用场地，以保证有更多的学生参与活动，同时也要考虑学生对运动项目的喜好程度，尽可能多安排一些学生喜爱的运动项目，以培养学生参与体育活动的积极性。

其次，场地的开发与利用要注意运动项目的取舍，不要所有项目都安排，同时应注意选择学生喜爱、参与人数多、场地利用率高的项目。当然如果场地充裕、资金充足，也可以将场地标准化的程度提高。

最后，在可能的情况下注意场地的方向与排水。由于场地的应用性质不同以及地域上的差异，学校体育场地的基础建设有一定的差别，北方主要注意防冻，南方主要注意防止水的渗透。在场地的边角部分，采用包边工艺可有效地避免渗水造成的脱层现象。同时，也应在建设过程中高度关注排水系统，以避免积水对基础与面层的损害，建议最好采用沥青面层的基础，其防渗性与抗裂性均好于水泥基础。

（六）提高开发与利用价值的重心

匠心设计，巧妙布局，提高学校体育场地开发与利用的价值。体育教师应仔细地对学校现有的操场、小广场、空地进行规划，使之更合理地得到开发与利用。例如，为推广实行全面健身路径，根据学校实际和学生身体素质特点，创设组合障碍式跑道的锻炼走廊。学生在练习过程中，通过不断提高翻越障碍的速度，从而达到锻炼身体、发展体能的目的。锻炼走廊既可作为体育教学场所，也可用于学生早操和课外体育锻炼。锻炼走廊的设计思路包括：一是学校体育场地的设计要体现学生的特点，以促进学生健康成长为根本目的；二是学校体育场地的设计应考虑如何使其功能更加全面多样，能够为学校开展包括体育在内的各种教育活动提供良好的物质环境。

三、如何提高开发与利用学校体育场地的能力

（一）自主研究基本规律

体育学科的特殊性、体育教学内容的复杂性、体育教学方法的多样性使得学校体育场地的开发与利用的方法非常多，但也有一些基本方法。体育教师可通过查阅文献、实践摸索、专家论证等自主研究的方法，从本地区、本校、师资、学生等实际状况出发，总结提炼出具有本校特色的体育场地开发与利用的基本规律和步骤。

1. 基本规律

（1）空闲场地。狭长的地段宜设置攀梯、肋木、爬竿、爬绳、低单杠、独木桥、踏石、健身路径；挡风和较宽敞的地段可安放室外水泥乒乓球台；僻静的墙面和角落可搭建"长城墙"和"冲坡墙"等。

（2）田径场地。弯道外的四角可设组合式攀爬架和秋千；投掷区域和其他设施要清楚标明并要留有足够余地；边角可修建沙坑、平梯、单杠、双杠、对墙投掷区、斜坡跑道及联合器械设施等。

（3）球类场地。球类场地应按不同的项目划分不同的区域，各区域要用相应高度和强度的挡网隔开；篮球场及球架的设置除少数标准场地外，可将双向和单向小篮球架作一字排列式设置，但要保持适当的间隔。半个球场的地段都可设小篮球架，以供教学和一般性练习之用等。

（4）体操场地。综合健身器械要相对集中，以利于监管与指导等。

2. 基本步骤

（1）现状调查。要对现有学校体育场地、校园内环境（如楼顶、墙面、树林、山坡、水池、空闲场地以及固定使用的场所等）、学校周边场地（公园、森林、田野、湖泊、高山、体育场地、大型广场空地等）进行全面了解、测算与规划。

（2）实践操作。要根据"以学生为本"的基本思想、因地制宜与广开渠道的思路、标准与非标准相结合的原则、考虑安全因素为首位的前提、合理实用与满足活动的宗旨、提高开发与利用价值的重心以及上述基本规律，充分考虑开发与利用体育场地的可行性。

（3）方案论证。在小范围内进行试验，并请专家对设计方案进行仔细论证，从理论和实践方面验证预设的可行性。

（4）修正调整。最后，在学校全面推广，同时，要根据实际情况不断进行修正和调整，直至达到最佳效果。

（二）观摩学习他校的成功经验

由于不同地区、不同学校的体育场地状况以及可开发与利用的资源不一样，因此外出观摩学习他校体育场地开发与利用的经验有一定的实践意义，既可开阔体育教师的视野，又可将相似经验直接引进，还可产生迁移作用，创造性地开发与利用校内外资源。

例如，近几年在我国中学逐渐兴起的快乐体育园地，以"快乐体育"为指导思想，各个学校根据自己的条件，充分利用校园内的各种空间，包括一些边角地带等，合理安装和设置各种各样简单的但具有很强趣味性的体育器材和设施，其最大的特点就是以"好玩""还想玩"为主题构建各种体育设施和器材，紧紧抓住学生爱玩好动的心理，此外，还体现了因地制宜、实用经济的理念，对现阶段我国学校体育场地的设计和优化具有重要的指导意义。

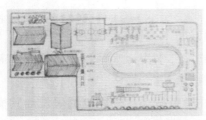
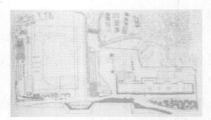

方案 1　类型多样、疏密结合型　　　　方案 2　校园山林、自然风韵型

方案 3　坡地池塘、特色利用型　　　　方案 4　环攀岩墙、布局紧凑型

方案 5　阶梯地形、错落有致型　　　　方案 6　校园较小、简单朴素型

（三）案例研讨聚焦热点问题

案例研讨是突破难点的最有效的方法之一，可通过多角度解读案例、开放式讨论，使教师分享别人成功的经验，交流个人的体验，以在研讨中产生的有机的整体性感悟代替肤浅而面面俱到的认识，直接提高教师的相关能力。案例的选取是案例研讨的关键，首先要做好前期准备，洞察学校体育场地中存在的普遍问题，进行有关的调查，收集详尽的材料，然后确定主题，使每个案例都要有一个鲜明的主题，要与教学改革的核心理念、常见的疑难问题和困惑有关，要注意典型性和时代感。

各省市、区县、乡镇、学区、校际、校内等不同层面均可开展学校体育场地的开发与利用案例研讨，可针对学校体育场地的类别定位、标准建设、安全保障、有效布局、校内外资源利用、配套设施设计、学生人数多但场地少、经费不足但需求较大、教育因素挖掘等理论与实践热点问题分别开展相关案例的研讨，进而提高中学体育教师开发与利用体育场地的能力。

（四）专项培训促进专业成长

随着体育课程改革的不断深入、"健康第一"指导思想的提出和"阳光体育运动"的开展，学校教育对体育教师的要求越来越高，因此，体育教师培训也备受各级政府及教育部门的高度重视。但令人遗憾的是，有关学校体育场地利用的专项培训几乎没有，更多的是体育场地利用的高级、中级、初级培训，与学校体育场地利用相关的培训零散地出现在一些体育教师培训或者体育教研员培训中。因此，开展有关学校体育场地利用专项培训成为当今体育教师培训亟待开展的工作之一。

学校体育专项培训主要围绕如何有效地开发与利用学校体育场地而开展的，可将自主研究基本规律、观摩学习他校的成功经验、案例研讨聚焦热点问题等融合在一起，通过专家引领、资源共享、主题沙龙等方式，使中学体育教师拓宽视野、创新思维，真正提高开发与利用学校体育场地的能力，促进其专业成长。

专题二　运动器材

俗话说："巧妇难为无米之炊。"学校体育器材的质量、数量是衡量学校体育发展程度的重要标准，但当前学校体育器材的配备不足与专项竞赛器材的闲置形成鲜明对比。体育器材缺乏，如何保证《体育与健康课程标准》的执行？如何实施《国家学生体质健康标准》？如何推进全国亿万学生的"阳光体育运动"？改造器材、一物多用、自制器材就能解决上述问题吗？如何让有限的体育器材为中学生享受无限的体育乐趣服务？这一切都需要我们去思考、挖掘、创造。

一、什么是学校体育器材

（一）概念解析

学校体育器材主要是指在学校的体育教学、训练、竞赛、锻炼和娱乐活动中使用的各种器具、器材和材料。适宜的体育器材对激发中学生的运动兴趣、使其有效地进行体育锻炼能起到事半功倍的作用，对中学生在运动参与、运动技能、身体健康、心理健康和社会适应等方面的发展有着不可或缺的作用。

（二）当前学校体育器材配备、使用方面的基本状况

1. 器材配备不足

按照教育部规定，学校的体育器材配备率须在80％以上，但当前只有一小部分学校能达到这个标准。农村学校体育器材达标率普遍低于城市，而且有相当一部分学校的达标率在50％以下，属于不合格范围。例如，六盘水市某区陇脚布依族乡中学仅有的几件体育器材中，双杠因损伤变成了"单杠"，刚刚砌起的水泥乒乓球台很不标准。自制体育器材率则正好相反，农村和城镇学校远高于城市。由于地区经济落后，体育场器材缺少资金投入，我国大部分农村及偏远地区学校体育器材的状况与有关规定相差甚远，体育器材不能满足体育教学需要的学校占到本地区学校总数的60％～80％。

2. 器材闲置

在各级各类学校里都不同程度地存在相当一部分只是在体育竞赛中使用一下就成为保管室的"压室之宝"的器材。这些器材对中学而言是一种奢侈浪费，体育经费非常有限，如果不能做到物尽其用，无疑对中学体育工作的进一步开展非常不利。如田径器材中的标枪、铁饼、铅球、跨栏架等就是"压室之宝"，少则几十元，多则几百元甚至上千元，而这些器材的使用者仅仅是少数的学校运动队或者是一年一次的学校运动会的参赛者，使用频率很低，这显然不符合中学体育的初衷。

3. 器材的规格标准

尽管《中学体育器材和场地》国家标准颁布已有数年，但学校体育器材成人化现

象十分普遍。究其原因有以下三种：一是长期以来，中学使用的体育器材都是按照成人竞赛项目的标准设计和生产的，由于历史原因，人们已在观念和身体适应性方面形成习惯性的定式；二是学校缺乏经费更换现有的器材，且易造成浪费；三是经济条件较差的乡村中学，器材大都是县城中学退下来的器材和自制器材。因此，学校体育器材教材化工作将是一项十分艰巨的长期任务。

4. 器材的数量达标

各校体育器材配置中，以田径类、球类器材为主，尤其是篮球、排球、篮球架、排球柱平均配置水平超过了规定标准，田径配置平均水平也达到了 60% 以上。然而，一些农村中学要想使体操等竞技类项目器材配备达到规定标准，还需要相当长的时间。事实证明，现代体育并不意味着只有竞技体育，并不一定要与世界接轨，越是具有民族性的东西反而越具有世界性，如中国武术、印度瑜伽、日本柔道、韩国跆拳道等。因此，我们不必将所有配置都配全，完全可以吸收一些民族、民间的传统体育项目，如跳绳、踢毽子、跳皮筋等，这些项目在器材配置上的花费是很有限的。

5. 器材的保存管理

由于学校体育器材数量多、品种繁杂、使用率高，因此，体育教师必须要对现有的体育器材进行科学管理，避免器材流失、损坏，尽量延长器材的使用寿命。学校要请责任心强的教师负责器材管理；选择通风、明亮、干燥的房子作体育器材保管室；器材要分类存放，一目了然；体育教师要教育学生爱惜、维护学校体育场地、器材，在课后、体育活动结束后，要及时清点器材，如数送还；要科学地使用器材，注意定期维修，如海绵垫子、羽毛球拍、球类等器材的开胶、开线等，可用专用胶黏合或缝补，及时进行维修。对于一些闲置器材，要开动脑筋，变废为宝，变换用途，合理使用，以发挥它们的用途。

6. 器材的安全设计

体育器材的安全设计包括使用功能、规格要求、强度要求、材料选择和连接方式方法等的规划。随着学校体育改革的不断深入以及学生身体素质的变化，现有竞技规格的体育器材已很难满足广大学生的运动、健身、娱乐的需求，为此，一批新规格的运动器械应运而生，同时，一些新特点的安全隐患也应引起我们的注意。例如，为适应学生的基本身高特点，许多学校安装了小篮球架，而学校中能跳起扣篮的学生大为增多，对篮圈的受力强度有了更高的要求。篮圈的钢条应选择抗拉强度大的材质，同时两个端点应设计为螺栓与篮架或篮板背面的固定条带固定，篮板与支撑构架的下边应做安全包扎处理。室外常见的柱式球架在设计中应使用圆柱或圆角方形，而不能使用方钢。这样学生在参与篮球活动时的安全性将会大大提高。

二、如何有效开发与利用学校体育器材

（一）改造器材

由于体育器材的种类繁多，功能也不尽相同，因此不是所有正规的、合格的、安

全的体育器材都适合进入中学。学校的运动场要成为学生的运动乐园，就要打破竞技化的、成人化的场地器材规格限制，一切从学生的实际和兴趣出发，把学校成人化的场地器材改造成适合中学生活动的场地器材，以满足学生体育活动的需要。对体育器材的教材化改造是依据学校体育教育目标和学生身心发展需要，针对学校实际体育条件，将各种体育器材加工成学校体育器材的过程。

例如，对标准篮球器械的改造。标准篮球的篮圈离地 3.05m，篮圈内径为 0.45m。中学生要想在标准篮球场上完成扣篮和达到较高的命中率显然是有困难的，但经过改造的篮球器材效果大不一样。改进之一是，可以将场地的篮圈高度根据学生身高的总体水平降至相应高度，这样素质、身材较高的学生通过练习，可以实现扣篮；改进之二是，可以将场地的篮球圈内径扩大为 0.6m，每个人的投篮命中率就会大大提高。扣篮和命中率的大大提高，有利于激发学生参加篮球活动的动机，满足学生的成功感，使体育差生也增强对体育的信心。篮球器材教材化使竞技体育项目大众化、娱乐化，能在一定程度上改变目前学校体育器材竞技化的现象，激发学生的锻炼兴趣和锻炼的主动性，促使学生养成体育锻炼的习惯，达到增强体质、发展非智力因素的目标。

（二）一物多用

体育器材的缺乏是许多学校面临的现实问题，这就需要体育教师发挥聪明才智，根据器材特点发挥其多种用途，尽量做到一物多用，解决器材品种少的问题。体育场地器材一般都具有多种功能，只要转换视角和思维方式，就可以开发出常用器材的许多新功能，结合学生实际和项目特点，实现一种器材多种用法。

例如，利用跳绳可进行绳操、斗智拉绳、拔河、三人角力、跳移动绳、跑蛇绳、接力游戏和组字拼图比赛，利用绳子能打结的特性教学生学习野外生存、自救的本领。又如，手榴弹和实心球可以组合成简易的保龄球游戏，还可以把它等距离放在地上进行蛇形绕球跑、锯齿形跑、躲闪跑、单足和双足跨球跳、抱球跑、单人自抛击掌和双人对抛击掌后击球、做雷区中的地雷等。再如，在标准篮球场边线外安装多个不同高度的篮球架，或制作无板多圈简易活动栏架，也可把篮圈直接安在墙上等，使有限的场地器材发挥无限的作用。此外，体操棒和小皮球可以当做垒球来打等。

（三）辅助器材

体育教学中选用恰当的辅助教具，能够达到事半功倍的教学效果。

例如，在三级跳远教学中巧妙地利用三块小垫，分别间隔平铺摆放，让学生做连续的隔、跨、跳跃练习，体验三级跳的动作节奏感和不同动作的身体感觉，形成主要动作的直观感受，接着，改变三块小垫的形状，第一块平铺在地，第二块对折成 A 形竖放，第三块对折成方形摆放，让学生进行三级跳的完整动作练习，体会第一跳的"隔"要有力度，第二跳的"跨"要有高度；而第三跳的"跳跃"要有远度。利用三块垫子摆放不同形状，凸显动作"内涵"，帮助学生有效地完成三级跳的学习任务。又如，排球正面双手垫球部位的教学辅助器材——袜筒，主要目的是让中学生清楚地找到准确的击球点，即用腕上 10cm 左右的两小臂桡骨内侧所构成的平面击球。学生每人从家里剪一段废弃袜子的袜筒，将其套在击球点的手臂部位，这样就能很容易找到击球点，收到良好的教学效果。

（四）自制器材

对于一些精细程度、规格标准要求较低的器械，完全可以利用当地资源，结合本校实际，制作简易的体育器材，这也是改善教学条件的有效途径之一。利用废弃物解决器材的短缺问题，改善教学条件，也是一个"量才录用"、因陋就简的积极办法，同时又能培养学生的动手动脑能力和创新能力。

例如，利用废旧自行车固定后让人连续做蹬伸动作，速度可快可慢，从而达到训练腿的蹬伸能力与双臂支撑能力的目的；用废球制作实心球；用泡沫制作人体模型、简易体操垫；用废旧汽车轮胎进行滚轮胎赛和障碍接力；自制沙包代替实心球；把易拉罐或饮料瓶装上沙子做沙瓶操；用锯好的木块以及盛满水的旧饮料瓶作为保龄球的标靶；自制小垒球以及小皮球进行富有特色的棒垒球和保龄球练习；自制大小不同的藤圈做抛接、穿越、滚动等游戏；自制不同重量的沙袋做搬运、掷远、掷准、抛接、跳格子、踢沙包等练习。自制简易的运动器材不仅可以解决运动器材短缺的问题，也给体育课增添了趣味性。

（五）替代器材

在一些运动项目的教学中，尤其是在武术教学过程中，会使用到一些刀、枪、棍等器材，符合比赛规格标准的器材的材质为钢质，而在教学中使用这一规格标准有些过高，不太适宜，另外，这类器材价格不菲，不是一般学校所能承受的。同时，为了确保学生的安全和教学的顺利进行，采用木质、竹质的器材较为合适，而且经济实用。另外，以生活用品、生产设施和生产工具等作为器材替代物，也是一个解决器材数量少的好方法。

例如，制作剑可将体操棒（或同等粗细轻重的木棍）的 4/5 部分用纸严密包裹后用胶条粘牢作为剑身，然后用双层纸片粘贴成圆锥体（约 5cm 高）套于剑身顶端作为剑尖，最后将纸片剪成两张剑柄形状，相对粘贴在剑身末端作为剑柄。又如，制作流星锤可将细长绳（或布条、跳绳）的一端留出约 10cm 后用宽胶条与小垒球或小皮球、有一定重量的纸球粘贴固定，然后将预留出的 10cm 跳绳与跳绳主体打结防止滑脱即可。

（六）引进器材

对于一些不能自制的器材，如球类器材，则可以由学校出面与高一级学校或专业队联系，收集其报废的相关器材。一般来说，高一级学校的器材要丰富得多，且每年都要更换一批器材，像球类器材，报废的并不是不能使用，而是磨损到一定程度需要更新而已，收集这些报废的器材在一定程度上可以解决贫困地区学校体育器材紧张的问题。

另外，还可利用家庭、社区资源，充实学校体育器材。现如今，社会、家长们对孩子的教育日渐重视，对于文化学习用品的经费投入更是可观，可以让家长为自己的孩子购置部分体育活动器材，由学生带到学校互相交换使用，使学生的体育器材变得多样、新颖。另外，要多鼓励学生利用社区里的健身器材进行锻炼，以满足活动的需求。

三、如何提高开发与利用学校体育器材的能力

（一）自主研发

学校的器材、经费都是有限的，但人的创造力是无限的，作为教师，首先要多看、多想、多思、多动，从各类文献、经验中寻找学校体育场地开发与利用的方法；其次要充分挖掘校内资源，包括地理资源、物质资源、人力资源等，发动全体师生献计献策，尤其是激发学生的创造性思维，达到培养学生创新意识和能力的教育目标；最后，从本地区、本校师资、学生的实际状况等出发，总结提炼出具有本校特色的体育器材开发与利用的方法。

在开发与利用学校体育器材的过程中，首先要注意安全性，必须保证能安全使用，严防事故的发生。与身体接触的部分应当光滑，不能带刺；安装在地上的器械要牢固，不易移动；相对固定的器材要有适当的间隔距离等；设立的攀爬场所地面要有一定的弹性，地面的颗粒状物质直径不应大于 2mm；所用的材料中重金属、硫化物的含量不应超过国家规定的标准。其次要注重趣味性，注重趣味性即要结合中学生的年龄特点。自制器材要为学生所喜欢、所接受，使学生在锻炼身体的同时，精神上也得到享受和乐趣。此外，还要注重实效性，所制作的器材要尽可能地适合所开发的项目，并充分发挥器材的潜力，实现可持续性使用。

（二）观摩学习

随着体育课程改革的不断深入，学校体育场地器材配备的不断改革，全国亿万学生"阳光体育运动"的不断推进，各级各类学校对一些传统的、新型的、民间的、民族的体育器材的需求也在不断增大，学校体育器材的开发与利用逐渐引起各类体育器材生产厂家的关注。他们活跃在各省市乃至国家级的中学体育教学观摩会、中学体育教师培训点，主动提供经费与专家学者联合搞学校体育器材开发与利用的课题，积极与广大中学联系，提供试用产品、收集改进意见，从而介绍、推广并不断完善他们的产品，其中不乏一些有参考价值和借鉴意义的学校体育器材。因此，体育教师要利用这个平台，观摩学习并充分利用体育器材生产厂家的资源，既可直接引进各类体育器材，也可从中吸取新鲜血液，充实自我，提高开发与利用学校体育器材的能力。

（三）课题研究

当前学校体育器材需要研究的问题很多，如配备不足、闲置压室、分类规格、数量达标、保存管理和安全设计等问题，又如开发与利用的原则、方法、途径和注意事项等问题。因此，中学体育教师作为基础教育一线的工作者，是此类课题研究的最佳实施者，只要抓住其中一个关键问题，依托学校体育工作，结合学校、师生的实际状况，开展课题研究，肯定能够收到一定的成效。

例如，针对"长期以来，学校体育器材以成人竞技体育的体系为规格标准，器材的成人化严重影响了学生参加体育活动和锻炼的兴趣"的问题，抓住"在当前新一轮的体育课程改革中，《体育与健康课程标准》取消了对具体体育教学内容的规定和指导，将内容的选择权下放到地区、学校、教师，而教学内容的选编在一定程度上决定了学校体育器材的配备"的联系点，依托"体育教学内容选编"的平台，最终"在对运动素材教材化的过程中"实现体育器材的改造工程，达成课题研究的预期目的。

（四）专项培训

在当前备受关注的各级各类体育教师培训中，专项学校体育器材的培训仅仅是一些器材使用培训，培训学员是广大体育教师和班主任，而培训教师不仅包括相关的专家和教研员，还出现了不少体育器材厂家的相关人员的身影，但是，学校体育器材开发与利用的培训只是零散地出现在一些体育教师培训或者体育教研员培训中。因此，有关开发与利用学校体育器材的培训成为当今体育教师培训工作需要进一步关注的内容之一。

有关开发与利用学校体育器材的培训可将自主研发、观摩学习、课题研究等融合在一起，通过专家引领、实践操练、资源共享和专题研讨等方式，使中学体育教师拓宽视野、创新思维，真正提高开发与利用学校体育器材的能力。

专题三 安全保障

保证学生的人身安全是体育教学的首要条件，也是每一位体育教师义不容辞的责任。然而众所周知，体育运动是与危险同在的一种文化活动。因此，怎样让体育与安全紧密结合起来，是广大体育教师共同努力的方向。

一、学会发现安全隐患

体育教师要了解并洞悉学校体育可能存在的各类安全隐患，尽自己最大的能力去减少和避免学生体育伤害事故的发生。

（一）由校方导致的安全隐患

1. 体育安全管理制度的欠缺

如果学校对于学生每天使用的体育场地、器材、设备没有定期检查、保养、修理和更换的制度，就会造成任课教师人人都得管、人人都管不好的局面，导致器材、设施存在严重的安全隐患。实行场地、器材的定人、定时负责检查的制度，可以避免很多潜在危险事故的发生。

2. 体育经费投入的不足

如果学校体育设施、设备陈旧、老化，没有得到及时更新替换，教师只能利用现有的条件进行体育教学，就极易造成学生伤害事故。

（二）由体育教师导致的安全隐患

1. 教师缺乏足够的爱心和责任心

教师对学生的无微不至的关怀，来自于他们对学生的热爱，只有热爱学生才有真正的责任心（而不是"逃避责任的心"）。只有教师有了责任心，才会有周密的安全对策，学生的安全才会有最基本的保证。

2. 教师缺乏过硬的业务能力

要保证学生的安全，光有爱心和责任心是不够的，教师还要有丰富的专业知识和高超的安全保护技能，这种技能包括对场地器材进行安全布置的技能、对运动器材进行检查和保养的技能、对学生的身体和技能状况进行准确判断的技能、把握教材的难易度与进行教材安全化处理的技能、对各种危险进行准确预测的技能、对各种动作练习进行安全保护的技能、利用学生群体进行相互安全保护的技能、对紧急伤害事故进行正确的初步处置的技能等。如果缺乏这些业务能力，伤害事故就会如影随形，随时都有可能发生。

3. 教师缺乏对体育伤害事故的预见能力

在体育教学中，有的危险是不可预测的或是人力不可抗拒的，如在上体育课时突然发生了地震或无法躲避的雷击等，除此之外的大部分危险，体育教师都可以凭借经验预见得到，并可以有效地预防。对于可以预防而没有去预防造成的伤害事故，学校和教师则需要承担相应的法律责任。

（三）由学生导致的安全隐患

1. 学生缺乏安全运动的知识与技能

学生在睡眠不足或休息不好、患病、带伤或伤病初愈阶段以及身体疲劳时参加剧烈运动，生理功能和运动能力都会下降，会因肌肉力量较弱、反应迟钝、身体协调性差等导致伤害事故。此外，很多学生没有吃早餐的习惯，饿着肚子上课，这也是伤害事故发生的重要因素之一。

2. 学生缺乏一定的自我约束能力

学生在比赛中不遵守规则、动作粗野，在训练中打闹嬉戏，冒险做出超过自己能力范围的技术动作等，这些行为都会导致别人或自己受伤。

二、从自身做起，保证体育教学的正常进行

体育课是实现体育教学目标的主要形式，教师在整个教学过程中认真贯彻实施安全常规将大大提高学生的人身安全度。

（一）重视安全常规，将安全教育贯穿体育教学全过程

1. 准备部分的安全常规

（1）体育教师课前要仔细检查上课所用器材和设施是否完好，排除运动场地的安全隐患。

（2）体育教师课前要正确摆放运动器材，对存在危险隐患的器材要派专人看管。

（3）课前，教师要例行查看学生的穿着，提醒学生不带任何有碍运动的物品，询问有无学生生病和身体不适。对课上有明显危险存在的项目（如铅球、标枪等），要重点强调安全并要求学生严格遵守纪律，让学生了解潜在的危险，提高他们的安全意识。

（4）进入准备活动阶段，体育教师要根据气候条件、学生的生理和心理特点安排适宜的准备活动内容。

2. 基本部分的安全常规

（1）体育教师要根据学生的情况安排教学内容，避免出现超出学生能力范围的教学内容和运动负荷。同时，要考虑不同教学内容前后安排的合理顺序，预防由体力不支而引发的伤害事故。

（2）体育教师的教法要得当，示范要准确，讲解要清晰，引导学生准确地理解动

作技术并正确地进行练习。

（3）体育教师要加强课堂组织纪律的管理，避免学生在课堂上出现散漫行为，严禁学生相互打闹嬉戏、不听教师指挥、冒险做出未学过的技术动作等，做到防患于未然。

（4）体育教师要在保护与帮助上下工夫，开动脑筋利用现有的或自制的辅助保护器具引导学生进行难度动作的学习和练习，尤其像器械体操这样的教材更需要教师动手动脑。与此同时，教师要引导每位学生习得保护与帮助的手法、站位与要领以及危险出现时自我保护的方法，加强学生的自我保护意识。同时，可以挑选责任心和能力较强的同学担当体育骨干，并充分发挥他们的作用，配合自己做好保护与帮助工作。

（5）体育教师在课堂上要始终保持敏锐的观察力，时刻注意学生的身体和情绪状况，发现问题及时解决。

（6）体育教师要合理摆放上课时所用的器材。避免过于密集，引起学生相互冲撞；避免方位不当，造成太阳直射学生的眼睛；避免摆放不规范，导致学生受伤；避免因危险器材随意放置而引发伤害事故等。

3. 结束部分的安全常规

（1）进入结束部分，教师要根据整堂课的运动负荷合理安排放松练习，避免因体力不支或思想麻痹而导致伤害的发生。

（2）对课堂上出现的有碍安全的违纪行为要给予严肃的批评指正，对出现的危险情况，教师要加以分析，引以为戒，避免以后重蹈覆辙。

（3）课后，教师要妥善、及时地安排送还运动器材，防止意外的发生。

（二）完善安全制度，规范体育场地、器材的管理

1. 球类场地、器材的安全管理

球类项目是学校体育的重要内容，我国各类学校中最常见的球类运动包括篮球、足球和排球，其次为乒乓球和羽毛球，北方部分学校也开展冰球运动。

（1）体育教师应尽的职责。课前，体育教师要例行检查上课所用球类场地、器材，确保安全后再进入教学环节，发现存在的安全隐患要及时向有关负责部门或负责人上报。课上教师要强调正确使用球具，如篮球、羽毛球拍等，禁止乱扔、乱砸、乱打；教育学生规范地使用球类器材，如篮球架、足球门框等，禁止乱攀、乱爬；教授学生自我保护的技巧，如躲避突如其来的球的技巧、合理避让与避免足球门柱相撞的技巧等，以此提高学生的自我保护的能力。

（2）学生应尽的职责。课前，负责借送球具的值日生或体育骨干要尽到看管的义务，以防丢失和损坏；课上，要听从教师的组织和安排，以防因混乱导致球具伤人；遵守纪律，不打不闹，不乱攀乱爬；体育骨干要有力地协助教师维持好课堂纪律。

2. 田径场地、器材的安全管理

田径运动几乎是我国所有中学体育教学必修的内容，田径场地和器材也是各类学校最常见的基本体育配套设施。田径运动包括的项目众多，场地、器材、设备比较复杂。学校最常用的场地有跑道、跳远用的跳板和沙坑，最常用的器材有实心球、铅球、标枪、跨栏架、跳高架、跳高杆、跳高垫、接力棒等。

（1）体育教师应尽的职责。课前，体育教师要例行检查上课所用的田径场地，挑选可用的器材，如排除场地上的异物、平整沙坑、挑选平整有弹性的跳高垫、挑选没有破损的接力棒等。课上，体育教师要教会学生预见田径场地、器材可能引起的伤害，如翘起的跳远跳板、没有平整的沙坑、乱扔铅球和标枪、乱闯投掷区等可能引起的伤害，提高学生的安全意识。体育教师在进行铅球、标枪等投掷项目的教学时，一定要严格要求学生遵守课堂纪律，听从指挥，对违规的学生要进行严厉的批评教育，预防意外的发生。课后，体育教师要及时回收器材和设备，禁止学生在没有教师的情况下自行练习。

（2）学生应尽的职责。课前，负责借送田径器材的值日生或体育骨干要尽到看管的义务，不但要防止丢失和损坏，同时要阻止其他同学擅自拿取练习，尤其像铅球、标枪之类的投掷器材，更要严禁擅取把玩。课上，要听从教师的统一指挥和组织安排，不争抢器材、不乱闯投掷区等。课后，要配合教师安全回收器材，由专人送还器材室。

3. 体操场地、器材的安全管理

在学校的体育教学中，体操教材占有较大的比例，如广播体操、健美操、集体舞、器械体操、垫上运动等都属于体操的范畴。有一定安全隐患的是器械体操和垫上运动所用的器材，如单杠、双杠、跳箱、山羊、爬竿、助木、海绵垫等。

（1）体育教师应尽的职责。体育教师在课前，要例行检查所用体操器材，如跳板弹性是否正常、山羊脚是否平齐、海绵垫是否有坑等，保证体育教学的安全进行。课上，体育教师首先要合理摆放体操器材，如技巧练习时，各组海绵垫的位置与学生的站位要合理，避免拥挤和相撞。器械体操练习时，要合理有效地摆放保护垫，避免学生落下时崴脚或保护垫起不到应有的保护作用等。其次要教育学生在进行器械练习或垫上练习时，不要嬉笑玩闹，以免由于注意力分散掉落器械或动作变形造成伤害。体操练习经常需要学生间的相互保护与帮助，教师应教授学生学会预见和判断，并有效地避免因被保护学生的错误动作致使器械伤人的事故，如练习跳山羊的学生在急速助跑上板后冲撞山羊没有跳过，致使山羊向前倒下，前方保护的学生要能预见并能正确地采取向侧躲开的方法，避免被山羊砸到。这类的躲避技巧是需要教师在课上讲解给学生的，以提高学生的安全意识。课后，教师要及时回收器材，避免不必要伤害的发生。

（2）学生应尽的职责。不在教师上课前和做准备活动前进行体操练习，尤其是器械动作的练习，以免受伤。值日生和体育骨干要严格按照教师的要求，认真摆放体操器材，并阻止其他同学课前利用器材活动。课上，每位学生都应严肃认真，保持紧张又活泼的课堂气氛，进行器械或垫上练习时一定要全神贯注，全力以赴。如果上课过程中，器械或保护垫位置有移动，要及时调整好，或报告老师。课后，值日生或体育骨干要协助教师及时将体操器材送还器材室。

（三）加强安全监护，关注特殊体质学生的运动

根据当前学生体质发育及基本运动能力变化的特点，将学生体质分为体质正常型和体质异常型两类。体质异常型的学生包括患有先天性疾病、一定程度的残障和体型过度肥胖或瘦弱者。

学校针对体质异常的学生应该有详细的病史或健康方面的记录，对不能参加体育活动的学生安排相适宜的教学内容，对可以参加体育活动的学生要将该生的具体情况通告其任课教师，让教师做到心中有数。

作为体育教师，在课前要仔细查看学生的健康档案，掌握本班学生的身体状况。学期开始的第一节课要提醒学生如患有心脏病、眩晕病、哮喘病等运动有危险的病症，应向教师说明，以免发生意外。在教学进行中，体育教师对能够从事体育活动的体质异常型学生（如太胖或太瘦的学生），要控制好运动内容和运动强度，同时做好保护与帮助，以防发生伤害事故。

三、重视安全教育，为学校体育保驾护航

目前，我国教育行政机关、学校管理部门甚至家长对在校学生体育安全问题的关注是不够的，学生伤害事故的安全防范教育基本上处于空白状态，学生的安全意识和自我防范能力较弱，安全知识匮乏。因此，应将体育伤害事故防范教育列入正常的教育计划之中，如建立学生健康档案、开展体育安全宣传活动、举办体育安全讲座、开展体育安全知识竞赛等。

学校体育运动安全教育主要包括体育课堂安全常规的教育和运动安全常识的传授两部分。

（一）体育课堂安全常规的教育

体育课堂安全常规应根据学校的实际情况加以制订，做到明确而具体。体育课堂安全常规的内容主要包括教师体育课堂安全常规和学生体育课堂安全常规两方面，这里重点阐述后者。体育课堂安全常规属于知识类教材，每学期开学初，应对全校各班学生进行体育课堂安全常规教育，特别是对新入学的班级，其主要知识点如表1所示。

表 1　体育课堂安全常规的主要内容

学生体育课堂安全常规		
体育课前安全常规	体育课上安全常规	体育课后安全常规
1. 因病、伤、女生例假不能正常上课，课前由体育干部或学生自己主动向教师说明，教师应根据不同情况，妥善安排。 2. 一律穿运动服、运动鞋上课，不准携带有碍活动和影响安全的物品。 3. 在检查和整理好自己的服装仪表后，应按约定的课前几分钟到达规定的集合地点，等候上课。 4. 值日生按教师要求，将器材安放在规定的位置。	1. 不迟到、早退，不旷课。 2. 课开始时，准时在指定地点集合，体育委员整理好队伍，向教师报告学生出勤、缺勤情况，师生问好。 3. 迟到需喊报告，经教师允许后方可入列。 4. 课中要专心听教师讲解，仔细观看动作示范，积极开动脑筋理解动作要领。 5. 严格遵守课堂组织纪律，不擅自离开队伍和练习场地，不做与课无关的其他活动。 6. 切实注意安全，严格按照教师规定的队形、顺序、动作的技术规格要求、保护和帮助的方法认真进行练习。 7. 练习中不得随意移动、升降器械的位置和高度，防止伤害事故的发生。 8. 分组练习时，要服从体育委员和小组长的指挥，有问题或意见要举手，出列向教师提出。	1. 要认真听取教师对课的小结，完成教师布置的课外作业，养成经常科学锻炼身体的习惯。 2. 协助体育教师归还器械和完成场地整理工作。

（二）体育运动安全常识的教育

　　运动安全常识是指学生在进行体育活动和身体锻炼时，为了减少甚至杜绝运动损伤和伤害事故的发生、维护自身的安全所具有的多方面的安全知识。教师可以将它作为理论知识来进行教授，要有计划、按步骤地穿插到整个体育教学当中，并且不断地进行强化，最终将这些运动安全方面的知识内化为学生的一种行为习惯，以此增强学生的运动安全意识。运动安全知识主要分为体育课教学过程中的安全知识和课外体育锻炼和活动中的安全知识两部分，其主要知识点如表 2 所示。

表 2　运动安全常识的主要内容

运动安全常识			
	体育课上的运动安全常识		课外体育活动中的运动安全常识
课前	1. 课前避免吃得过饱。 2. 穿运动服和运动鞋。 3. 不佩戴和携带尖锐物品。 4. 生病或身体不适向老师请假。	运动前	1. 选择合适的天气和场地。 2. 穿运动服和运动鞋。 3. 不佩戴和携带尖锐物品。 4. 生病或身体不适不参加活动。 5. 过度疲劳不参加运动。 6. 做好热身活动。

	运动安全常识		
	体育课上的运动安全常识		课外体育活动中的运动安全常识
课中	1. 遵守课堂纪律，不打闹玩笑，听从教师安排。 2. 拾、放器械听从教师统一口令。 3. 按照教师教授的动作要领进行练习。 4. 不冒险做教师没有教过的动作。 5. 感到力不从心，应要求教师保护或帮助，不可逞强。 6. 思想集中，不可麻痹大意。 7. 遵守游戏、比赛规则和要求。 8. 加强身体的自我监控，及时向教师反映身体的不适。 9. 加强对他人保护与帮助的责任心，掌握运动中的自我保护方法。	运动中	1. 在田径场跑步时，按逆时针方向前进。 2. 练习前，检查所用器械是否安全。 3. 练习跳远前，掘松沙坑并耙平。 4. 练习跳高前，检查海绵包是否符合要求。 5. 对于未掌握的动作，没有教师的保护与帮助不做。 6. 按照教师教授的动作要领进行练习。 7. 避免在投掷区内活动。 8. 避免在人多的情况下进行投掷练习。 9. 避免运动量过大。 10. 遵守游戏、比赛规则和要求。 11. 识别运动中的身体不适和应对方法。 12. 掌握自我保护的技巧。
课后	1. 安全回收器械。 2. 放松身体，避免剧烈运动。	运动后	1. 做好放松和整理活动。 2. 运动后的身体清洁。

参考文献

[1] 毛振明，陈雁飞．师之翘楚——全国体育特级教师教育智慧与艺术［M］．北京：北京出版社，2007．

[2] 丁德润．论教师德行的核心构成及其养成［J］．生活经纬，2009，(10)．

[3] 蒋文昭．教师德行的制度文化困境及超越［J］．教育学术月刊，2009，(3)．

[4] 吕云家．21世纪中学体育教师应具备的素质和能力的研究［J］．山西师大体育学院学报，2001，(1)．

[5] 季文东．21世纪中学体育教师应具备的能力［J］．赤峰学院学报，2005，(4)．

[6] 王春燕．论新形势下体育教师的"一专多能"［J］．湖州师范学院学报，2003，(3)．

[7] 邓仰报．继续教育与中小学体育教师素质再提高［J］．继续教育研究，2002，(7)．

[8] 刘常科．论体育教师一专多能的基本素质［J］．湖南商学院学报，2000，(1)．

[9] 彭新社．试析中小学体育教师的素质结构及其培养途径［J］．福建体育科技，2004，(2)．

[10] 武云飞．谈新课程标准和体育教师应具备的能力［J］．南京体育学院学报，2004，(1)．

[11] 左新荣．体育教育专业教学计划改革中"多能一专"的理性思考［J］．上海体育学院学报，2004，(1)．

[12] 吕宗梅．新课标下中学体育教师素质能力探讨［J］．中国科教创新导刊，2008，(8)．

[13] 张金春．新课程标准下的体育教师素质［J］．湖北师范学院学报，2009，(20)．

[14] 张堪祥．新课改背景下中小学体育教师的素质探析［J］．甘肃高师学报，2009，(5)．

[15] 孙志刚．新世纪体育教师具备的教学能力探讨［J］．长春师范学院学报，2004，(4)．

[16] 崔瑞华．中学体育与健康课程教师应具备的综合能力分析［J］．渤海大学学报，2005，(4)．

[17] 刘翠娟．中学体育教师应具备的能力与培养策略［J］．辽宁省交通高等专科学校学报，2008，(4)．

[18] 常爱铎. 学校体育教学的研究现状与展望 [J]. 成功（教育版），2010，（3）.

[19] 李梅月. 从体育教学研究谈体育教学改革 [J]. 山东体育科技，2009，（2）.

[20] 夏春永. 体育教学研究 [J]. 成才之路，2008，（20）.

[21] 曹春宇. 体育科学研究现状反思 [J]. 体育文化导刊，2008，（5）.

[22] 蒋炳宪. 论体育的"科学"属性与体育科学研究的价值导向 [J]. 体育学刊，2010，（2）.

[23] 陈雁飞. 体育新课程理念转化过程中的单元教学研究 [J]. 首都体育学院学报. 2007（5）.

[24] 皮连生. 现代教学设计 [M]. 北京：首都师范大学出版社，2005.

[25] 毛振明. 体育教学论 [M]. 北京：高等教育出版社，2005.

[26] 毛振明. 体育课程与教材新论 [M]. 沈阳：辽宁大学出版社，2001.

[27] 毛振明. 体育新课改教学门诊 [M]. 北京：北京体育大学出版社，2009.

[28] 毛振明. 体育与健康课改论 [M]. 北京：北京体育大学出版社，2009.

[29] 潘绍伟. 学校体育学 [M]. 北京：高等教育出版社，2005.

[30] 陈立武. 现代校长的几个修炼 [J]. 北京教育·普教，2009，（11）.

[31] 王皋华. 体育教学技能微格训练 [M]. 北京：北京体育大学出版社. 2010.

[32] 郑金洲. 教学方法应用指导 [M]. 上海：华东师范大学出版社，2006.

[33] 杨速章. 现代教学技术手段的若干问题 [N]. 中国教育报，2006，（6）.

[34] 李伟民. 做细教学技术 [J]. 上海教育科研，2006，（12）.

[35] 李瑾瑜. 现代教学技术发展与教师角色转换 [J]，教育评论，1997，（3）.

[36] 毛振明，赖天德. 体育教学中既要有表扬又要有批评 [J]. 中国学校体育，2006，（5）.

[37] 郭元祥. 教师的 20 项修炼 [M]. 上海：华东师范大学出版社，2007.

[38] 邱海龙. 表扬法在体育教学中的运用 [J]. 体育科研，2001，（12）.

[39] 杨培杰. 浅谈体育与健康教学中的教师语言评价艺术 [J]. 体育师友，2009，（1）.

[40] 林卫. 浅谈体育教学中的表扬与批评的艺术 [J]. 中学教学研究，2003，（3）.

[41] 林彩霞. 论学生体育兴趣的激发与培养 [J]. 体育科学研究，2002，（12）.

[42] 临虎文. 关于现代体育教学组织形式的研究 [J]. 北京体育大学学报，2005，（11）.

[43] 毛振明. 日本学校体育的学习指导形态——小集团学习 [J]. 中国学校体育，1985，（6）.

[44] 刘星亮，罗飞虹等. 体育测量与评价 [M]. 北京：北京体育大学出版社，2006.

[45] 赖天德. 对学生的体育学习评价要有重点 [J]. 中国学校体育，2006，（7）.

[46] 陈雁飞. 体育新课程教学与教师成长 [M]. 北京：中国人民大学出版

社，2009.

[47] 杨贵仁．国家学生体质健康标准解读［M］．北京：人民教育出版社．

[48] 晁恒．体质测试中中长跑项目的测试技巧［J］．中国学校体育，2010，(8)．

[49] 毛振明，万茹．小学体育教学策略［M］．北京：北京师范大学出版社，2010.

[50] 毛振明，于素梅．初中体育教学策略［M］．北京：北京师范大学出版社，2010.

[51] 真名，夏风．体育教学中不成功的种种表现及其原因［J］．中国学校体育，1994，(5)．

[52] 成功从心开始——浅析体育教学中如何关注学生的情感体验［EB/OL］．http://www.docin.com/p—8115333.html.

[53] 沈赟．中学体育课中的"快乐体育"［J］．网络科技时代．2008，(20)．

[54] 陈晓鹏，费甫明，王章明．成功快乐挫折体育教学思想探讨［J］．体育文化导刊，2008，(10)．

[55] 惠志东．成功体育教学六种方法［J］．体育教学，2000，(5)．

[56] 李月红．成功体育教学模式新探［J］．广西广播电视大学学报，2009，(1)．

[57] 毛振阳，程磊，王李燕．浅析快乐体育、成功体育与和乐体育［J］．2007，(11)．

[58] 刘守武．在教学中把"快乐体育"融入课堂方法初探［J］．民营科技，2009，(6)．

[59] 宋军．重新认识新课标背景下的"快乐体育"［EB/OL］．http://www.ty121.net/ylsx/ShowArticle.asp? ArticleID＝12966.

[60] 王清华．由"兴趣、快乐、成功"所想到的［J］．体育教学，2004，(5)．

[61] 詹金添．行为主义、认知主义和建构主义视野中的"快乐体育"［J］．体育科学研究，2006，(4)．

[62] 木村吉次．作为传统竞技的运动会［J］．体育科教育，1993，(5)．

[63] 厨义弘．创造以学生为主体的运动会［J］．体育科教育，1993，(5)．

[64] 王艺兵．对改革校运会的几点做法［J］．中国学校体育，2002，(6)．

[65] 高岩松．走出学校运动会的误区构建体育节［J］．广州体育学院学报，2001，(1)．

[66] 周建忠．中小学运动会的医务监督［J］，中国学校体育，2004，(2)．

[67] 毛振明．体育教学科学化探索［M］．北京：高等教育出版社，1999.

[68] 田麦久．运动训练学［M］．北京：体育大学出版社，2006.

[69] 杨锡让．实用运动技能学［M］．北京：高等教育出版社，2004.

[70] 毛振明．教体结合积健为雄［J］．体育教学，2009，(4)．

[71] 杨贵仁．中国学校体育改革的理论与实践［M］．北京：高等教育出版社，2006.

[72] 毛振明．实用学校体育学［M］．北京：北京师范大学，2009.

[73] 陈文卿等．学校体育学［M］．桂林：广西师范大学出版社，2006.

［74］李祥．学校体育学［M］．北京：高等教育出版社，2006．

［75］刘善言．学校体育学［M］．济南：山东大学出版社，2001．

［76］付杰．人本原理与中小学体育管理［J］．西北成人教育学报，2007，（4）．

［77］秦椿林等．体育管理学［M］．北京：高等教育出版社，2008．

［78］韩忠明．学校体育管理制度浅谈［J］．体育教学，2009，（1）．

［79］柯建兵．学校德育人本管理"四点论"［J］．成功（教育版）2009，（4）．

［80］施海燕．农村小学体育场地器材设施的现状分析与对策［J］．新课程研究，2009，（7）．

［81］王亚达．学校体育场地的人性化探究［J］．体育科研，2004，（3）．

［82］吴健．刍议体育课程场地器材资源的开发与利用［J］．吉林体育学院学报，2006，（3）．

［83］康春兰等．开发农村学校体育场地器材资源的有效途径［J］．井冈山学院学报（自然科学版），2007，（5）．

［84］李志实．中小学田径场地的建设［J］．体育学刊，2001，（6）．

［85］欧岳山．农村学校体育工作中场地器材问题解决措施研究［J］．体育科技文献通报，2008，（12）．

［86］徐广华．学校体育场地教学改革探讨［J］．教学与管理，2007，（11）．

［87］王港等．学校体育场地的基本功能与设计思路［J］．中国学校体育，2006，（7）．

［88］尹兆凤．影响学校体育场地、器材安全的基本因素［J］．中国学校体育，2006，（1）．

［89］毛振明，毛振钢．中小学体育健身园地的设计与实施［M］．北京：人民体育出版社，2002．

［90］毛振明，赖天德．体育教学中的安全和安全教育［J］．中国学校体育，2006，（6）．

［91］杨建文．甘肃省大学生体育课伤害事故的成因与分析［J］．中国健康教育，2004，（11）．

［92］刘成，李秀华．构建我国普通高校体质弱势群体体育课程体系的思考［J］．辽宁体育科技，2007，（4）．

［93］叶万华．无差错工作法与体育安全之我见［J］．体育成人教育学刊，2003，（2）．